楚文化史

张正明 著

楚學文庫

张正明 主编
刘玉堂 执行主编

长江出版传媒
湖北教育出版社

图书在版编目（CIP）数据

楚文化史 / 张正明著. -- 武汉 ：湖北教育出版社，
2024.5
（楚学文库）
ISBN 978-7-5564-4400-7

Ⅰ. ①楚… Ⅱ. ①张… Ⅲ. ①楚文化—文化史—研究
Ⅳ. ①K871.34

中国国家版本馆CIP数据核字(2023)第111600号

楚文化史 CHU WENHUASHI

出 品 人	方　平	责任编辑	刘　宁
封面设计	蔡立国	责任校对	李庆华
美术编辑	李　枫　何亦明	责任督印	刘牧原

出版发行	长江出版传媒	430070　武汉市雄楚大道 268 号
	湖北教育出版社	430070　武汉市雄楚大道 268 号
经　销	新　华　书　店	
网　址	http://www.hbedup.com	
印　刷	湖北新华印务有限公司	
地　址	武汉市硚口区长风路 31 号	
开　本	787mm×1092mm　1/16	
印　张	19.25	
字　数	263 千字	
版　次	2024 年 5 月第 1 版	
印　次	2024 年 5 月第 1 次印刷	
书　号	ISBN 978－7－5564－4400－7	
定　价	240.00 元	

总　　序

光阴荏苒，岁月不居，弹指间《楚学文库》初版问世已近三十个春秋。蓦然回首，当年的盛况仍历历在目：《楚学文库》甫一亮相，即在北京召开了出版座谈会与楚学研讨会，著名学者季羡林、张岱年、何兹全、任继愈、邹衡、庞朴、黄展岳、俞伟超、黄景略、瞿林东、刘梦溪、王渝生、徐敏、白翠琴和主编张正明等先生欣然赴会，畅所欲言，对《楚学文库》给予了高度评价，称其“是本世纪楚文化研究成果的一次重要总结和集中展示”，为“区域文化研究树立了里程碑”，“对其他地域文化的研究必将产生强大的推动作用”，《光明日报》以《光彩神州，丰润中华》为题，整版刊发了与会学者的精彩发言。李学勤先生因故未能莅临盛会，特意致函主编张正明先生，盛赞《楚学文库》“不愧为楚文化研究的集大成之作”。社会反响异常强烈，文化史学界更是好评如潮，虽多次重印，某些专著仍一书难求。

然而，自《楚学文库》出版以来，有关楚文化的考古发现层出不穷，出土文献联翩而至，相关研究成果亦如雨后春笋，学术界对楚文化的认知已由量的积累上升到质的飞跃，加之初版《楚学文库》已难以购全，因此，增补、修订《楚学文库》成为学术界和广大读者的共同心愿。湖北教育出版社审时度势，毅然决然对《楚学文库》进行增修，堪称远见卓识之举！

相较于原版《楚学文库》，增修版至少有如下优长。

一是体量增大，即所收专著数量增加。初版《楚学文库》共有专著18部，除《楚人的纺织与服饰》尊重作者意愿未纳入外，其他17部全部纳入增修版，并在此基础上增加了3部专著，即张正明先生的《楚文化史》，刘彬徽、刘长武先生的《楚系金文汇编》和宋公文先生的《楚令尹制研究》，共计20部。其中，《楚系金文汇编》弥补了初版有简帛文字研究而无铜器铭文研究的缺憾，与原《楚系简帛文字编》可谓珠联璧合，便于人们在一套丛书中得窥楚文字之全豹；《楚令尹制研究》不仅填补了楚令尹制度研究的空白，还为楚官制研究向纵深推进提供了有益的借鉴，二书的重要意义不言而喻。尤其值得关注的是张正明先生《楚文化史》的收入，该书堪称海内外第一部全面、系统、深入研究楚文化的精品力作，不仅在楚学界具有开榛辟莽之功，而且在中国区域文化乃至中华传统文化研究领域享有盛誉，其影响力并未因时光流逝而消减。回想起1987年《楚文化史》横空出世，旋即在历史文化学界掀起一股先睹为快的热潮，书中锦句如“从楚文化形成之日起，华夏文化就分成了北南两支：北支为中原文化，雄浑如触砥柱而下的黄河；南支即楚文化，清奇如穿三峡而出的长江……”等，一时为楚文化研究者和爱好者广泛征引传诵，几近“有井水处皆歌柳词”之情状。正是由于《楚文化史》一书思接千载，视通万里，新意纷披，文采斐然，故虽屡屡再版，依然洛阳纸贵。此次其被纳入增修版，与初版中的《楚史》相映生辉，更利于人们对楚国历史文化的全面认识和整体把握。

二是内容增加，即每部专著都增添了新的内容。近30年间，随着湖北枣阳九连墩楚墓、河南新蔡葛陵楚墓、湖北宜昌万福垴遗址等的发掘，尤其是湖北荆门郭店楚简和上海博物馆、清华大学、安徽大学珍藏的战国竹简等出土文献陆续问世，极大地丰富了楚文化的内容。各位作者秉持精益求精的态度，对新资料悉心梳理、精细甄别，进而充实到原书相关部分，从而使原著更加丰满。

三是精度更高，即匡谬正误，推陈出新。随着新材料的出现、新方法的运用和新技术手段的推广，楚文化研究高潮迭起。增修版各位作者在充分吸收最新研究成果的基础上，提出了一系列新的见解，纠正了原著中存在的谬误，廓清了初版中某些模糊的认识，调整了不甚合理的结构，文字表述也更加准确、精炼和畅达。

人们常常以章太炎先生的“前修未密，后出转精”来形容作品的初版和修订版的差别，我们虽不敢如此自诩，但增修版的质量超越初版则是毋庸置疑的。时值《楚学文库》初版问世29周年和主编张正明先生仙逝18年之际，湖北教育出版社历经9年艰苦细致的工作，郑重推出《楚学文库》增修版，充分体现出该社对学术的尊崇、对事业的执着和对楚文化研究一如既往的关心与支持，其中也饱含着对张正明先生的敬重和缅怀。

作为忝列张正明先生门墙的弟子，我承蒙湖北教育出版社真诚而盛情的邀请，有幸主持了《楚学文库》的增修工作。受命之日，我即摒弃其他琐务，全身心恭奉其事，未敢有丝毫懈怠。因为从某种意义上说，我把这项工作当作是恩师张正明先生布置的一次特殊作业，只不过评判这次作业的不再是恩师，而是广大热心的读者。

因我学识浅陋和能力有限，各位作者增修的时间也较为仓促，增修版错讹之处在所难免，诚望读者诸君不吝指正。

刘玉堂
2024年4月28日
于武汉东湖之滨

编者献辞*

楚学是一个正在开拓中的学术园地，从初辟草莱到蔚成气象，还不满半个世纪。

楚学的任务是对楚国的历史和文化做多层面的、全方位的研究，需要众多志士仁人为它献出智慧和辛劳。

楚学的对象自成一个博大精深的体系，从神话、传说到信史，从石器时代、铜器时代到铁器时代，从天文、历法到地理，从物质形态的、精神形态的到制度和风俗，从民族、语言到文字，到玉帛到干戈，从科学到巫术，从老、庄的“玄览”到屈、宋的“流观”，从事象到模式，等等，凡上古文化涉及的一切，无所不包。只靠一个学科或者几个学科的力量，断难窥其堂奥而得其神髓。

中国的古代文化是多元复合的，它的主体华夏文化是二元耦合的。所谓二元，就方位来说是北方与南方，就流域来说是黄河与长江，就代表性的始祖来说是黄帝与炎帝，就象征性的灵物来说是龙与凤，就学术的主流来说是儒家与道家，就风格的基调来说是雄浑、谨严与清奇、灵巧。早在先秦，就形成了这样的格局。春秋战国时代的华夏文化，北方以晋（韩、赵、魏）为表率，南方则由楚独领风骚。近数十年来，学术界论及中国古代文化，大抵重北轻南，重河轻江，重黄轻炎，重龙轻凤，重儒轻道，总之，不免失之偏颇。要全面地认识中国古代文化，不可不研究楚学。

世界的古代文化更是多元复合的，它的主体即旧大陆的古代文化也是二元耦合的。这个二元，简单地说来，就是西方与东方。从公元

---

* 本文系 1995 年版《楚学文库》编者献辞。

前 6 世纪中到公元前 3 世纪中，西方的希腊与东方的楚竞辉齐光，宛如太极的两仪。然而，近百余年来，学术界论及世界古代文化，往往重西轻东，也不免有偏颇之失。要全面地认识世界古代文化，也不可不研究楚学。

我们奉献给读者的这套《楚学文库》，结集了晚近的楚学专著，总计有书 18 部。出齐之后，则非仅一斑，而足使读者获睹楚国历史文化的全豹。

对于学术问题，见仁见智是正常的现象。我们的编纂宗旨是择善而取，不拘流派，不分门户，不求千口一腔。各部专著分开来看，都自成一家言。整套文库合起来看，则可谓："纷总总其离合兮，斑陆离其上下。"

《楚学文库》编委会

目　录

导言　/001

第一章　楚文化的渊源　/004

第二章　滥觞期的楚文化　/013

第一节　筚路蓝缕的历程　/013

第二节　从荆雎山区到江汉平原　/018

第三章　茁长期的楚文化　/026

第一节　楚文化勃兴的特殊机遇　/027

第二节　楚文化发展的特殊道路
——师夷夏之长技而力求创新　/030

第三节　红铜和青铜　/051

第四节　楚器的风格　/065

第五节　夏化的楚言和楚式的夏字　/081

第六节　楚人的习俗　/086

第七节　浸润江淮　/106

第四章　鼎盛期的楚文化　/110

第一节　铜器和铁器　/112

第二节　丝织和刺绣 /135
第三节　木雕、竹编、漆绘以及料器生产 /163
第四节　城市和商业 /198
第五节　天文和历法 /215
第六节　哲学 /223
第七节　文学 /237
第八节　字和画 /247
第九节　乐舞 /254
第十节　世俗与神灵 /266

第五章　滞缓期和转化期的楚文化 /281

第一节　滞缓期的楚文化 /281
第二节　转化期的楚文化 /290

编后记 /297

补记 /299

导　言

楚文化因楚国和楚人而得名，是周代的一种区域文化。它同东邻的吴越文化和西邻的巴蜀文化一起，曾是盛开在长江流域的三朵上古区域文化之花。

当楚文化迹象初露之时，它只是糅合了中原文化的末流和楚蛮文化的余绪，特色还不多，水平还不高，几乎无足称道。春秋中期是楚文化风云际会之时，从此，它便领异标新，而与中原文化竞趋争先，竟有后来居上之势。这个交融、衍生、勃兴、转化的过程所体现的文化演进规律，是引人入胜的。

从楚文化形成之时起，华夏文化就分成了北南两支：北支为中原文化，雄浑如触砥柱而下的黄河；南支即楚文化，清奇如穿三峡而出的长江。这北南两支华夏文化是上古中国灿烂文化的表率，而与时代大致相当的古希腊和古罗马的文化遥相辉映。

人们对楚文化的认识，随着资料的增多而加深。在 20 世纪 30 年代以前，人们所知道的楚文化只是哲学上的老、庄和文学上的庄、骚，虽极玄妙、奇瑰之能事，终究像瓶中的无本之花。至于把有限的传世文献和无限的出土文物结合起来，对楚文化作全面的研究，则是在近半个世纪内逐步推进的。

从 1933 年到 1938 年，位于安徽寿县李家孤堆的楚幽王墓三次被盗掘，出土文物数以千计。其中有些文物经收藏者公之于世，引来学术界的关注，成为楚文化这个学科诞生的契机。20 世纪 40 年代初，湖南长沙市子弹库战国楚墓出土帛书“月令”一件。40 年代末，长沙市陈家大山战国楚墓出土人物龙凤帛画一件。在中华人民共和国成立以前，对楚文化的研究仅限于利用非科学出土的文物，做些楚器鉴别和楚字考释之类的零星工作。

1951 年冬至 1952 年春，由中国科学院考古研究所主持，在长沙市发掘了战国楚墓 70 余座。1952 年间，由中南文化部主持，在长沙市发掘了春秋战国楚墓 150 余座。从此，才进入了对楚文化的遗存作科学的发掘并且对楚文化的性质和面貌作深入研究的阶段。

50 年代，发现楚文化遗存最多的地方是长沙市。此外，1957 年，在安徽寿县出土了战国中期的鄂君启节四枚（按，1960 年在该地又征集到一枚），1957 年和 1958 年在河南信阳县长台关发掘了战国中期的大型楚墓两座，也是 50 年代楚文化考古工作的重要收获。

60 年代，故楚郢都纪南城所在地湖北江陵县，成了探寻楚文化遗存的中心。从江陵县太晖观、张家山、葛陂寺、拍马山、望山等地的楚墓群中，出土了大量珍贵的文物。

70 年代，在比以前更广的范围内发现了比以前更多的楚文化遗存。湖北当阳县赵家湖发掘的西周晚期至战国晚期的楚墓 297 座，江陵县雨台山发掘的春秋中期至战国中期的楚墓 558 座，河南淅川县下寺发掘的春秋中期至晚期的楚墓 25 座，湖北大冶县铜绿山发现的周代的铜矿冶遗址，以及湖北随州市擂鼓墩发掘的战国早期的曾侯乙墓，对于认识楚文化的内涵都是至关紧要的。

从 50 年代到 70 年代，经过反复比较和多次修正，基本上建立了东周楚墓的年代学序列，并且大体上认识了东周楚文化的考古学特征。

80 年代的前半期，楚文化遗存的重大发现，首推江陵县马山 1 号墓出土的大量丝织、刺绣珍品。

可以预期，随着田野考古工作的持续进展，今后必将有更多的楚文化遗存面世。

当考古工作者为楚文化遗物拭去历史的尘垢，使它们重见天日之时，纷华照眼，令人有美不胜收之感。考古工作者的发现，为一切有关的学科加入楚文化研究的行列开辟了广阔的道路。

所谓楚文化，不是一个单一的概念，而是两个大小套合的概念。考古学上的楚文化，以体现在考古遗物上的为限，主要是物质文化。历史学上的楚文化，则是物质文化和精神文化的总和。

根据现有的资料，可以说楚文化有六个要素：其一，是青铜冶铸工艺；其二，是丝织工艺和刺绣工艺；其三，是髹漆工艺；其四，是老子和庄子的哲学；其五，是屈原的诗歌和庄子的散文；其六，是美术和乐舞。假使可以把六个要素比作六根支柱，那么，楚文化的美轮美奂的高堂邃宇，正是凭借着它的六根支柱营造成功的。

楚文化的渊源，楚文化的内涵和外延，楚文化的发展阶段，以及楚文化对后世中华民族灿烂文化的形成和发展所曾做出的贡献，都是正在探讨中的饶有兴味的课题。本书所介绍的，自然只是作者的见解，或许幸而言中，难免也有言而不中的。我们在撰写此书之时，为楚文化辉煌的成就所激奋，为楚文化深广的遗泽所鼓舞，情蓄乎中，发而为言，不吐不快，如此而已！

参加本书撰写工作的，除张正明外，有：

涂又光，撰写第四章第六节和第五章中有关哲学的段落；

刘彬徽，撰写第三章第五节之“二”和第四章第八节之“一”；

王胜利，撰写第一、二章中有关天文和历法的段落以及第四章第五节；

郭德维，协助审订某些考古资料。

1985 年 12 月

第一章　楚文化的渊源

楚文化是在江汉地区诞生和成长的，但它的主源不在江汉之间。

新石器时代江汉地区的土著，是传说中的三苗。《战国策·魏策一》记吴起说："三苗之居，左有彭蠡之波，右有洞庭之水，文山在其南，而衡山在其北。"吴起是战国初期的人，那时的彭蠡应即今鄱阳湖，那时的洞庭应即今洞庭湖。至于文山和衡山的地望，古今学者多所考证而莫衷一是，不外乎两种情况：若非名称先后相异，则必方位南北互倒。总之，一个应在彭蠡、洞庭之南，一个应在彭蠡、洞庭之北。按吴起的说法，江汉地区正是三苗的腹地。

三苗，别称"有苗"或"苗民"，是一个庞杂的族系。三苗的"三"，恰如九黎的"九"，是说他们族类纷繁、部落众多。因此，三苗的文化遗存绝不只有一种。江汉地区新石器时代的文化，即大溪文化和较晚的屈家岭文化以及更晚的石家河文化，都可能是三苗的文化遗存。《山海经》里多处说到三苗，所居之地不尽相同，在南的多，在西的少，原因也在于族类纷繁。

远古之世，江汉地区的部落流徙不定。在不同族类之间，此退彼进，此消彼长，是常有的事。反映在新石器时代的文化遗存上，便是先后两种文化之间未必有内在的传袭关系。屈家岭文化虽晚于大溪文化，但没有充分的理由说它是从大溪文化脱胎而来的。至于后来的楚文化，就更没有证据说它是在石家河文化或屈家岭文化的母腹里孕育成形的。

楚文化的主源，应该到楚人的先民祝融部落集团那里去找。因此，无论空间和时间，我们都不得不从远处说起。

《国语·郑语》和《史记·楚世家》都说，楚人是祝融的后裔。楚人奉祝融为始祖，这可以从楚国的祀典中找到确凿的证据。《左传·僖公二十六年》记楚国的别封之君夔子不祀祝融和鬻熊（鬻熊是楚君的先人），楚人以为大逆不道，举兵攻灭了夔国。由此可见，在楚人的心目中，祝融有着何等崇高的位置！《左传·昭公十七年》："郑，祝融之虚也。"当年的郑，在今河南新郑县，位于中原腹地。据《国语·郑语》所记，祝融的后裔有八姓。李学勤考证祝融八姓分布在中原，其说大致不误。①

《国语·郑语》和《史记·楚世家》还说，祝融是高辛的火正。高辛，即帝喾，即帝俊，即帝舜。火正，生为火官之长，死为火官之神。高辛与祝融之间传说的君臣关系，反映了两个分别奉高辛和祝融为始祖的部落集团之间的主从关系。这个主从关系给祝融的后裔留下了深刻的印象，以致楚人在所有古帝中特别推崇高辛。长沙市子弹库楚墓出土的帛书，有"帝夋乃为日月之行"句。帝夋，即高辛的别称帝俊。显然，楚人把高辛尊奉为宇宙的主宰了。

祝融既是火神，也是雷神。在楚辞中，雷神是丰隆，号为云中君。古无轻唇音，今读轻唇音者，古读为重唇音。祝融和丰隆，其声相近，都是状雷声的词。《国语·郑语》记西周末期郑国的史伯说："夫黎为高辛氏火正，以淳耀敦大，天明地德，光照四海，故命之曰'祝融'，其功大矣！"这里，史伯所赞扬的，实为雷神。屈原所作《九歌·云中君》对雷神的描写，有"烂昭昭兮未央""与日月兮齐光"，以及"览冀州兮有余，横四海兮焉穷"等，与前引史伯的话比照，实同出一辙，几乎只有诗歌化与散文化的区别。

楚公逆镈所记的吴回，也是一位祝融，回字写作雷字，应以雷字为正，回字是雷字的简体，这也说明祝融又是雷神。

祝融这位火神兼雷神，地位与日神相近。还是那位史伯说："祝融亦能昭显天地之光明，以生柔嘉材者也。"地上的火堆，天上的火球，都能给生物带来光和热。但能"生柔嘉材"的，却只能是天上的火球太阳。

古人所认识的天界之火，除了永存的太阳、偶发的雷电，还有火星。这火星，所指的不是被称为"荧惑"的行星，而是被称为"大火"和"鹑

① 李学勤．谈祝融八姓［J］．江汉论坛，1980（2）．

火”的恒星。祝融之所以为火神，与“大火”“鹑火”这两颗星也有牵连。

农事讲究时令，春种、夏长、秋收、冬藏，一切以时令为转移。至于时令的更换，则由天象的变化来判别。上古之世，火正的一项重要职责是观象授时，即观测大火和鹑火的星象位置来确定农时。古人观测星象，主要是在天空开始变黑的黄昏时候进行的。被观测的星，如刚从东方升起，叫“昏见”；如刚在西方落下，叫“昏伏”；如恰在南方正中，叫“南中”。

大火是一颗一等星，西名为天蝎座 α 。在中国古代的恒星区划体系二十八宿中，大火是心宿的第二号星，简称心宿二。古人以“心”“火”的美称为它命名，是因为它有与众不同的鲜红颜色。中原地区的春耕、春播，以始于春分前后为宜。当高辛之世，大火在春分前好多天就昏见了。这时，中原的人民该放火烧荒以备耕种了。而把妥善地保存了一冬的火种引出来，并且点燃烧荒的第一把火的人，应为火正。《礼记 · 郊特牲》说：“季春出火，为焚也。”说的虽是周代“出火”烧荒的仪式，但出火烧荒的生产习惯应是在远古形成的。季秋时节，大火昏伏之后，还要举行仪式，把火种收起来，叫作“内火”。

由于岁差，大火昏见的日期逐渐推迟。在公元前 2300 年左右，即约当夏代的中期，大火昏见恰在春分时节。再往后，到商代，大火在春分后好多天才昏见。如果等到这时才去刀耕火种，就太迟了。为了不误农时，火正不得不把观测大火昏见改为观测鹑火南中了。鹑火原名咮，即二十八宿中的柳宿，是一群形如鸟喙的暗淡小星，西称属于长蛇座。在公元前 1400 年左右，即约当商代的中期，鹑火南中恰在春分时节。咮星本来与火毫不相干，它之所以也以火见称，想必是因为火正把它的南中当作出火时节到来的标志。高辛的火正是黎，其兄是重。《国语 · 楚语下》说：“重司天以属神”，“黎司地以属民”。“尧复育重、黎之后不忘旧者，使复典之，以至于夏、商。故重、黎氏世叙天地，而别其分主者也。”重和黎，其实都是火神，不过一个管天界之火，一个管人间之火罢了，可以合称为重黎，二而一，一而二。《左传 · 襄公九年》：“古之火正，或食于心，或食于咮，以出内火。是故咮为鹑火，心为大火。”说的是火正观测对象的演变，起初观测大火，后来观测鹑火。所谓“或食于心，或食于咮”，其实是有先后之别的。

由此可知，楚人的先祖是我国古代最早的知名天文学家，他们观象授时的丰富经验，是直接为刀耕火种的原始农业服务的，因而后来的火神就兼为农神了。

图1-1　凤
荆州天星观2号墓出土
（金陵提供）

楚人的先民以凤为图腾。[①] 降至春秋战国之世，在楚人的意识中，作为图腾的凤只剩下朦胧的回忆了，但仍有图腾的某种象征作用和某些神秘意味。在楚人看来，凤是至真、至善、至美的神鸟。他们对凤的钟爱和尊崇，达到了无出其右的程度。在楚国的文物中，凤的雕像和图像多得数不胜数，远非周代其他各国的文物可比。楚人的凤，虽有多种多样的体形和姿态，但都显得雍容华贵、伟岸英武。楚人以为，只有在凤的导引下，人的精魂才得以飞登九天，周游八极。所以，屈原在《离骚》中写道：“吾令凤鸟飞腾兮，继之以日夜。”《庄子·逍遥游》说：“鹏之徙于南冥也，水击三千里，抟扶摇而上者九万里……”这鹏，就是大凤。

凤的原型，应是一种或几种凡鸟，山雉大概是主要的一种。《尹文子·大道上》记着一个故事，说一个楚人错把山雉当作凤，高价买来，

---

① 张正明，滕壬生，张胜琳．凤斗龙虎图像考释［J］．江汉考古，1984（1）．

要献给楚王，山雉虽死于途中，楚王仍给此人以厚赏。这个故事不发生在别国而发生在楚国，绝非偶然。凤的原型，当然不会如现在凤的形象那么美，那么大，那么神。楚人把凤设想成我们现在从楚国文物上所看到的那些模样，无非因为他们相信凤与他们的祖先有某种亲缘关系，所以把自己认为美好的特性和特征都给了凤。他们尊崇凤，就是尊崇自己的祖先；他们钟爱凤，就是钟爱自己这个民族。

先秦之世，唯独楚人好以凤喻人。《史记·楚世家》记楚庄王答进隐者之问说："三年不蜚，蜚将冲天；三年不鸣，鸣将惊人。"[①] 在这个为后人所乐道的故事里，进隐者以鸟喻楚庄王，楚庄王则以鸟自喻。这鸟，蜚能冲天，鸣能惊人，想来是非凤莫属的了。《史记·孔子世家》记楚狂接舆"歌而过孔子曰：'凤兮！凤兮！……'"这是以凤喻孔子。《九章·怀沙》中写道："凤皇在笯兮，鸡鹜翔舞。"这是屈原以凤自喻。《离骚》中写道："鸷鸟之不群兮，自前世而固然。"所谓"鸷鸟"，实即大凤。《文选·辨命论》注引高诱说"大风鸷鸟"，上古风、凤二字相通，大风即大凤。在《离骚》中，屈原是以大凤自喻的。

凤又是祝融的化身。《白虎通·五行》说，南方之神"祝融"，"其精为鸟，离为鸾"，鸾即凤。这是汉人的说法，当以楚人的传统观念为依据。一个是作为始祖之神的祝融，一个是作为始祖之灵的凤，二位一体。

祝融部落集团所依附的高辛部落集团，也以鸟为图腾。帝夋的"夋"字，就是鸟的象形。[②] 楚人以凤为图腾，或许出于固有的信仰，但也可能是从高辛部落集团移植过来的。

文献所记夏朝的兴衰之迹，还不能说全是信史。然而，夏朝的存在已有某些遗址提供了可信的物证。《国语·周语上》说："昔夏之兴也，

---

① 进隐者，《史记·楚世家》说是伍举，《韩非子·喻老》和《吕氏春秋·重言》说是成公贾，《新序》卷二说是士庆。受谏者，上列四种文献都说是楚庄王。《史记·滑稽列传》所记独异，说是淳于髡进隐谏齐威王。按，《滑稽列传》记事多误，应为后人补作。楚庄王死后234年，齐威王始立，而《滑稽列传》竟说楚庄王后于齐威王"百余年"，其荒诞如此！淳于髡进隐谏齐威王之说，似不可信。

② 胡厚宣.甲骨文商族鸟图腾的遗迹［C］// 历史论丛.北京：中华书局，1964.

融降于崇山；其亡也，回禄信于聆隧。”融即祝融，“融”字前面可能脱了一个“祝”字。回禄，是火神的别称。火神，赐福于人者称祝融；降祸于人者称回禄。夏朝的兴亡，与火神的关系如此密切，可见在夏人战胜高辛部落集团之后，祝融部落集团转而依附于夏朝了。

夏人崇奉炎帝，以致后人传说夏禹治洪水曾得到炎帝女瑶姬的帮助。[①] 炎帝是日神，所以《白虎通·五行》说：“炎帝者，太阳也。”日中有火，因此炎帝这位日神统辖着火神。《左传·昭公十七年》记郯子说：“炎帝氏以火纪，故为火师而火名。”炎帝与祝融之间本无统系，然而，祝融部落集团依附于夏朝的时间一长，他们就从人间的主从关系推演出神界的主从关系，祝融就甘居炎帝之下了。《吕氏春秋》《礼记》《淮南子》等书都说，祝融是从属于炎帝的神。《史记·司马相如列传》张守节《正义》说：“祝融，南方炎帝之佐也。”这个“佐”字，确切地标明了祝融部落集团对夏朝的依附关系。长沙市子弹库楚墓出土的帛书，有“炎帝乃命祝融以四神降”句，足见楚人自己也并不讳言祝融是听命于炎帝的。

炎帝也是东部羌人的先民崇奉的神。《左传·哀公九年》记史墨说：“炎帝为火师，姜姓其后也。”姜姓就是东部的羌人，他们的先民与更在其东的夏人为邻，彼此居处既近，交往既多，有某些共同的信仰是不足为怪的。楚人的先民与东部的羌人也居处相近，而且曾经有一段姻缘。《史记·楚世家》说，最早的一位祝融有弟名吴回，吴回有了名陆终，陆终生六子，“六曰季连，芈姓，楚其后也”。《世本·帝系》（宋衷注、雷学淇校辑本）说：“陆终娶于鬼方氏之妹，谓之女隤，是生六子。”鬼方就是东部的羌人，后世有隗姓，隗通媿。楚人的芈姓，就是羌人的血缘留下的印记。据《说文解字·羊部》：“芈，羊鸣也，从羊象声，气上出，与牟同意。”陆终与鬼方联姻，发生在夏代，因此，陆终六子的踪迹，见于夏、商、周三代，前此则寂无所闻。

① 瑶姬为炎帝（赤帝）女，见《文选·高唐赋》注引《襄阳耆旧传》。瑶姬助夏禹治洪水，见《太平广记》卷五六引《墉城集仙录》。

羌人以牧羊为主要生计。楚人不同，他们的生计主要是种地，所以崇奉有“生柔嘉材”之功的祝融。

炎帝的神通，比祝融的神通更大，他是资格最老的农神。《帝王世纪》（顾观光辑本）说：“炎帝……始教天下种谷，故人号曰神农氏。又曰，本起烈山，或称烈山氏。”所谓炎帝，实为上古的人民把自己的远祖作燧生火的伟大发明神化，并与对太阳的崇拜相结合的产物。所谓神农氏，即教会人们种艺五谷的神。所谓烈山氏，即教会人们烧山焚林以备耕植的神。神农氏的遗踪，在今江汉地区较为多见。这是因为羌人和楚人南进到江汉地区之后，把神农氏的传说扩散了。

上文曾指出，祝融的后人在夏朝也是司天之官。《左传·昭公十七年》记鲁国的太史说到发生在夏代的一次日食，引《尚书·夏书》说：“辰弗集于房，瞽奏鼓，啬夫驰，庶人走。”所谓“辰弗集于房”，就是日食发生了。“瞽奏鼓”，用意或许跟后世所传的驱天狗以救太阳相同。至于“啬夫驰，庶人走”，则是描写官民惊慌的状态。这是我国关于日食的一则最早的记录。据伪《古文尚书·胤征》所记，官民惊慌，是因为负有司天之责的羲和饮酒过量，玩忽职守，没有发出日食预报。这羲和，按《史记·历书》的说法，就是“重、黎之后，不忘旧者”。羲和的天文学知识，比先世祝融的天文学知识多了些，能够推算日食发生的时间了。

关于羲和，有多种不同的传说。《史记·历书》司马贞《索隐》引《系本》，说他是黄帝任命的占日之官。《史记·历书》正文说其是帝尧制定的官称。《尚书·尧典》说羲和实为四人，即羲仲、羲叔、和仲、和叔，分管东、南、西、北和春、夏、秋、冬。《山海经·大荒南经》言其是位女子，嫁给帝俊，生了十个太阳。《离骚》和其他某些文献则说是日御，即为太阳驾车的神。都是神话和传说，起于荒远之世，后来发生变异是不足为怪的。总之，羲和是祝融的后人，与太阳结有不解之缘。合称羲和也行，分称羲与和也行，这正像其先祖祝融，合称重黎也行，分称重与黎也行。祝融本来就是与日神同位的，其后人为占日之官，负司天之责，实为一脉相传。到四方、四时的观念明确起来的时候，羲和就化身为四人，各居其地，各守其职了。更到后世，人们渐渐忘掉了羲和是祝融的裔孙，羲和才又变成十个太阳的母亲或一个太阳的车夫了。这些神话和传说，在楚人中保存得最多，流传得最广，原因就在于祝融、羲和都是楚人的先祖。

夏人曾与南方的三苗发生冲突，结果是夏人前进了，三苗后退了。祝融部落集团在这场冲突中，助了夏人一臂之力。他们处在三苗与夏人之间，除了为敌为友之外，自然也会起到南北文化交流媒介的作用。江汉地区的石家河文化，时间约当距今五千年至四千年的后期，与夏代大致相合，虽上承屈家岭文化，但含有龙山文化的某些因素，因此，曾被称为湖北龙山文化，实为受夏文化影响的后期三苗文化。

从上述线索来看，楚文化的主源绝非三苗文化，而是祝融部落集团崇火尊凤的原始农业文化。

夏代末期，殷人由东向西推进。他们灭掉了夏朝，建立了商朝。祝融部落集团既受到殷人的文化熏陶，也遭到殷人的武力打击。他们的社会在缓慢地进步着，他们的部落则逐渐地离散了。

自有祝融之号以来，这个部落集团就受着强邻的挟制。到了夏、商两代，已陷在四围都有强邻的境遇之中，分崩离析已成为其无计规避的命运。祝融八姓的分布呈星散之势，就是这个部落集团在上古民族流徙和民族冲突的旋涡中解体的表现。《国语·郑语》说：在祝融八姓中，“己姓昆吾、苏、顾、温、董，董姓鬷夷、豢龙，则夏灭之矣；彭姓彭祖、豕韦、诸、稽，则商灭之矣”。

商代，殷人称祝融诸部为荆。荆是一种丛生的灌木，又叫牡荆。祝融诸部分布在商朝的南境，所以《诗·商颂·殷武》中写道：“维女（汝）荆楚，居国南乡。”所谓南乡，本来是指大别山、桐柏山迤北和伏牛山迤东的中原南部，后来随着殷人的逐步向南开拓而同步向南展宽。殷人南下，荆人首当其冲。到了周代，殷人的遗民对他们的先祖南征的业绩还念念不忘。《诗·商颂·殷武》就是他们的作品，其中写道：“挞彼殷武，奋伐荆楚。罙（深）入其阻，裒荆之旅。”荆人在殷人的压力下，多数臣服，少数逃散。

殷人推进到大别山、桐柏山以南，使汉水以东的三苗遗裔受到惊扰。慑于殷人的兵威，当地有些部落不得不迁往汉水以西去了。考古学界所称的“楚式鬲”，就它的萌芽型来说，实以称“苗式鬲”或“蛮式鬲”更为确切。只是因为它的成熟型见于后世楚文化的遗物中，才被冠以“楚”字的。苏秉琦指出：“约当距今四（千年）至三千年间，‘楚式鬲’流行中心地带，从东向西，从鄂中地带转到鄂西地带。”[1] 这个精细的观察，正好印证了商代江汉地区民族流徙的趋向。当时的荆人残部，则尚在其北，没有卷进这股民族流徙的浪潮之中。

殷人的天文学水平，看来高于荆人的天文学水平。由此，在商代，荆人的酋长再也不能充任重黎、羲和那样显赫的角色了。

商末周初，荆人的残部主要是季连的芈姓后人，已西迁到丹水与淅水一带，以丹阳为中心，有酋长名鬻熊。鬻熊很有政治头脑，他举部背弃已朽的商朝，亲附方兴的周朝。《史记·周本纪》说，周文王在位时，有“鬻子”“往归之”。这“鬻子”就是鬻熊。《史记·楚世家》说，鬻熊“子事文王”。这“子”，应为周朝给予内附的异族酋长的封号，是一种原始的爵位。大概就是出于这个缘故，鬻熊才被尊称为鬻子的。

鬻熊死于壮年，其子熊丽继为酋长。熊丽孙熊绎，在周成王时，被封在楚蛮之地，才有了“楚”这个正式的国号兼族名。

---

① 苏秉琦．从楚文化探索中提出的问题［J］．江汉考古，1982（1）．

第二章　滥觞期的楚文化

楚人立国之初，地僻民贫，势弱位卑，还滞留在原始社会中。名虽为国，实则只是一个部落联盟，他们的文化比周人的文化要落后得多。

熊绎的国都也叫丹阳，但已不在丹水之阳，而在睢山与荆山之间，今蛮河中游近上游之处，即今南漳县城附近。[①] 楚人怀旧念祖，国都虽迁，其名不改。

楚文化的滥觞期，始自西周早期，楚国始封之时，迄于两国之交，楚国将盛之际，历时近三个世纪。

第一节　筚路蓝缕的历程

《史记·孔子世家》记楚昭王时令尹子西说："楚之祖封于周，号为子男五十里。"楚文化的起点，就在这狭小的天地之中。

周成王把鞭长莫及的一块蛮荒之地封给熊绎，只是对既成事实的认可，而且不无画地为牢之意。熊绎的部众在睢山、荆山之间的穷乡僻壤耕垦，过着古朴的生活。

《左传·昭公十二年》记楚灵王时右尹子革说："昔我先王熊绎，辟在荆山。筚路蓝缕，以处草莽。跋涉山林，以事天子。唯是桃弧、棘矢，以共御王事。""筚路蓝缕，以处草莽"，说的是生活清苦和居处荒凉。筚路，杜预注说是柴车，孔颖达疏以为用荆竹所编的车叫作柴车，《史记·楚世家》裴骃《集解》引服虔说则是"柴车素木辂"。总之，筚路非常简陋，与民间的柴车类似。蓝缕，就是敝衣。说熊绎穿敝衣，大概夸张过甚了，但他不像诸夏的国君那样阔气，这却是无疑的。"跋涉山林，

① 张正明、喻宗汉有专文考熊绎所居丹阳，兹不详引。

以事天子”，说的是熊绎奔波于丹阳、镐京之间，为周天子效力。

熊绎对周天子应尽的职分，主要有下列三项：

其一，是守燎以祭天。楚人崇奉火神，他们的酋长是正统的火师。为祭天而守燎的火师，要通晓巫术，善于做神与人之间的媒介。派楚人的酋长做火师，那是再合适不过的了。《国语·周语中》记“周之秩官”，有“火师监燎”，监燎就是守燎。1977 年至 1979 年，陕西岐山县凤雏村发现的周初甲骨文，其 H11：4 片记：其微楚 Ç 厥燎师氏舟燎。“ Ç ”，疑为“勺”[①]，借作“灼”。《史记·龟策列传》司马贞《索隐》说：“灼，为燔也。”《礼记·祭法》说：“燔柴于泰坛，祭天也。”这片甲骨的全文是要微人和楚人的酋长把燎点燃，由师氏受燎，而用以祭天。《国语·晋语八》记：“昔成王盟诸侯于岐阳，楚为荆蛮，置茅蕝，设望表，与鲜卑守燎，故不与盟。”在岐阳之会上，守燎正是为了祭天。火师的职责，除祭天外，还有照明。《国语·周语中》所记的火师是司照明的官职，看来楚人的酋长还没有干过这等差事。

其二，是贡苞茅以缩酒。苞茅，应即灵茅。《史记·封禅书》记管仲说：“江淮之间，一茅三脊，所以为藉也。”藉，应为神藉。《史记·孝武本纪》：“江淮间一茅三脊，为神藉。”裴骃《集解》引孟康说：“所谓灵茅也。”楚地所产的苞茅必定又多又好，以致楚君有向周室贡苞茅的义务。《左传·僖公四年》记管仲代表齐桓公责备楚国说：“尔贡苞茅不入，王祭不共，无以缩酒，寡人是征。”这固然是借题发挥，却堂堂正正。楚国的使者只好认错，“贡之不入，寡君之罪也，敢不共给？”缩酒的“缩”字，本作“莤”。《说文解字》“酉部”释“莤”字：“礼。祭束茅加于裸圭，而灌鬯酒，是为莤，象神歆之也。”“莤”字，上为茅，下为酒，恰是缩酒仪式的写照。楚人的酋长在岐阳之会上，又管守燎，又管缩酒。《国语·晋语八》“置茅蕝”句，韦昭注说：“蕝，谓束茅而立之，所以缩酒。”

---

① 陈全方．陕西岐山凤雏村西周甲骨文概论［C］// 古文字研究论文集．成都：四川人民出版社，1982．

楚君以熊为氏，但在楚器上，作为楚君之氏的“熊”一律写为“酓”。熊、酓二字，于声至近，自可通假。[①] 金文“酓”字，状人饮酒，当然也可以“象神歆之”。那时，祭祀和战争是国家的两件大事。对楚君来说，贡苞茅于周室以缩酒是不可玩忽的要职。

承杜棣生先生相告：直到现代，鄂西仍有缩酒的遗风，由巫师主持，办法是在地上先铺一层茅，在茅上加铺一层沙，把酒泼在上面，让它经沙和茅的过滤下沥，也算是“象神歆之”。周代缩酒的方式，估计与现代不大一样，但缩酒的祭法逾三千年而未绝，却是令人讶异的。楚俗源远流长，这也是一例。

望祀所用的茅，应该也是苞茅。《周礼·春官宗伯》记：“男巫掌望祀，望衍授号，旁招以茅……”《尚书·舜典》说：“望于山川。”在投降仪式中，要用茅来象征社稷，如《史记·宋微子世家》所记：“周武王伐纣克殷，微子乃持其祭器造于军门，肉袒面缚，左牵羊，右把茅，膝行而前以告。”

总之，先秦时茅的作用可谓大矣，楚君向周室贡苞茅是一项神圣的职责。

其三，是贡桃弧、棘矢以禳灾。上文引子革的话——“唯是桃弧、棘矢，以共御王事”，固然也是诉穷，说楚地物产不丰，但以桃弧、棘矢，共御王事，却也不是微不足道的事。桃弧即以桃木为弓，棘矢即以棘枝为箭，都是用来驱恶鬼、除邪祟的。诸夏原有这个风俗。《左传·昭公四年》记鲁国的丰申说藏冰和出冰，“其出之也，桃弧、棘矢，以除其灾”。后世的桃符、蒲剑、艾虎之类，作用与桃弧、棘矢相似。楚君向周室贡桃弧、棘矢，一则由于桃木和棘枝在楚地多有所产，是所谓方物；二则由于楚君作为祝融的后人不乏神秘色彩，他所进献的桃弧、棘矢大概被认为是特别灵验的。

---

① 商承祚《寿春新出土楚王鼎考释》：“熊读入喻纽，酓读入影纽，古读清浊不分，于声至近。”见《国风》第 4 卷第 3 期。

显而易见，熊绎这位国君实为酋长兼大巫。

丹阳，名为国都，然而没有城池，只是一个寨子，类似后世所称的“棘围”。北有雎山，即今主山寨；南有荆山，即今荆山。丹阳这个地方，西有连叠的山岭，东有开阔的河谷。今称蛮河的古雎水，自西向东，流贯其间。雎山，因其地多山楂或猕猴桃而得名。荆山，因其地多牡荆而得名。[①] 楚人长期在雎山和荆山之间拓荒，生计是相当艰难的。

那时，楚国的周围都是楚蛮。与楚蛮相比，楚国的财力和兵力处于劣势。幸而楚人历来生活在强邻的夹缝之中，尚能应付这样的环境。他们实行了审慎的睦邻政策，致力于建设自己的家园。

由于楚人的先民长期与华夏的先民交往，吸收了后者的某些先进文化因素，因此，与楚蛮相比，他们的文化素质显然占着优势。丹阳一带虽则远离发达地区，可是并不闭塞，从新石器时代以来就是黄河流域的古代文明与长江流域的古代文明交相切劘之区。[②] 仰韶文化向南伸展，及于鄂西北。较晚的屈家岭文化向北伸展，及于豫西南。更晚的河南龙山文化，又伸展及于鄂西北。1958 年至 1962 年发掘的湖北郧县青龙泉遗址，下层属仰韶文化，中层属屈家岭文化，上层是带有龙山文化特征的石家河文化，其叠压关系正是南北文化彼此激荡的地下实证。早期的楚国，恰好位于靠近豫西南的鄂西北，便于楚人在自己文化传统的基础上，兼采华夏和蛮夷之所长而用之。丹阳一带虽属草莱初辟，但它的自然条件对楚国的生存和发展是有利的。西有险阻，东有原野，退可保聚，进可攻取。荆山上有铜矿，荆山下有盐矿。[③] 楚人虽少，楚国虽小，但

---

① 雎山，始见于《墨子·非攻下》：“昔者楚熊丽始讨此雎山之间……”（“雎”字从毕沅校）后世称柤山、祖山、沮山、主山。雎通柤，是山楂或猕猴桃，至今仍盛产于其地。雎水，始见于《左传·定公四年》记楚昭王弃都出走时曾“涉雎”，当因其上游近雎山而得名。

② 佟柱臣认为该地属于中国新石器时代文化的第二个“接触地带”，见所著《中国新石器时代文化三个接触地带论》，《史前研究》1985 年第 2 期。

③ 荆山东段有铜矿，20 世纪 50 年代还开采过。荆山之东，蛮河之南，旧产盐，至今仍有地名盐池。

挟华夏的先进文明因素而来，如一颗良种落进了南土的沃壤。

熊绎所承袭的基业，是鬻熊开创的。楚人感念鬻熊，奉祀唯谨。鬻熊在商末周初是一位知名的酋长，颇受周君恩遇。《史记・周本纪》说，周文王“日中不暇食以待士”，“太颠、闳夭、散宜生、鬻子、辛甲大夫之徒皆往归之”。太颠、闳夭、散宜生三人，都是周初的重臣。辛甲大夫弃商奔周，也位至公卿。鬻熊与他们同列，可见也曾是显要的人物。[①]相传鬻熊是道家的先驱，虽查无实据，却事出有因。道家源于楚国，兴于楚国，鬻熊的某些遗教可能与道家学说不无吻合之处，后世的楚人出于对鬻熊的尊崇，就把创立道家学说的荣誉奉献给这位先祖了。好比楚人出于对图腾的信仰，而把凡鸟装扮成凤凰了。

鬻熊及其后人大概没有把祖传的天文知识和历法知识忘掉，可是，他们却把重黎、羲和观象授时的世职丢掉了。继承这个世职的，是与楚人同源异流的荆人别部酋长。《尚书・尧典》记有四仲中星，即鸟、火、虚、昴四星。鸟为张宿一，西名长蛇座 α；火为心宿二，西名天蝎座 α；虚为虚宿一，西名宝瓶座 β；昴即昴宿，西名金牛座 17。据竺可桢研究，《尧典》所记的四仲中星是商末周初的天象，不得远在无从考实的唐尧之世。[②]由此可知，四仲中星与羲仲、羲叔、和仲、和叔实在无所关涉，也不会是楚人的发现。

周成王亲政之后，周公因被谗，一度奔楚避祸，事见《史记・鲁周公世家》和《史记・蒙恬列传》。后来，流言澄清，周成王派人迎周公回去了。或许正因为有这层关系，熊绎才巩固了自己的地位。

可见，初创期的楚国毕竟还陋而且弱。如果说鼎盛期的楚文化是一只美丽的凤，那么，尚在滥觞期的起点上的楚文化就还只是一只刚刚破壳而出的雏凤，一点也不比凡鸟显眼，而且不飞不鸣，只能栖伏在幽谷之中，谁也想不到后来它竟会腾飞到乔木之上。

---

① 张正明.《“鬻熊为文王之师”解》辨误［J］.江汉论坛，1983（9）；张正明.读《评鬻熊为火师说》有感［J］.江汉论坛，1984（3）.

② 竺可桢.论以岁差定尚书尧典四仲中星之年代［J］.科学，1926，11（12）.

第二节　从荆睢山区到江汉平原

楚人在睢山与荆山之间，渡过了大约一个半世纪惨淡经营的岁月，就显示了转弱为强的势头。

熊绎五传至熊渠。熊渠以胆气和勇力见称，有一则类似汉代李广射石饮羽的故事流传到后世。[①] 这个故事，曲折地反映了楚国青铜冶铸技术的提高。熊渠整军经武，成效卓著。他在江汉之间很得人心，趁着周夷王时中原动乱的良机，征讨蛮夷，扩大了楚国的疆土，揭开了吸收蛮夷文化的序幕。

与楚国为邻的蛮夷，分别说来，周围有楚蛮，西南有濮人和巴人，东南有扬越。

所谓楚蛮，即楚地的蛮族，其主体是三苗的遗裔。楚国的东面，有纵向排列的邓、卢戎、罗，熊渠时，楚人对它们还力不能制，未敢启衅。楚国的南面，直到长江，是古漳水流域，当时除了偏东的权国之外，没有其他名见经传的国号，只有“江上楚蛮”——包括濮人、巴人、扬越的零散部落在内。楚人南征，可从丹阳出发，东行经由今南漳县的武镇一带，折南进至今宜城县的李垱附近，而后长驱直下，沿途地势平衍，交通便利。正是由于这个缘故，那里的楚蛮较早地归附于楚国了。楚蛮给予楚人的文化影响，主要反映在某些陶器的形制上。但熊渠在周夷王时大举讨伐的，主要还不是楚蛮，而是濮人的庸和扬越的鄂。

庸是一个小国，位于今湖北竹山县一带，居民以濮人居多。庸、楚之间，还有一些濮人部落，他们是“离居”的，诸部各有其长，彼此不相统属。湖北房县七里河的新石器时代聚落遗址，有拔牙之俗与猎头之风并存的遗迹，应是受越人影响的濮人先民的文化遗存，其地恰在庸、

① 刘向 . 新序［M］. 上海：商务印书馆，1936 .

楚之间。[1] 熊渠西征，在濮地不甚得手。到现在为止，我们还没有发现濮文化浸染及于楚文化的证据。

扬越得名于扬水。扬水在江汉平原中部，连接汉水和长江。所谓扬越，即扬水以东和以南的越人。[2]《史记·楚世家》说，熊渠伐扬越，“至于鄂”。这鄂，在今湖北鄂州市境，是扬越的经济中心[3]，原为鄂侯的领地，周夷王灭鄂国，楚人便乘虚而入。扬越给予楚人的文化影响，主要是供给大量红铜，从而促进了楚国青铜冶铸业的发展。在鄂的南面不远的地方，今大冶铜绿山一带，有一个可能是当时最大的红铜生产基地。（图 2-1）红铜，在那个时

图2-1　大冶铜绿山古矿冶遗址
（郝勤建提供）

① 王劲，林邦存．房县七里河遗址发掘的主要收获［J］．江汉考古，1984（3）．按：古代拔牙之俗流行甚广，在我国虽以东南为最，但在中南、西南也有，主要是古越人之俗。猎头之风多见于东南亚和大洋洲，而传播到我国的西南和台湾，主要是古濮人之俗。七里河遗址中发现的古代猎头之风，在已知的猎头资料中是最靠北的，令人注目。这个遗址的主人，应是受古越人影响的古濮人。

② 扬越的扬，旧解以为指扬州，不确。扬越在荆州，与扬州无涉。

③ 鄂，向有东鄂、西鄂二解，东鄂在今湖北鄂州市境，西鄂在今河南南阳地区。按，《史记·楚世家》记熊渠立三子为王，“皆在江上楚蛮之地”，中子红为鄂王。西鄂离“江”过远，绝非熊渠所到之处，东鄂则恰在“江上”。

代，是头等的战略物资。熊渠可能是在红铜的诱惑之下，才不惮长江风涛之险，劳师远出，到鄂去的。楚人一去，那里的铜矿就不再是扬越的奇货和周朝的禁脔，而成为楚人得以染指之物了，这对楚国的振兴起着莫大的作用。①

熊渠封长子康为句亶王，中子红为鄂王，少子执疵为越章王。据《史记·楚世家》所记，三王“皆在江上楚蛮之地”。周厉王即位后，熊渠怕周朝讨伐楚国，把三子的王号去掉了。句亶，裴骃《集解》引张莹说在江陵。鄂，自然还是东鄂。越章的地望不易指实，据现有资料，以在今湖北秭归县较为可靠。②

《史记·楚世家》记：“熊渠曰：‘我蛮夷也，不与中国之号谥。’”这是熊渠封三子皆为王的理由。其实，楚人在先秦民族结构中所占的地位相当特殊，西周时非夏非夷，春秋时亦夏亦夷，直到春秋末才正式与华夏认同。③

西周末，东周初，有若敖、霄敖、蚡冒相继为楚君。若敖在位二十七年，霄敖在位六年，蚡冒在位十七年，合计恰好半个世纪。后人往往略去霄敖不计，而将若敖、蚡冒连称。《左传·宣公十二年》记：“若敖、蚡冒筚路蓝缕，以启山林。”同书《昭公二十三年》记：“若敖、蚡冒，至于武、文，土不过同。”按，方百里为同，方千里为圻。“土不过同”，即虽有数同而未满一圻。在若敖、蚡冒之世，楚人虽仍在披荆斩棘地建

① 张正明，刘玉堂. 大冶铜绿山古铜矿的国属［C］// 楚史论丛：初集. 武汉：湖北人民出版社，1984.

② 《史记·楚世家》张守节《正义》引宋均注《乐纬》说：“熊渠嫡嗣曰熊挚，有恶疾，不得为后，别居于夔，为楚附庸，后王命曰夔子也。”按，《左传·僖公二十六年》记：“夔子不祀祝融与鬻熊，楚人让之。对曰：‘我先王熊挚有疾，鬼神弗赦，而自窜于夔。吾是以失楚，又何祀焉？’”此为宋均之说所本。据《史记·楚世家》，康又称毋康，红又称挚红，则挚应即执疵。《国语·郑语》有“芈姓夔越”句，论者多以为有芈姓之夔和芈姓之越。芈姓之夔，即熊挚及其后嗣的夔。至于芈姓之越，则是子虚、乌有之类。所谓“芈姓夔越”，应是指芈姓的夔子国越章王及其后嗣。夔，在今湖北秭归县。

③ 张正明. 先秦的民族结构、民族关系和民族思想［J］. 民族研究，1983（3）.

设家园，但已有方圆数百里的国土了。他们用兵的方向仍以南线为主，因此，这个时期的楚文化遗存，以今沮漳河的中游和下游为渊薮。

楚人及其先民依附于比他们强大而且进步的华夏及其先民，自然会吸收后者的文化因素，年长日久，彼此的文化面貌就显得近似甚至酷肖了，物质文化方面尤其如此。滥觞期的楚文化，从考古遗迹上看，与华夏文化没有明显而重大的区别，可谓扑朔迷离。只是由于华夏文化与蛮夷文化的交融，楚文化才在考古遗迹上显露出如芽方萌的特性和特色来。但楚文化毕竟有介乎华夏文化与蛮夷文化之间的主源，即祝融部落集团崇火尊凤的原始农业文化，它左右着楚文化的发展方向。如果没有这个主源，江汉地区要么华夏化，要么蛮夷化，不会生出一个楚文化来的。譬若长江大河，主源与干流、支流有联系也有区别，论主源只需看长度，论干流、支流就不能不兼顾流量。楚文化的主源可推到祝融，楚文化的干流是华夏文化，楚文化的支流是蛮夷文化，三者交汇合流，就成为楚文化了。

湖北当阳县赵家湖发掘的年代为西周末至东周初的楚墓，其出土器物就种类、形制而言，与同期中原的器物大同小异，但终究是确凿无疑的楚文化遗物。譬若种豆植瓜，几种豆苗或几种瓜苗，刚刚破土而出的时候，确实不易分辨，但老农是一眼就看得出来的。

赵家湖在当阳县东南，沮漳河东岸。西周末、东周初，其地北有当时的楚都丹阳，直线距离约 130 千米；南有后来的楚都郢城，直线距离约 40 千米。楚人由北向南迁徙，这里是一个天然的中继站。1975 年冬至 1979 年秋，在赵家湖南和赵家湖东的 6 个古墓区发掘了楚墓 297 座。从发掘的结果来看，从西周晚期到战国中期，这里有一个楚人的聚落。

高应勤、王光镐二位著有《当阳赵家湖楚墓的分类与分期》一文，将赵家湖 297 座楚墓分为四类、七期。[①] 四类，即甲类、乙 A 类、乙 B 类、丙类。甲类墓 25 座，是中型墓，有一棺一椁，出铜礼器；乙 A 类墓 124

① 高应勤，王光镐 . 当阳赵家湖楚墓的分类与分期［C］// 中国考古学会第二次年会论文集（1980 年）. 北京：文物出版社，1982 .

座，是小型墓，其中一棺一椁的105座，单棺无椁的19座，都不出铜礼器；乙B类墓87座，也是小型墓，但一律单棺无椁，也不出铜礼器；丙类墓61座，或尚具单棺，或仅有竹席裹尸，都不出任何随葬品。七期，分得很细，第一期为西周晚期，第二期的上限伸进了西周晚期的后叶，容易引起争议。幸而赵家湖的楚墓成群连片，年代从早到晚，中间没有缺环，而且位置依年代先后从北到南，方向大体一致，排列大体有序。从文化内涵来看，在前两期与后五期之间，其连续性是无可置疑的。我们所特别关注的，自然是与楚文化滥觞期的后段大致相合的第一期和第二期。

甲类墓的第一期，年代为两周之际至春秋早期，就整个墓群来说实为第二期。墓式为近乎正方形的长方形竖穴宽坑直壁土墓，与中原常见的墓式雷同。葬具一棺一椁，相当于中原“士”这个等级棺椁“再重”的规格。棺身有纵横各两道麻绳捆扎，即中原所谓“棺束”。随葬的铜礼器有鼎和簋。青铜鼎为折沿、附耳、浅腹、圜底、半筒状蹄足，薄胎，素面，仅腹部饰一周凸弦纹。这些特征，与两周之际中原流行的折沿附耳鼎只有局部细节的出入。青铜簋有盖，浅腹外鼓特甚，风格也与中原同期同类器大体一致。高、王二位认为：铜鼎和铜簋的总体形态，与地域相近、年代相同的曾国铜器尤为类似。陶礼器有鼎、簋、鬲、罐、豆，以鬲、罐、豆为基本组合，形制虽有地方特色，但不脱中原的窠臼，与中原明显不同的只是一概黑皮。

乙A类墓的第一期，年代与甲类墓的第一期相同。墓式与甲类墓相似，而墓坑较小。葬具，多数也与甲类墓相似，但椁室一般也较小。不仅无铜礼器出土，而且陶礼器的器类和器型与甲类墓出土的陶礼器不尽相同。基本组合为鬲、盂、罐、豆。罐和豆与甲类墓所出者全同。盂虽为甲类墓所无，但也是黑皮的，且与中原的盂大同小异。鬲却与甲类墓所出者不同，是红褐陶，其长颈卷沿与中原两周之交的鬲迥异，而有商式鬲的特色；其锥足较高也与中原两周之交的鬲不同，而颇具蛮风。

乙B类墓的第一期，年代经高、王二位初步断为西周晚期。所出陶器以鬲、盂、罐为主，都呈砖红色。鬲为长颈卷沿，似与乙A类墓第一期的鬲相同。然而口较小，绳纹较粗，锥状款足更高，蛮风十足。盂为圆腹，而乙A类墓第一期的盂为浅腹。罐为长颈，而乙A类墓第一期的罐为短颈。

乙B类墓的第二期，年代与乙A类墓的第一期相当。鬲卷沿短颈，而锥状柱足之高与第一期的锥状款足等同。盂腹转深，上部过渡明显，略具中原折肩作风。罐腹也过渡明显，与甲类墓和乙A类墓所出罐的折肩作风接近。

乙B类墓有一个值得注意的趋向，即在春秋战国之交已寥寥无几，到战国中期就不可复睹了。

至于丙类墓，因不出随葬品，年代殊难推定。它们都在赵家湖的南部，与乙类墓同地，而与甲类墓异地。

上述几类墓的差别，无疑显示了墓主身份的高低。甲类墓的墓主身份较高，但还够不上大夫这一等。乙B类墓的墓主身份较低，但还不至于是仆台这一等。乙A类墓的墓主，从多数也有一棺一椁和通常都有兵器随葬来看，与甲类墓的墓主相近而稍逊；从没有铜礼器随葬来看，与乙B类墓的墓主相似而略优。还有丙类墓的墓主，无疑多数是一贫如洗的。

上述甲、乙A、乙B三类墓的差别，还显示了墓主族属的异同。甲类墓的随葬品，几乎纯属中原风格，墓主应是楚人。乙A类墓的随葬品，周式多于蛮式，墓主也应是楚人。乙B类墓的随葬品蛮式多于周式，墓主应是土著蛮夷。

依据上述比较研究，可以做出这样的判断：甲类墓的墓主是国人中的下等部落贵族，他们受华夏文化浸染，渐成习尚。出于对华夏自卑而对蛮夷自矜的心理，他们总是模仿华夏的礼制。乙A类墓的墓主是国人中的平民和家道中衰的下等部落贵族，虽也受到华夏文化的深刻影响，但又与蛮夷比较接近，因此吸收了蛮夷文化的某些成分。乙B类墓的墓主大抵是土著蛮夷，与国人相对而言是野人，地位则与平民类同。

死后有等差的墓葬规格，再现了生前有等差的社会地位。假如说，两周之际赵家湖某类墓的墓主是奴隶主或农奴主，某类墓的墓主是奴隶或农奴，那么，证据尚嫌不足。只能说，当时已有国与野、贵与贱、富与贫的分化，大概还有少量奴隶和类似农奴的依附农民以及赤贫的平民，原始社会正在解体中，阶级社会即将形成了。

对于西周楚人的文化风貌，我们所知甚少。这有两个原因：一是传世文献的有关记载异常疏略，二是出土文物寥若晨星。那时，楚国社会进步的速度还不快，楚人自立于周代民族之林的信心还不强。对华夏文化，他们由艳羡而效颦，还说不上有标新立异的勇气；对蛮夷文化，他们相识不久，相知尚浅，陌生之感和鄙弃之意未尽消失，还不大乐意吸收。他们刚露出一点试图融合夷夏文化的苗头，但直到若敖、蚡冒之世还没有进到别开生面的境地。

赵家湖甲类墓的头向一概从南，乙 A 类墓的头向多数也从南，与东周楚国下层贵族墓和平民墓的头向正相合，而与周人墓头向的通例适相反，可见甲类墓和乙 A 类墓随葬器物的风格虽与中原的风格相同，墓主的族属却与周人相异。文化类别与民族类别并不总是吻合无间的，几个民族的考古学遗迹可能呈现出高度一致的文化风貌；反之，一个民族的几个支派可能有各具特色的文化风貌，在交通不便的时代和地区尤其容易发生这样的现象。赵家湖乙 B 类墓的头向多数从西，可见墓主的族属与周人、楚人都不同。下章将说到，楚国上层贵族墓头向尚东。我们认为：死后头向从东的是芈姓季连的后人，死后头向从南的是下层的楚人以及楚蛮，死后头向从西的是巴化的楚蛮。[①] 乙 B 类墓在春秋时由多变少，入战国后由少变无，表明土著楚蛮逐渐与客户楚族同化了。

属于楚文化滥觞期的青铜器，除赵家湖甲类一期楚墓所出者外，尚有传世的楚公逆镈一件、楚公豪钟四件和采集的楚公豪戈一件。（图 2-2）楚公豪其人，经古文字学家考证，早则为熊渠，晚则为熊渠五代孙熊仪——

---

① 张胜琳，张正明 . 上古墓葬头向与民族关系［C］// 中南民族学院 . 南方民族研究集刊：第 2 期，1985 .

图2-2　楚公豪戈
（湖南省博物馆提供）

即若敖。从字形、字音来看，二说都有某些根据，但都需假曲径以通幽，孰是孰非，不易分判。楚公逆为若敖父熊咢，“逆”字实为“咢”字。楚公逆镈和楚公豪钟，与中原同期同类器相比，平平而已，但它们是楚人铸作之器，借此可测知当时楚国的青铜冶铸业已非昔比。楚公豪戈经冯汉骥鉴定，是巴蜀式戈。此戈为精工铸作，楚公豪得而宝之，加刻了“楚公豪秉戈”五字。

滥觞期的楚文化，假使只看青铜器，可以说属于周文化的范畴，但这样做，不免有以偏概全之弊。楚人毕竟不是周人，到了民族振兴之时，他们的文化就会显示出荆芈本色来的。

第三章　茁长期的楚文化

蚡冒死，其弟熊通杀其子而代立，时为周平王三十一年（前740）。熊通三十七年，自号为武王。武王死，子文王立。文王元年，迁都于郢，时为周庄王八年（前689）。

楚国的郢都先后有好几个。这第一个郢都应在今湖北宜城县境，当古睢水即今蛮河之阳。[①] 其地控汉水中游，北望南阳盆地，东临随枣走廊，南瞰江汉平原，西扼荆睢山区，是江淮之间的枢纽。楚国以郢为统治中心，无论窥伺中原诸夏，抚绥汉阳诸姬，以及制驭巴、濮、蛮、越，都便于策应。

武王击灭权、州、蓼等国。文王承武王遗志，吞并邓、申、息诸国，使楚国的兵威及于方城之外。《史记·楚世家》说，当齐桓公"始霸"之时，楚文王统治之下的楚国也"疆"而且"大"了。

文王两传至成王。成王拓土益广，东近汝水，西抵巫山。《史记·楚世家》说，成王之世，"楚地千里"。

成王两传至庄王。庄王确立了楚国的霸业，曾观兵于周郊，问周室九鼎的小大轻重。

庄王六传至昭王。昭王十年，即周敬王十四年（前506），吴、楚两国的冲突达到了空前激烈的程度。吴王阖闾（一作阖庐）与伍员、孙武等大举伐楚国，吴师出奇制胜，长驱入郢，昭王弃都避难。

楚文化的茁长期，始于熊通继位，时当春秋早期的中叶，终于吴师入郢——时当春秋晚期的中叶。自始至终，约历二又三分之一个世纪。鉴于墓葬和遗址的绝对年代不易断定，下文涉及出土器物之处，有时不

---

① 石泉．湖北宜城楚皇城遗址初考［J］．江汉学报，1963（2）；张正明．楚都辨［J］．江汉论坛，1982（4）．

得不以较为宽泛的春秋时代来指代楚文化的茁长期。这个时期楚国的学术，限于资料稀少，暂不论及，留待下章一并介绍。

第一节　楚文化勃兴的特殊机遇

西周末，郑国的史伯对郑桓公纵论天下大势。关于南方，史伯说："融之兴者，其在芈姓乎！""若周衰，其必兴矣。"[①] 后来的事实证明，史伯其人是很有先见之明的。

楚人在蚡冒、熊通之际，完成了从原始社会到阶级社会的过渡。

就社会发展阶段来说，与诸夏相比，楚人原是落伍者。当他们到达原始社会形态终端的时候，所面临的历史条件已不允许他们跟在诸夏的后面亦步亦趋了。诸夏先进而且强大，无论其奴隶制尚在方兴未艾之时或者已到难乎为继之境。楚人都会在诸夏的引力和斥力的交错作用之下，偏离历史的常轨。在家族的胚胎时期，不仅含有奴隶制成分，而且含有农奴制成分，甚至如马克思所指出的，"它含有后来在社会和国家中广泛发展起来的一切对抗性的缩影"[②]。楚人在度过了这样的胚胎时期之后，奴隶制成分虽得以在宫廷和贵族的家室中延续下来，农奴制成分却在县邑的里社中蓬蓬勃勃地发展起来了。在楚国异常迅猛的扩张进程中，随着赋役制的普及，农奴制布满了作为楚国主要行政区域的县邑，以致奴隶制始终没有得到长足的发展。

楚国的奴隶，即被称为仆、台、臣、妾之类而不入"庶人"之列的"小人"。楚国的农奴和其他依附农民，即"庶人"中的"野人"。楚国的平民，即"庶人"中的"国人"。楚国的贵族，即包括王、大夫、士在内的"君子"。

马克思认为，在一切社会形式中都有一种一定的生产支配着其他一切生产的地位和影响，因而它的关系也支配着其他一切关系的地位和影

① 《国语·郑语》。

② 马克思.摩尔根《古代社会》一书摘要［M］.北京：人民出版社，1965：38.

响。这是一种普照的光，一切其他色彩都隐没其中。它使它们的特点变了样。[①] 楚国的王权，在它与族权的对立统一关系中，一直是矛盾的主要方面。历次重大的冲突，尽管有曲折，总是以王权的胜利而告终。这不是因为楚人生来就偏爱王权，而是因为王权的经济基础主要在于强盛的农奴制，而族权的经济基础则主要在于微弱的奴隶制。要问在武王以后的楚国社会中那种普照的光是什么，看来只能作这样的回答：它是农奴制。[②]

一个民族能否独辟蹊径，创造出别开生面的文化来，取决于其能否尽情如意地发挥文化独创性。这种文化独创性，究其实就是历史独创性。它是个性，然而共性正是经由个性体现出来的。这种文化独创性发挥的程度，大致与社会生产力提高和民族自豪感增强的幅度相适应。对楚国来说，谨守诸夏的发展模式抑或探索自己的发展道路，是生死攸关之事。假使楚国甘心步诸夏的后尘，那么，在强侵弱、众暴寡的时世里，恐怕它等不到战国，而早就从春秋的舆图上消失了。幸而楚人独行其是，变弱小为强大，而且在许多方面由落后到领先，创造了先秦史上的奇迹之一。楚人在历史转折关头所显示的独创性，是楚文化持续发展的原动力。

据《史记·楚世家》所记，有两个楚君说过“我蛮夷也”，其一是熊渠，其二是熊通。熊渠说这话，意在“不与中国之号谥”；熊通说这话，意在“请王室尊吾号”。他们的愿望，实为异曲同工。可是，年代有先与后之别，国势有弱与强之异。在熊渠只能说是窥伺，他还怕周人举兵伐楚。在熊通则是公然地要挟，竟大言：“我有敝甲，欲以观中国之政。”熊通自号武王，为诸侯称王之先声。由诸夏看来，这叫僭越。但在族际关系和国际关系上，凡后起之秀都是敢于僭越的。整一百年之后，楚庄王问周室九鼎小大轻重，其用意如《左传·宣公三年》杜预注，“示欲逼周取天下”，这就不止僭越，而几近大逆了。总而言之，当时的楚国有不少越轨之举。

① 马克思恩格斯全集：12 卷［M］. 北京：人民出版社，1962.

② 详见张正明. 楚国社会性质管窥［C］// 楚史论丛：初集. 武汉：湖北人民出版社，1984；张正明. 春秋楚国庶民浅析［J］. 江汉论坛，1984（8）.

正是由于楚人在社会形态和国家体制上敢于躐等破格，楚文化才进入了茁长期。

有利于楚文化茁长的历史条件，从根本上说，不外乎两个：一个是楚人从原始社会向阶级社会过渡的时候所处的特殊环境和所走的特殊道路，这是上文已予介绍的；另外一个是楚人在先秦的民族结构中所占的特殊地位和所起的特殊作用，这却是下文将要陈述的了。

当楚文化尚在滥觞期的时候，楚人被华夏看成蛮夷，被蛮夷看成华夏。这就像外国寓言中的蝙蝠，鸟类把它当作兽类，兽类把它当作鸟类。在楚文化的茁长期，大致还是这样。楚人自己虽乐于以华夏自居，但在与周室闹别扭的时候，他们却不惜以蛮夷自处。正是由于长期处在非夏非夷和亦夏亦夷的地位，楚人的民族偏见是比较淡薄的。与此相适应，楚国的民族政策是比较开明的。

诸夏在战争中经常俘掠敌方人口为奴隶，尤其热衷于俘掠戎狄为奴隶。《小盂鼎铭文》记周康王时伐鬼方，“俘人万三千八十一人”，与俘马、车、牛、羊并列，而且人数比马、车、牛、羊的总数还多。《左传·宣公十五年》记“晋侯赏桓子狄臣千室”，也是令人震惊的纪录。楚国从武王起，灭掉了许多中小国家，可是，楚人对于俘掠敌方人口为奴隶却没有强烈的兴趣。对于被灭之国，楚人的惯例是迁其公室，存其宗庙，县其疆土，抚其臣民，用其贤能。即使对于蛮夷，也是相当宽容的。

春秋时代的民族思想，大致说来，有如下三家。第一家以管子为代表，其纲领性主张是：“戎狄豺狼，不可厌也；诸夏亲昵，不可弃也。”[①] 第二家以孔子为代表，其纲领性主张是：“裔不谋夏，夷不乱华。”[②] 第三家以楚国的多数君臣为代表，其纲领性主张是：“抚有蛮夷……以属诸夏。”[③] 第一家的民族思想，切合春秋中期华夏大国在尊王攘夷的旗号下建树霸业的需要。第二家的民族思想，切合春秋晚期华夏小国对外务

① 《左传·闵公元年》。

② 《左传·定公十年》。

③ 《左传·襄公十三年》。按，《国语·楚语上》所记为：“抚征南海，训及诸夏。”

相安、对内务自保的需要。至于第三家的民族思想，则切合楚国开疆拓土，力求建成混一夷夏的大国的需要。相比之下，楚国这一家的民族思想最有助于社会的发展，民族的融合，以及中国的统一。所以楚国疆域的扩大，财富的增值，政局的稳定，兵势的强盛，都是他国所不能及的。①

从总体来看，华夏比蛮夷进步。然而，蛮夷也自有其所长，并非事事不如华夏。对楚国来说，处在夷夏之间，唯一正确的方针是兼采夷夏之所长而用之。楚国的决策和行动，正是如此。

楚人从原始社会向阶级社会过渡的时候所处的特殊环境，以及他们在先秦的民族结构中所占的特殊地位，都是含有多向因子的客观条件，本来并不能保证楚国一定走上美好的前程。楚国之所以能迅速地成为文明昌盛的泱泱大国，从它的主观条件来看，主要是因为君民上下有顽强的图生存、求发展的传统，善于把自己所处的特殊环境当作饰演历史独创性角色的舞台，善于把自己所占的特殊地位当作夷夏文化竞美争妍、交流融合并且推陈出新的园地。

第二节　楚文化发展的特殊道路

——师夷夏之长技而力求创新

周室东迁之后，诸夏大统一、小分裂的局面已改变为小统一、大分裂。周王丧失了军事盟主的实力，周公东征、昭王南征之类赫赫扬扬的壮举已没有重演的可能，楚人再也用不着为来自中原的威胁而担忧了。至于江汉地区的小国，彼此不相统属，偶尔组成松散的临时军事同盟，也形同乌合。只有曾国（随国）是汉阳诸姬之首②，是楚人东进的主要障碍。武王末年，楚国大举伐曾国，迫使曾国和它订立城下之盟，从此，

① 张正明.先秦的民族结构、民族关系和民族思想［J］.民族研究，1983（5）.

② 西周晚期以后湖北的曾国即随国，参考李学勤.曾国之谜［N］.光明日报，1978-10-4；论汉淮间的春秋青铜器［J］.文物，1980（1）.

楚国对汉阳诸姬的影响就超过了周朝。楚成王三十二年（前 640），曾国策动汉东的小国反叛楚国，被楚国击败，从此，曾国就成为楚国的附庸了。还有百濮、群蛮、百越，虽部落林立而势分力单，更容易被楚国逐个击破。

楚国以惊人的速度扩张着，文治为武功奠定了基础，武功为文治开拓了天地。

楚国在政治上结夷夏为一体的进程，也是它在文化上熔夷夏于一炉的进程。随着夷夏文化的相互激荡，楚文化达到了它的茁长期。楚文化的一切重大成就，都是师夷夏之长技而力求创新的结果，举数例如下。

一、楚式的陶器是夷夏相变的成果

楚人进入江汉平原之后，受到土著楚蛮的影响，文化面貌开始发生显而易见的变化。根据考古资料，这个变化首先体现在陶器上。

大约从西周晚期到战国中期，楚人的主要烹饪器是一种高腿锥足红陶绳纹鬲——即考古学界所称的“楚式鬲”。苏秉琦认为：

> 把它叫作“楚式鬲”的理由是：它的基本结构和特征，同曾流行于中原地区的“殷式鬲”和“周式鬲”不同，自成一系。
>
> “殷式鬲”——指的是以郑州二里岗、安阳殷墟等商代遗址所出的典型陶鬲为代表的那种鬲。它的基本结构和特征是：器的腹足结构连为一体；足间分裆清楚；从垂直角度观察，器底轮廓略如菊科花卉的三个花瓣连在一起。
>
> “周式鬲”——指的是以关中、洛阳一带的周代遗址所出的典型陶鬲为代表的那种鬲。它的基本结构特征是：器腹和足连为一体，腹足的底部是加上去的；足间的裆部呈弧形（所以有时被称作“瘪裆”）；从垂直角度观察其腹足的底部轮廓略呈弧边三角形。
>
> “楚式鬲”——指的是以江汉地区诸商周（包括东周）遗址和墓葬所出的富有特色的那种鬲。它的基本结构特征是：器体的腹底连接一起，空足由核心和外壳两部分构成，核心部分略呈浅凹顶圆

锥体，从器体腹底由里向外穿过底壁，外壳部分略呈空心圆锥体，从器体外面紧紧地裹住核心部分的圆锥体，整个器足犹如从器体里面透穿腹壁的“铆钉”加上从外面再套上去的“铆母”两部分从器体内外两面牢牢地粘着在腹壁；足间裆部实际就是器体的腹底；空足很浅，有的甚至若有若无。

以上三种基本结构不同的鬲，都有自己发展的序列。[①]

鬲，从考古学的角度去看，是中国上古文明的典型器物和独特标志。它最初见于黄河中游的龙山文化遗存中，随即逐渐扩散开去。江汉地区，虽早在石家河文化遗存中，已有鬲类的鬶形器和斝形器出现，但直到商代的黄陂盘龙城二里岗文化遗存中，才有了真正的鬲。汉东的鬲，可谓得风气之先。从盘龙城商代遗址中出土的鬲，除商式鬲外，还有少量萌芽型的楚式鬲。在武汉放鹰台和蕲春毛家嘴的西周遗址中，也有少量萌芽型的楚式鬲出土。然而，直到西周晚期，汉东的萌芽型楚式鬲仍未发展成为成熟型的楚式鬲，原因在于殷人和周人鄙弃楚蛮的陶器文化。汉西的情况与汉东大不一样，那里萌芽型的楚式鬲出现较迟，发现较少。当阳、枝江、江陵一带，在西周中期以前仍以红陶锥足罐形鼎为主要烹饪器。进至西周晚期，南下的楚人久经犹豫之后，为了适应楚蛮占多数和稻米为主食的环境，采取糅合华夏陶器文化和楚蛮陶器文化的方针，与楚蛮一起把红陶锥足罐形鼎略加改造[②]，才做出了成熟型的楚式鬲。

此后，随着楚国势力的扩张，成熟型的楚式鬲从汉西推广到汉东，从江汉之间传播到汉淮之间。在楚文化的茁长期中，楚式鬲形制的发展趋向，主要是足由较高变得更高，与周式鬲的足由较矮变得更矮恰好相反。

楚式鬲产生和形成的过程，可以分为三个阶段：第一阶段是用夏变夷，即华夏先民创造的鬲类器为蛮夷所接受；第二阶段是用夷变夏，即蛮夷从自己的罐形鼎的传统出发，改变了鬲的形态，造出了萌芽型的楚

① 苏秉琦 . 从楚文化探索中提出的问题［J］. 江汉考古，1982（1）.

② 俞伟超 . 先楚与三苗文化的考古学推测［J］. 文物，1980（10）.

式鬲；第三阶段是熔夷夏于一炉而冶之，即楚人和楚蛮对华夏的鬲和蛮夷的鬲的形态、工艺、性能融会贯通，造出了非此非彼、亦此亦彼的成熟型的楚式鬲。其他楚式陶器产生和形成的过程，大致与楚式鬲如出一辙。（图 3-1）

长颈壶也是楚人独有的陶器，它在楚墓中最早出现于春秋晚期，相当于楚文化茁长期的后段。长颈壶的母型，应是新石器时代屈家岭文化遗物中的长颈高圈足壶。此外，春秋初期和中期的楚墓中出土的陶罐，与屈家岭文化和石家河文化遗物中的高领折肩罐也有因袭关系；春秋中期和晚期的楚墓中出土的陶豆，则是从屈家岭文化遗物的镂空圈足豆衍变出来的。[①]

占楚国人口多数的是平民，他们在日常生活中使用的陶器远较铜器、漆器为多。楚国陶器的特殊器类和特殊器型，显示了楚人在日常生活中的需求和情趣。

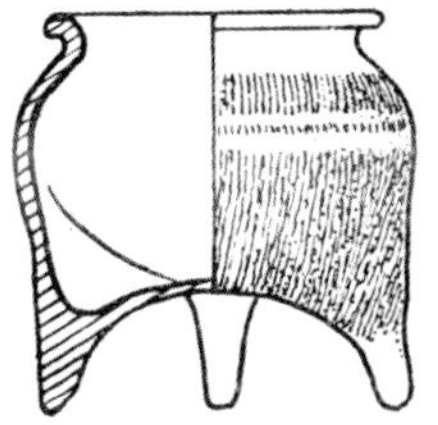

鬲
纪南城东岳庙M4:5
0　10厘米

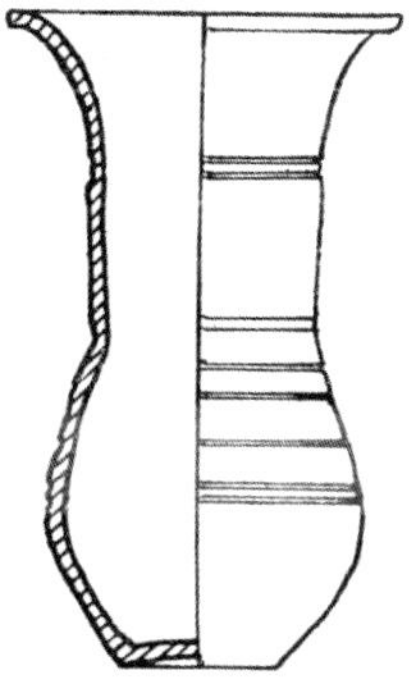

长颈壶
纪南城雨台山M539:1
0　10厘米

图3-1　楚式陶器示意图
（绘图　黄凤春）

二、火耕水耨和筑陂灌田盛行于夷夏错居地区

祝融集团，如第一章已介绍的，本来就擅长刀耕火种。“刀”耕火种是后世的说法，从它的原始形态来看，实为“斧”耕火种。这斧，最初是石斧，大概从商代起才改用铜斧。实行斧耕火种的粮食作物，以粟为主。上古黄河流域的文明，实与粟俱来。

与黄河流域的粟平行发展的，是长江流域的稻。可以说，上古长江流域的文明，是与稻俱来的。

粟从北方传向南方，稻从南方传向北方。上古的南北交流，从农业来说，就是稻粟交流。楚人先民所生息的中

① 王劲．楚文化渊源初探［C］// 中国考古学会第二次年会论文集．北京：文物出版社，1982；郭德维．江陵楚墓论述［J］．考古学报，1982（2）．

原地区，最迟在商代已种稻了，但还不普及。

楚人立国之初在荆山与睢山之间所操的，还是斧耕火种的生业。种粟，他们无疑是内行。后来，随着楚人向江汉平原纵深的推进，稻就取代粟而成为楚国的主要粮食作物了。

早在新石器时代，江汉平原已盛行水稻栽培。从屈家岭、石家河等遗址的红烧土中，发现了大量稻谷壳。据丁颖研究，那些地方在新石器时代所种的稻是谷粒较大的粳稻，其粒形与现在南方栽培的粳稻相近。[①]关于先秦江汉平原的水稻栽培技术，文献资料和实物资料都很少。尽管如此，凭借这些并不丰足的资料，加以从西汉的情况出发，前推上溯，还是可以知其大概的。

《史记·平准书》记元鼎间（前116—前110）“山东被河灾，及岁不登数年，人或相食，方一二千里。天子怜之，诏曰：‘江南火耕水耨，令饥民得流，就食江淮间。欲留，留处。’”同书《货殖列传》记：“楚越之地，地广人希，饭稻羹鱼，或火耕而水耨，果隋蠃蛤，不待贾而足，地埶饶食，无饥馑之患。以故呰窳偷生，无积聚而多贫。是故江、淮以南，无冻饿之人，亦无千金之家。”所谓“江南”，即淮河以南的楚越之地。火耕水耨，当然不是西汉才有，而是由来已久的。所谓“火耕水耨”，裴骃《集解》引应劭曰：“烧草，下水种稻，草与稻并生，高七八寸，因悉芟去，复下水灌之，草死，独稻长，所谓火耕水耨也。”

应劭的解释大体不误，只是比较粗略。火耕是南方、北方都有的，水耨却为南方所独有。火耕在北方和南方山区沿用的时间很长，水耨则在南方水乡沿用的时间很长。北魏贾思勰《齐民要术》记述的水稻栽培情况，南方还用水耨，北方还用火耕。该书卷二“水稻”条所作的介绍，是对火耕水耨最细致而且最准确的说明，其原文为：“稻，无所缘，唯岁易为良。选地，欲近上流。三月种者，为上时；四月上旬为中时；中旬为下时。先放水，十日后，曳陆轴十遍。地既熟，净淘种子，渍经五宿，

① 丁颖．江汉平原新石器时代红烧土中的稻谷壳考查［J］．考古学报，1959（4）．

漉出，内草篅中裛之。复经三宿，牙（芽）生。长二分，一亩三升，掷。三日之中，令人驱鸟。稻苗长七八寸，陈草复起，以镰侵水芟之，草悉脓死。稻苗渐长，复须薅。薅讫，决去水，曝根令坚。量时水旱而溉之。将熟，又去水。霜降，获之。北土高原，本无陂泽，随逐隈曲而田者。二月，冰解地干，烧而耕之。仍即下水。十日，块既散液，持木斫平之。纳种如前法。既生七八寸，拔而栽之。溉灌、收刈，一如前法。畦畤大小无定，须量地宜，取水均而已。”

火耕水耨的耕作方式，适用于荒地以及休闲一年或两年的熟地，“岁易为良”。因此，它以“地广人希”为前提。古代的南方，与北方相比，正是地广人稀的。西汉时期，南方种稻已不全用火耕水耨的办法了。《史记·货殖列传》所记“或火耕而水耨”的“或”，是说“有些地方”。所谓火耕，就是烧掉杂草。所谓水耨，就是在水中用镰芟去杂草和用手拔去杂草，并让水把杂草沤烂。

春秋时代的楚国，在水田耕作上大概还没有用犁耕或牛耕。[①] 好在火耕水耨是无需用犁的，只要让牛拉着陆轴在泡了水的田里转上十遍八遍，就可以下种了。凡是火耕水耨的田，都实行撒播，无需插秧。那时，楚人已有铜斧、铜镬、铜镰。[②] 对火耕水耨来说，有这么几样基本的工具，加上耒、耜之类，就够用了。

火耕水耨，现在看来当然是落后的。但在上古之世，在犁耕尚未推广而荒地多、肥料少的条件下，火耕水耨却是因地制宜发展水稻种植业

① 《左传·宣公十一年》记楚人申叔时说“牵牛以蹊人之田”，有些学者猜想这牛可能是耕牛，然而猜想毕竟不能代替史实。楚康王时有太宰伯州犁，有些学者说这个“犁”字表明当时楚国已实行犁耕，其实伯州犁是晋人晋名，尽管后来他跑到楚国去了，还是不能拿他以州犁为名来推论楚国的农事。楚康王时倒真有个楚人以犁为名，此人即大夫师祁犁，见《左传·襄公二十四年》，师祁是姓，犁是名，但我们也不能仅凭这个“犁”字说当时楚国已实行犁耕。上古犁、黎二字通用，楚人的始祖是黎，《左传·昭公二十九年》作“犁”，我们当然不能仅凭这个“犁”字就说最早的一位祝融已会犁耕了。到现在为止，考古工作还不曾发现楚国的犁。

② 河南淅川县下寺春秋楚墓有铜镬、铜镰出土，湖北襄阳山湾春秋楚墓有铜斧、铜镰出土。

的良策，不得以落后视之。直到西汉，实行火耕水耨的江南还“无饥馑之患”，所以汉武帝要山东的灾民跑到那里去就食，甚至准许他们留在那里安家立业。

楚国粮食的产量和储量都较大。楚庄王三年（前611），楚国“大饥”，山夷四出骚扰，庸人煽动群蛮百濮造反。楚师伐庸，从郢到庐自带军粮，从庐到庸则“振廪同食”。在秦人和巴人的协助下，一举攻灭了庸国。[①]荒年灾月，公仓尚有储粮，可见楚国农业的发展大致已达到足食足兵的目标。楚国发展农业的成就，在很大程度上是因为它实现了楚蛮、扬越、淮夷的农业生产经验与华夏农业生产经验的结合，从而能更好地相土宜，尽地力，兼收南稻北粟之利。

楚人在广泛吸收和综合利用南北农业文化精华的基础上，创建了筑陂灌田的水利工程，这是他们对古代中国农业发展的一项巨大贡献。

上古种植水稻，必须相察地形的高下，蓄水或引水以灌田。这就是《周礼·地官》的“稻人”条中所记的：“以潴畜水，以防止水，以沟荡水，以遂均水，以列舍水，以浍写水……”南方以水稻为主要粮食作物，而且盛行火耕水耨，对农田水利的需求尤为迫切，早就有筑陂和决水的经验了。这一方面，华夏不如蛮夷。楚国境内的楚蛮、扬越和淮夷，都擅长搞农田水利。当然，他们所搞的农田水利都是小型的，只能满足几家几户以至一里一社的需要。严格地说来，还不是社会性的工程，而只是家族性或邻里性的作业。直到庄王时，孙叔敖主持兴建了期思陂，才有了社会性的农田水利工程。

孙叔敖即蒍敖。后因有禄田在孙地，才号为孙叔。[②]早年，他住在

---

① 《左传·文公十六年》。

② 《左传·宣公十一年》有蒍艾猎，杜注以为即孙叔敖，亦即蒍敖；孔疏则引《世本》，以蒍艾猎为兄，蒍敖为弟。按，《左传·宣公十二年》有蒍敖、孙叔敖、孙叔，细味文义，应是一人。蒍艾猎有子蒍子冯，官令尹；蒍子冯有子蒍掩，官司马，为公子围（楚灵王）所杀。任何文献都没有说蒍子冯、蒍掩是孙叔敖的子孙，只说孙叔敖的子孙有寝邑为赏田，传九世而不收。由此可知，孙叔敖与蒍敖是一人，蒍敖与蒍艾猎是两人。蒍敖为令尹后，似仍以蒍为氏。死后其子封于寝邑，楚人才追称之为孙叔。寝、孙音近，颇疑孙叔敖之孙即寝邑之寝。

期思（今河南淮滨县南），没有官职，所以《史记·循吏列传》说他是“楚之处士”，《荀子·非相篇》和《吕氏春秋·赞能》则说他是“期思之鄙人”。芀氏是蚡冒的后代，是楚国一个既老且大的家族。孙叔敖之父芀贾曾任工正，主管工程。孙叔敖之兄芀艾猎曾任令尹，在沂这个地方筑城时显示了卓越的才干，事见《左传·宣公十一年》。孙叔敖大概是受了父兄的指点，也以规划工程和主管政务见长。后来，在康王时，芀艾猎之孙芀掩任司马，受命庀赋，又显示了出类拔萃的能力。

孙叔敖主持兴建期思陂，最早见于《淮南子·人间训》所记：“孙叔敖决期思之水，而灌雩娄之野，庄王知其可以为令尹也。”陂，最初可能是汉淮之间的方言词语。《方言》卷六说：“陈楚荆扬曰陂。”地名称陂者，多在汉淮之间。陂的本义，应是斜坡。也可指泽畔、塘边，如《诗·陈风·泽陂》云：“彼泽之陂，有蒲与荷。”后来，又可指堤坝（泽障）和塘堰（偃潴）了。《说文解字·阜部》:“陂，阪也，一曰沱也。”“阪，陂者曰阪，一曰泽障，一曰山胁也。”《周礼》“以潴畜水”句，郑众注“潴”曰：“畜流水之陂也。”王念孙《广雅疏证》卷九下云:“《说文》:‘陂，沱也。’沱与池同。《月令》注云：‘畜水曰陂，穿地通水曰池。’”

楚人向种植水稻历史悠久的南方民族学到了筑陂的技术，而且有所改进，有所创作。孙叔敖筑的期思陂，其特点是截引河水，而先前的陂大概只是积雨水或引沟水的。后来，楚人推广了截引河水的工程技术。如《国语·吴语》记伍员说，楚灵王筑章华台，“阙为石郭，陂汉，以象帝舜”。韦昭注：“舜葬九疑，其山体水旋其丘，故雍汉水使旋石郭，以象之也。”

雩娄，故城在今河南固始县东南。期思陂的灌溉面积有多大，很难说。《汉书·地理志上》记庐江郡属县有雩娄，原注：“决水北至蓼入淮，又有灌水，亦北至蓼入决。”按，决水今名史河，灌水今名灌河，二水北流，相会后今名史灌河，又北流入淮水。水名“决”“灌”，应是纪念孙叔敖“决”期思之水而“灌”雩娄之野。期思，原是蒋国的都邑。楚国灭蒋国，期思成为楚国的县邑，是楚国在淮水中游的重镇。灌水过期思县境，“期思之水”应即灌水。决水过沈县境，雩娄在决水流域，入楚后应属沈县，原与灌水无涉。由此可知，期思陂应在灌水的中游或上游，是截引灌水东向分流，以济决水之不足。《水经》“决水”条记：“决水，出庐江雩娄县南大别山，北过其县东。”可见，雩娄之野应在决水西。郦道元注：“灌水……导源庐江金兰县西北东陵乡大苏山，即淮水也。”所谓“淮水”，当因曾有期思陂这个分流工程而得名。

这个期思陂工程，现在看来只是小型的，放在战国时代可算是中型的，但在春秋中期却是大型的。它的意义，主要不在于算不算大型的，而在于是我国亘古以来第一个社会性的农田水利工程。

期思陂的效益是良好的，理由在于：第一，庄王满意；第二，后人怀念。后人因怀念而有不少增饰之词，这是难免的；但要让庄王这个精明的君主满意，却非有良好的效益不可。

期思虽是姬姓的封国，但其地原属淮夷，而南有越人，恰在夷夏交接的地方。

三、得扬越和华夏的青铜冶铸技术而兼之

中原的青铜时代，大约始于夏代晚期，即公元前两千年前后。历经商代和西周，下至春秋早期，楚人的青铜冶铸工艺是从中原学来的，春秋早期以前限于客观条件，水平比中原低得多。

周朝在汉东和汉北分封了一些姬姓的诸侯，让他们镇守南土，号为“汉阳诸姬”。在汉阳诸姬中，最大的一个是“曾”。“曾”见于铜器的铭文，它在文献上却多被称为“随”。近十年来，在湖北随州市（旧称随县）、京山县、枣阳县以及河南新野县等地，出土了不少曾国的铜器。1978 年在随州市擂鼓墩发掘的 1 号墓，出土铜器尤多。此外，还有几件出土地点不明的传世曾国铜器。这些曾国铜器，除擂鼓墩 1、2 号墓所出的年代较晚以外，其余多数是西周晚期和春秋早期的。它们的数量和质量，都超过了现已发现年代相当的楚国铜器。它们的形制和纹饰，都属于中

原风格。[①] 这就是说，直到春秋早期，楚国在青铜冶铸方面还落后于汉阳诸姬中为首的曾国。

不仅如此，春秋早期以前，在青铜冶铸方面，楚人甚至也赶不上越人。

湖南安仁县的何古山新石器时代遗址，所出器物有越文化特征，其中发现了青铜管和青铜牌。这个遗址的年代，据吴铭生研究，与中原的商代相当。由此可知，早在商代，当地的越人已掌握青铜冶铸技术了。截至 1983 年，湖南出土和采集的西周铜器有六十二件，其中乐器四十六件，容器十六件。据高至喜研究，所有乐器，即铙二十二件、甬钟十八件、镈六件，都有越文化的风格，都应出自当地越人匠师之手；至于容器，则有夔龙纹罍一件，马纹簋一件，仿竹制簋形器一件，变形夔龙纹鼎二件，夔龙纹大鼎一件，共六件，大概也是当地越人铸造的。春秋时代，湖南越人的青铜铸造工艺在继续发展中。以春秋早期的铜鼎为例，资兴县旧市 351 号墓出土的一件铜鼎，立耳，柱足，腹壁直下，平底，腹部饰有越人喜用的直线纹和曲折纹，风格与中原和楚国的同期同类器迥异，是春秋早期典型的越式鼎。此外，湖南出土的形制和纹饰都特异的春秋时代的青铜匕首，扁茎青铜短剑，双肩青铜钺，人字形横断面刮刀，以及带耳系的矛等，也都是典型的越式器。[②]（图 3-2）

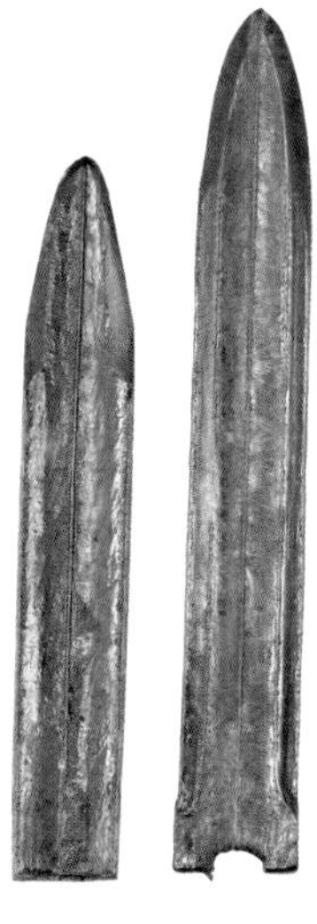
图3-2　铜刮刀
（湖南省博物馆提供）

① 参考周永珍．曾国与曾国铜器［J］．考古，1980（5）；田海峰．湖北枣阳县又发现曾国铜器［J］．江汉考古，1983（3）；李学勤．曾侯戈小考［J］．江汉考古，1984（4）．

② 参考吴铭生．从考古发现谈湖南古越族的概貌［J］．江汉考古，1983（4）；高至喜．论湖南出土的西周铜器［J］．江汉考古，1984（3）；湖南省博物馆、湖南省东江水电站文物考古队．资兴旧市春秋墓［J］．湖南考古辑刊：第 1 集，1982；湖南省博物馆．长沙县出土春秋时期越族青铜器［J］；何介钧．湖南商周时期古文化的分区探索［J］．湖南考古辑刊，1984（2）．

湖北大冶的铜绿山，最迟从周初起，就是一个产铜基地。以铜绿山为中心，北至英山县，南至通城县，西至武昌县，东至黄梅县、阳新县和江西九江市，已发现数十处古文化遗址，上起新石器时代，下至春秋战国之际，从文化内涵看，主人应是越人。这个地区的越文化遗存，与其他地区的越文化遗存相比，同中见异，其典型陶器为刻槽足鬲、带耳甗和长方形缕孔豆，多有拍印的切条纹，应是东部扬越文化遗存，与湖南湘水流域的南部扬越文化遗存是一对孪生姐妹。值得注意的是，在大冶县的古文化遗址中，几乎都有炼铜的遗物。而且，在铜绿山东北坡春秋时代炼铜遗址中发现的大量陶器残片，也有越文化的特征。可以肯定，上古铜绿山周围的居民是扬越，当时的矿工至少可以说主要是扬越。

1984 年，在广济县城东的长江航道上进行挖沙疏航作业时，从江底下约六米处挖出青铜甬钟二十三件和青铜句鑃二件。经初步研究，其铸造年代在西周晚期至春秋中期之间，甬钟与大冶县以及江苏镇江市、广东清远县、广西恭城县等地所出者类似，句鑃则为吴越所特有，二者都应是越文化的遗物。这些甬钟和句鑃，应是用铜绿山和附近地区所产的铜，就地铸造的。其数量之多，质量之优，显示了扬越青铜冶铸工艺的水平。它们的年代和风格，为楚国在成王之前尚未牢固地占领铜绿山和附近地区的古铜矿又提供了一个较为有力的物证。①

扬越的青铜冶铸技术，最初可能是向殷人学来的。商代，殷人南进，越大别山，渡长江，过洞庭湖，把他们的青铜文化带到了南方。湖北黄陂的盘龙城遗址，其内涵是商文化遗存。湖南的湘江流域，出土了许多商代铜器，其中某些铜器带有凤纹和“”“戈”等族徽。湖北铜绿山附近已发现多处商代的冶炼遗址和其他遗址，也出土过带有族徽

① 参考张潮．古越族文化初探［J］；黄石市博物馆．大冶古文化遗址考古调查［J］；咸宁地区博物馆，阳新县博物馆．阳新和尚垴遗址调查简报［J］；湖北省博物馆，广济县文化馆．广济发现一批周代甬钟［J］．上列四篇俱见江汉考古，1984（4）．王善才．湖北浠水、英山东周遗址调查简报［J］．考古，1963（12）；武汉市文管处．武昌县豹澥、湖泗古文化遗址调查［J］．江汉考古，1984（1）；黄石市博物馆．大冶上罗村遗址试掘［J］．江汉考古，1983（4）．

图3-3　凤纹青铜方罍（商代）
（武汉博物馆提供）

“”的铜器。由此可知，这些地方曾有商朝的驻军和移民，这些驻军和移民对扬越青铜冶铸技术的提高做出了有深远影响的重大贡献。（图 3-3）直到春秋早期，扬越在青铜冶铸技术方面仍领先于楚人。

楚国的青铜冶铸业，在熊渠时，由于一度进兵到包括铜绿山在内的鄂地，打开了原料的来源，获得了初步的发展。从武王和文王起，灭国渐多，又掳掠了不少铜器。然而，楚国青铜冶铸业的突飞猛进，却是在成王时发生的。

成王奋武、文二世威服汉阳诸姬之余烈，北收弦、黄，控制了大别山南北的通道，铜绿山和附近地区就落进楚国的势力范围中去了。《史记·楚世家》记楚成王“使人献天子，天子赐胙，曰：‘镇尔南方夷越之乱，无侵中国。’于是楚地千里”。所谓“夷越”，应指扬越和江汉地区的楚蛮。《史记·齐太公世家》说：“楚成王初收荆蛮有之，夷狄自置。”所谓“荆蛮”，应与同书《吴太伯世家》的“荆蛮”同义，指越人。[①] 方圆千里的楚地，应是把铜绿山和附近地区也包举在内的。扬越之乱，或许是反抗楚人的占领。后来扬越地区的局势比较平静，可见楚国在那里实行了有效的统治。

1977 年和 1978 年，在湖北黄陂鲁台山发掘了西周墓五座，东周墓三十座。[②] 这三十五座墓的文化内涵的演变，透露了楚人何时占据鄂东的明确信息。

五座西周墓，据陈贤一研究[③]，共出铜礼器二十八件，形制与中原或关中同期同类器相同的约占十分之九；所出陶器已复原十四件，形制与中原或关中同期同类器相同的近三分之二。铜器上的饕餮纹、夔纹、双尾龙纹、雷纹、云纹、圆窝纹、对角云纹、乳丁纹等，陶器上占压倒多数的绳纹以及附加堆纹、弦纹等，也与中原或关中同期器物上常见的相同。可见，鲁台山西周文化遗存的内涵是商周文化的融合。其中，商文化因素比周文化因素较为突出。如墓制方面的长方形墓坑、长方形腰坑、墓室设二层台和墓底铺朱砂，铜器方面以鼎、甗、簋、觚、爵、尊、卣、戈、矛为主要器类，以云雷纹、饕餮纹、夔龙纹、圆窝纹为主要纹饰，在盘龙城的早商文化遗存和鄂东的晚商文化遗存中均有所见。30 号墓出土铜器最多，其中方鼎四件都有铭文。标本 M30：3 铭文为“公大□□姬奍隮彝”，标本 M30：4 铭文为“公大史乍姬奍宝隮彝”，标本 M30：5

---

① 作为地理概念的荆，在商、周两代，其外延所及有南移和西移的趋向。荆地在商朝的南方，殷人南进，他们观念中的荆地就北缩而南伸了。楚人是荆人中最偏西的一支，自己只称楚，不称荆。但在诸夏看来，荆楚是可以混称或连称的。在东部的吴越名闻于中原，西部的楚国渐臻于强盛之后，周人观念中的荆地就东缩而西伸了。周太王之子太伯奔吴地，《史记·吴太伯世家》书作“奔荆蛮”。但在吴越两国各以其本号登上列国政治舞台之后，就谁也不说他们是荆蛮了。所谓“荆蛮”，实有二义：其一，是如蛮的荆人，楚人也包括在内，《国语·晋语八》就说“楚为荆蛮”；其二，是荆地的蛮人，这就不包括楚人，而只是指吴越、扬越和荆地的其他少数民族了。

② 黄陂县文化馆，孝感地区博物馆，湖北省博物馆．湖北黄陂鲁台山两周遗址与墓葬[J]．江汉考古，1982（2）．

③ 陈贤一．黄陂鲁台山西周文化剖析［J］．江汉考古，1982（2）．

图3-4　“公大史”
青铜方鼎
黄陂鲁台山出土
（武汉博物馆提供）

图3-5　饕餮纹青铜瓿
黄陂王家河出土
（武汉博物馆提供）

铭文为“公大史□姬鲞宝□□”，标本 M30：6 铭文为“□乍宝隮彝”。另有圆鼎一件，即标本 M30：1，其铭文为“长子狗作父乙隮彝”。公大史，刘启益引陈梦家说，以为即周康王时的毕公高，其说可从。[①]（图 3-4、图 3-5）方鼎四件，都是公大史为其女姬鲞所作的媵器。既然如此，当地的这个显赫家族就不是姬姓的。从一件圆鼎的铭文来看，墓主应是号为“长子”的国君，其名为乙。以日为名，是殷人的习惯。由此推想，墓主可能是与周人联姻的殷人遗裔，或者南方某个方国的君主。无论如何，决非楚人。[②] 36 号墓出土瓷豆二件，附近的同期遗址中发现少量陶器有雷纹和方格纹，同期灰坑中发现有柄陶鬲残片一件，这些，应是受扬越、吴越文化影响的遗迹。总而言之，还看不出有楚文化的影响存在。

鲁台山一带位于长江中游的要冲，西控汉水、涢水，东控长江。楚人向铜绿山和附近地区推进，鲁台山一带是必经之地，从上述五座墓来看，西周时代楚人至少还没有正式占领这个地方。

鲁台山的三十座东周墓，年代为春秋中期至战国晚期，据涂高潮研究[③]，虽则既有中原和关中的风格，也有当地独具的特色，但楚式已占优势，而且越到后期就越是明显。属于春秋中期和晚期的墓，其陶器组合以鬲和双耳罐为主。这鬲，已属于楚式鬲的范畴。这双耳罐令人注目，其形制不见于中原和当阳、江陵一带楚国腹地，而与关中西周前期墓中所出的同类器相似，实为周文化的标本。在春秋晚期墓中与鬲和双耳罐同出的Ⅰ式豆，大有特色，其形制为他处所不见。大致属于春秋战国之际的墓，其陶器组合显示出过渡形态，有鬲、豆、钵、壶，较为早出的双耳罐已经消失，较为晚出的鼎尚未露面。豆为Ⅱ式，有楚风。（图 3-6）壶为Ⅰ式，颈短，与常见的楚壶有别。属于战国时代的墓，其陶器组合以鼎、豆、壶为主，不见鬲和双耳罐，而偶或有敦形器和钫。鼎、豆和钫，都是楚式的。壶颈渐长，楚味渐浓。敦形器与楚墓所出敦相似，但

① 刘启益 . 黄陂鲁台山 M30 与西周康王时期铜器墓［J］. 江汉考古，1984（1）.

② 参考王光镐 . 黄陂鲁台山西周遗存国属初论［J］. 江汉考古，1983（4）.

③ 参考涂高潮 . 略谈鲁台山东周墓［J］. 江汉考古，1982（2）.

图3-6　原始瓷豆
黄陂鲁台山出土
（武汉博物馆提供）

无足和钮。这些，使我们有根据说，从春秋中期起，楚文化对鲁台山地区的影响就逐渐深入了，进入战国时代之后；鲁台山地区的文化面貌已较为彻底地楚化了。

鲁台山东周墓的发掘结果，为楚人在成王之世进占鄂东提供了有力的物证。

上古的青铜生产、铸造与冶炼通常不在一地，即采掘之后就地冶炼，冶炼之后易地铸造。铜绿山附近发掘的楚墓，据现已公布的资料，都是战国时代的。此外，可能也有春秋时代的，但还有待于继续辨识。这个情况，说明春秋时代在铜绿山从事采掘和冶炼的主要还是扬越，甚至全部是扬越。楚国占领铜绿山和附近地区之后，就能把扬越的冶炼技术和中原的铸造技术结合起来，生产出大量优质的青铜器，使自己成为当时生产青铜器最多最好的一个国家，它所得到的利益，莫大于此了。

楚成王十七年（前655），灭弦国；二十四年（前648），灭黄国。弦、黄两国为楚国所灭，标志着楚国为巩固其对铜绿山和附近地区的统治而在北线实施的军事计划大功告成。这些事件的影响，实在非同小可。从此，楚师的装备大为改善，如虎添翼了。灭黄三年之后，楚师初次远出伐徐。诸夏震惊，当即会盟，伐厉以救徐，但不克。楚师继续推进，败徐师于娄林（今安徽泗县东北）。又经三年之后，“郑伯始朝于楚。楚子赐之金，既而悔之，与之盟曰：‘无以铸兵！’故以铸三钟”[①]。这郑伯，即郑文公；这楚子，即楚成王。按，在铜绿山的矿山脚下，曾多次采集到每块重约 1.5 千克的古代圆饼形铜锭。楚成王送给郑文公的“金”，大概就是这种成锭的红铜。这次所送的金，用来铸钟只能做成三件，可是，如果用来铸戈、矛、剑、戟，数量就可观了，所以楚成王要与郑文公约定“无以铸兵”。铜在当时的战略物资中所占的首要地位，以及占领铜绿山和附近地区对楚国国力强盛所起的重要作用，由此都不难想见。

从这时起，楚王就阔绰起来了。晋公子重耳在流亡途中经过楚国，受到隆重的接待。《国语・晋语四》记：“楚成王以周礼享之，九献，庭实旅百。”韦昭注：“九献，上公之享礼也。庭实，庭中之陈也。百，举成数也。”这是接待诸侯的规格，以致重耳竟不敢当礼。同书同篇记：“既飨，楚子问于公子曰：‘子若克复晋国，何以报我？’公子再拜稽首对曰：‘子女玉帛，则君有之。羽旄齿革，则君地生焉。其波及晋国者，君之余也，又何以报？’”重耳说的，固然是恭维话、客气话，但那时楚国比晋国富却是真的。

楚国在成王以后，与扬越的关系密切起来了。《说苑》卷九记楚庄王“左伏扬姬，右拥越姬”，扬姬为扬越女，越姬为于越女，就楚越关系来说，这是很有象征意义的。楚国与扬越的关系越好，它的铜就越多。

成品与原料同步增长，楚国冶炼的红铜锭多了，它铸造的青铜器也就多了。丰富的铸造实践，使得楚人在铸造工艺上迅速进步，以至超过了北方的诸夏。青出于蓝，而胜于蓝，楚文化就是这样发展起来的。1978 年和 1979 年在河南淅川县下寺发掘的九座大型和中型的楚墓，年代为春秋中期至晚期，出土的青铜器达四百余件。这些青铜器足以说明，当时楚国不仅普及了中原大约在春秋中期推广的分铸、焊合技术，而且

① 《左传・僖公十八年》。

图3-7　邓公乘鼎
（郝勤建提供）

创造了中原尚无先例的失蜡法或漏铅法铸造工艺；不仅镶嵌红铜工艺的采用不比中原晚，而且镶嵌黑漆工艺的采用是中原无先例可循的。[①]

对待先进事物，楚人向来不抱偏见，趋之唯恐不及，求之唯恐不得。这样的心理，历久而不衰。在湖北襄阳市山湾的春秋楚墓中，有邓公乘鼎（图 3-7）和上都府簠出土。[②]在淅川县下寺的春秋楚墓中，有巴式剑、郹子之用戟、上

① 参考张剑.从河南淅川春秋楚墓的发掘谈对楚文化的认识[J].文物，1980(10)；北京大学历史系考古教研室商周组.商周考古[M].北京：文物出版社，1979.

② 参考杨权喜.襄阳山湾出土的鄀国和邓国铜器［J］.江汉考古，1983（1）.

鄀公簠、蔡侯簠和吕王钟出土。[①] 这些不同国属和不同族属的器物成为楚人的宝器和爱物，体现了楚国的文化方针和楚人的文化素养。然而，在楚文化的茁长期，就总体来说，中原和其他地区的青铜器不再是楚人崇拜的对象了。先前在巴蜀式铜戈上补刻“楚公豪秉戈”这样的事再也不会重现了。这时的楚人，满怀着信心面向未来。在铸造青铜器的时候，他们的准则主要不是模仿，而是创造。他们所追求的，是根据自己的传统，按照自己的审美标准，表现自己的风格和气派。于是，显然独具特色的青铜器出现了，楚国的青铜器卓然自成一家了。这样的成就，是长于铸造的诸夏和长于冶炼的扬越都不能企及的。外求诸人以博采众长，内求诸己而独创一格，这是楚国青铜器发展的道路，大而言之，也是楚文化的发展道路。

四、介乎夷夏之间的楚制和楚俗

楚国由部落联盟脱胎而来，它的典章制度原是粗疏的，从武王起才逐渐完备起来。

楚君本称敖。王逸《楚辞章句·天问》说：“楚人称未成君者为敖。”后人鉴于称敖的楚君未必早夭或横死，不以王逸之说为然。如若敖在位达二十七年，霄敖也善终。这有一定的道理，至少可以证明不是只有“未成君者”才称敖。但王逸之说并非无根之谈。所谓“未成君者”的“敖”，实为未继国君之位的楚人部落联盟军事首领。[②] 受封之后，敖就称子了，但也可称公、称侯、称伯。子、伯、侯、公诸称，有周原甲骨文和楚器铭文为证。熊渠一度封其三子各为王，但不久就废除了王号。楚君称王，始于自号为武王的熊通。

武王创设了简朴而完整的官制和兵制，建成了作为阶级统治机器的

① 张剑．从河南淅川春秋楚墓的发掘谈对楚文化的认识［J］．文物，1980（10）；北京大学历史系考古教研室商周组．商周考古［M］．北京：文物出版社，1979．

② 张正明．楚国社会性质管窥．尾注［C］// 楚史论丛：初集．武汉：湖北人民出版社，1984．

国家。

楚国的官制，从形式上看，与诸夏同少异多。如楚官多称尹，成为一大特色。以尹名官虽始于商朝，但楚国以尹名官应是向周朝学来的。西周有地位很高、职权很大的尹，如“皇天尹”，与“大保”连称，见《作册大齋》铭文，据郭沫若考证，即西周初期的召公。[①]楚国以令尹居相位，实与皇天尹类似。然而，楚官从上到下，从中央到地方，普遍称尹，少有例外，形成了一套独特的体制。这是由于那时的楚人为了求得独立和尊严，故意我行我素，其指导思想是武王宣布的“我自尊耳”。[②]

县，也是周朝原有的。但周朝的县本来只是王畿边远地区的泛称，并不构成行政区域体制的一个层次。真正作为行政区域的县最初见于楚国，而楚国的县最初是在蛮夷地区创设的。后来其他国家也推行县制，则或多或少仿效楚国的先例。

当诸夏已普遍用车兵之时，楚国还像中原的戎人那样在用步兵。因此，楚国的兵制无法仿效也无需仿效诸夏的陈规。楚师的主帅称莫敖。后来也设了大司马、左司马、右司马之类，大司马位居莫敖之上。组建了车兵之后，中军以“广”为作战分队。楚人作战，有时也参用没有严整的建制和没有严密的阵法的蛮人。楚国兵制方面的这些特点，也是因夷夏结合而形成的。

此外，在封爵、食邑、礼法等方面，春秋时代的楚制也各具特色。例如：在王与士之间的大夫等级中，没有明确的阶层，春秋时代楚人有官而无爵，受封者有食邑大小之异而无爵秩高下之别；所有封邑除去个别例外，传袭不过三世；丧葬所用列鼎，除了上等贵族特有的升鼎和作为盥器的小口罐形鼎以外，一般为偶数，与诸夏的奇数恰相反。总之，在楚文化的茁长期，位于夷夏之间的楚人，往往有意显示出亦夏亦夷或非夏非夷的个性来，从中可以看出强烈的自尊心和积极的独创性，这无疑是至可

① 郭沫若．两周金文辞大系考释［M］．北京：科学出版社，1958．

② 《史记・楚世家》。

宝贵的素质。

精神文化方面，楚人受华夏的熏陶已久。他们向华夏学来的，首先是语言文字。春秋时代，楚人尽管还说着楚言，但懂得夏言的越来越多了。在国际交往中，楚国的贵族大抵操夏言，而且通常是相当流利的。至于文字，楚人所用的只有一种——就是夏文。借助于夏文，楚人才得以采撷华夏精神文化的繁花硕果，含英咀华，使之成为自己的文化营养。自从通用了夏文，楚人的意识形态就日甚一日地纳入华夏意识形态的体系中去了。

最迟在成王之世，楚国的贵族已熟知华夏的某些重要典籍。他们像中原的贵族那样，往往引经据典，借以判是非，明利弊，决疑，定策。被他们援引得最多的，是《诗》《书》《军志》。显而易见，他们的政治理想、道德规范乃至战略战术等等，在许多基本方面是与华夏类同的。实质上楚人已厕身于诸夏之列，只是名义上诸夏还把楚人看成“非我族类”罢了。

尽管如此，楚人心理素质的特性仍然倔强地表现出来。楚人迁居江汉地区历时既久，栉蛮风，沐越雨，潜移默化，加以他们对自己的先祖作为天与地、神与人的媒介的传统未能忘怀，由此，他们的精神文化就比中原的精神文化带有较多的原始成分、自然气息、神秘意味和浪漫色彩，逐渐地形成了南方的流派。

很多楚人能操夏言，然而平时他们仍操楚言。楚国通用夏文，然而楚人所写的夏文另有一体。楚人接受了华夏的许多理论，然而他们从楚国的实际出发，往往有所改作，有所变通。如政治思想上强调忠君和抚民，军事思想上侧重外线作战，民族思想上主张混一夷夏，都可以说是自成一家的。至于社会习尚，则有久盛不衰的巫风；艺术风格，则追求挺拔、清秀与诡奇、缛丽的结合。诸如此类，总而言之，就是精神文化方面的楚式、楚派、楚风。由当时中原的人士看来，楚即南，南即楚。郑国的游氏，有个人名楚，字南，这是一个例子。晋国的师旷，以南风不竞，占楚师不利，也是一个例子。楚人钟仪为晋国所俘，他戴的楚冠被称为南冠，他弹的楚曲被称为南音，又是一个例子。因此，楚式、楚派、楚风也就是南式、南派、南风。

上列几个方面，足以说明楚文化是民族文化交流的产物。假如说，楚文化是北方华夏文化和南方蛮夷文化相结合而形成的，那还不够确切。即使仅就夏和夷两种文化来说，也有主次之分，夏为主，夷为次，这对判别楚文化的性质是至关紧要的。况且，夏和夷两种文化的结合——说得准确一点是化合，靠的是楚国的集权统治和开放政策做触媒。没有这个触媒，夏自为夏，夷自为夷，或者用夏变夷，或者用夷变夏，也生不出一个楚文化来。其实，楚人所起的作用不止是充当触媒，他们有自己的文化传统，有自己的心理素质，这对形成楚文化的特性和特色起着决定作用。由此，说得确切一点，成熟型的楚文化，是以萌芽型的楚文化为本源，随着楚国疆域的扩大和民族的增多，在楚国的集权统治和开放政策的推动下，以华夏文化为主干，以蛮夷文化为助力，在这些文化交流、化合的过程中发展起来的。

“抚有蛮夷”“以属诸夏”，这是庞大的楚王国的气魄，也是灿烂的楚文化的气魄。没有这样恢宏的气魄，就会对非我族类的文化深闭固拒，就会使自己的文化因失去新鲜的刺激而陷于停滞的境地。楚文化之所以能迅速成长，主要就是因为楚王国长期奉行了一条混一夷夏的路线。

第三节　红铜和青铜

《史记·楚世家》记楚庄王观兵于周郊，问周室九鼎的小大轻重，扬言：“楚国折钩之喙，足以为九鼎。”周室的九鼎象征着王统和国祚，可谓宝之尤宝者，诸侯是不应该去打听它们的小大轻重的。楚庄王居然要问，可见他自信已有足够的力量去实现五代祖熊通的未遂之志——“观中国之政”了。那时，铜的多少与国的强弱大致成正比。楚国产铜最多，楚庄王因而志骄气盛了。假使当真把楚国所有的戈喙都折下来，铸九鼎大概是不成问题的。

成王中叶以后，楚国主要的红铜冶炼基地应在今铜绿山和附近地区，青铜铸造基地则在郢都和其他通都大邑。庄王以后，约当春秋中期与晚期之际，楚国的铜器生产，从采掘、冶炼到铸造、焊接，都已超华夏而轶吴越，居列国之首了。

一、采掘和冶炼

铜绿山古铜矿，是我国现已发现的年代最早、规模最大而且保存最好的古铜矿。

中国社会科学院考古研究所，曾经对这个古铜矿出土的某些标本——如坑木、背板、木炭、凿柄以及炼铜炉的炉壁、内壁、炉基、金门等，用碳十四和热释光技术做过年代测定工作。[①] 标本 ZK559 为Ⅺ号矿体 6 号炉的木炭，经碳十四测定为距今 3205±400 年，似属商代晚期或西周早期，可是同出的器物年代较晚，令人生疑。这Ⅺ号矿体，从种种迹象来看，年代确实较早。其 10 号炉有两个热释光断代数据，金门标本 TK68 为距今 2895±305 年，炉壁标本 TK67 为距今 3014±320 年，都可能属商代晚期或西周早期。从 1983 年夏到 1985 年夏，黄石市博物馆在Ⅺ号矿体又做了五百多个工作日的考古发掘工作，根据出土器物与地层的关系，初步推断该处古矿井的年代为西周早期至中期。[②] 有没有年代更早的古矿井呢？现在还不到做结论的时候。从铜绿山附近的商代遗址中有炼铜的遗迹这个发现来看，我们不能排除铜绿山古铜矿开采年代上限在商代晚期的可能性。

铜绿山古铜矿连续开采年代的下限，约在两汉之际。如Ⅰ号矿体的 24 线老窿，标本 ZK561 为坑木，经碳十四测定为距今 2075±80 年。柯锡太村 2 号炉的炉壁，取标本三件，其热释光年代，TK14—1 为距今 1877±153 年，TK14—2 为距今 1769±102 年，TK14—3 为距今

① 夏鼐，殷玮璋 . 湖北铜绿山古铜矿［J］. 考古学报，1982（1）；中国社会科学院考古研究所实验室 . 湖北大冶铜绿山古炼铜炉的热释光年代［J］. 考古，1981（6）.

② 参考《黄石文博简讯》第 18 期，1985 年 7 月。

1913±189 年。鉴于在铜绿山的古矿冶遗址中还发现了隋唐的遗物和宋代的炼炉，而且铜绿山至今仍在开采中，可见它的继续开采年代尚无下限可言。

现已发现的古矿井和古炼炉，多数是春秋战国时代的。如Ⅰ号矿体12 线老窿出土的一件斧形铜凿，其木柄为标本 ZK297，经碳十四测定为距今 2485±75 年，经树轮校正后为距今 2530±85 年。Ⅰ号矿体的 24线老窿，标本 W.B.79—36 为坑木，标本 W.B.79—37 为铁斧的木柄，经碳十四测定，分别为距今 2600±130 年和 2575±175 年。柯锡太村的1 号炉，标本 TK11—2 是内壁，热释光年代为距今 2447±240 年；标本TK11—3 也是内壁，热释光年代为距今 2278±205 年；标本 TK12 为炉基，热释光年代为距今 2374±142 年。从出土的器物来看，主要的开采年代也是春秋战国时代。根据上节关于楚国在成王时占领铜绿山一带的判断，可以确认铜绿山古铜矿在楚国统治之下达到了它的极盛时期。

本节所要介绍的是铜绿山早期的矿井和炼炉，其相对年代主要是春秋，即大致属于楚文化的茁长期。资料的来源，是黄石市博物馆、铜绿山考古发掘队、中国社会科学院考古研究所铜绿山工作队以及夏鼐、殷玮璋、卢本珊、华觉明、周保权等所写的报告和论文。[①]

山以“铜绿”为名，是由于“每骤雨过时，有铜绿如雪花小豆点缀土石之上”。故老相传，这里是“古出铜之所”。[②] 经探查，山中有丰富的铜铁矿床，而且有金、银、钴等共生。1965 年发现古代采矿的遗迹，

① 铜绿山考古发掘队. 湖北铜绿山春秋战国古矿井遗址发掘简报[J]. 文物，1975(2)；黄石市博物馆. 湖北铜绿山春秋时期炼铜遗址发掘简报[J]. 文物，1981(8)；中国社会科学院考古研究所铜绿山工作队. 湖北铜绿山东周铜矿遗址发掘[J]. 考古，1981(1)；铜绿山工作队. 湖北铜绿山古铜矿再次发掘——东周炼铜炉的发掘和炼铜模拟实验[J]. 考古，1982(1)；夏鼐，殷玮璋. 湖北铜绿山古铜矿[J]. 考古学报，1982(1)；卢本珊，华觉明. 铜绿山春秋炼铜竖炉的复原研究[J]. 文物，1981(8)；周保权. 试论铜绿山古铜矿的生产水平[J]. 江汉考古，1984(4).

② 同治《大冶县志》卷二“山川志”。

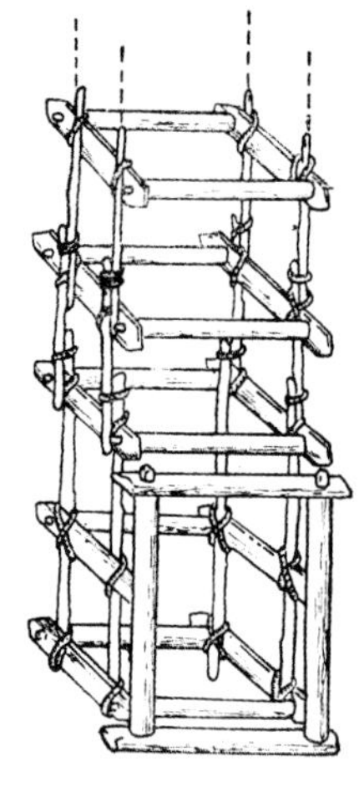

竖井井架

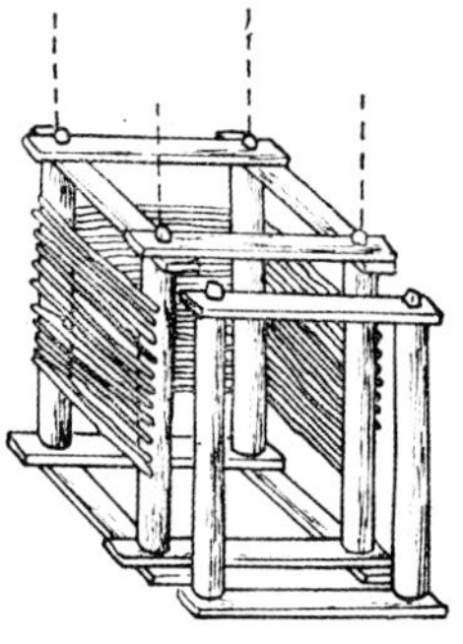

马头门

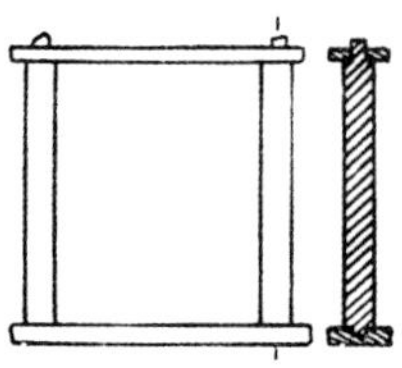

横巷框架

图3-8 铜绿山古铜矿早期井架示意图
（黄凤春据夏鼐、殷玮璋《湖北铜绿山古铜矿》插图摹绘）

1973 年在古铜矿遗址中发现大型的斧形铜凿，才引起了有关方面的重视。

这个古矿区，从西南部到东北部，长约 2 千米，宽约 1 千米。在这个范围内，所有山头都在海拔一百米以下。古人经过长期的摸索，积累了探矿的经验，得以舍贫矿而取富矿。如Ⅶ号矿体的 1 号点，正位于大理岩与火成岩的接触带上，岩石破碎，容易采掘。其他古矿井的位置，大致也如此。由于氧化富集作用，铜的品位自上而下逐渐变高。在氧化富集带，矿石的含铜量一般为 5%—6%，局部达 10%—20%甚至更多。

古矿井由原地面垂直向下开挖，深度为 40—50 米，这是竖井。竖井挖到有富矿的地方，就向旁开挖横巷。无论竖井和横巷，一边掘进，一边就要紧跟着装设木构的支架（图 3-8），以免由于应力集中而坍塌堵塞。早期的竖井木构支架，以在Ⅶ号矿体 1 号点所见的为例，是由一个接一个平放的方形框架组接而成的。每个方形框架由四根木料用榫卯法制成：公榫木两根，通常是直径 6 厘米左右的圆木，两端砍削出榫头；母榫木两根，通常用直径 10 厘米左右的圆木对剖，两头近端处凿榫孔。这样一副框架的内径，约 60 厘米。每根母榫木的两端都砍削成尖角，以便楔入井壁，固定框架。框架与框架的间距约 40 厘米，用四根竖放的小圆木与上下两副框架两两对应的四角用绳索捆接。竖井的四壁，大多涂着拌有草茎的青膏泥（高岭土），有些地方还衬着竹席。在有些竖井中，可见到有竹索吊挂在母榫木上。这些竹索应能起到加固支架体系的作用，而且便于矿工上下，同现代矿井的吊框结构有些相像。

竖井底部与横巷相通的地方，常设有马头门，但也有不设马头门的。马头门是一副立方形框架，用四根两端带榫头的圆木，把上下各四根横木穿接而成。马头门的高度，与横巷的高度一致。马头门的四侧，凡与横巷相通的都敞开，凡不与横巷相通的则衬有并排的木棍作为背板。一座马头门通常连接一条横巷，也有连接两条横巷的。竖井底部如不设马头门，则将底部的两副方形框架稍作更改，增加立柱，做成门状，其牢固程度当然比不上马头门，因此多用了一些竹篾和草绳，紧捆紧扎，以免松动。有的竖井底部不与横巷相通，估计是由于附近矿石品位不高，开采价值不大，报废了。

横巷大多作水平走向，也有一些是略为倾斜的，巷道则弯弯曲曲，大致与矿脉的走向和排水的需要相适应。横巷也都有木构的支架，状如横放的竖井支架，两旁的立柱是两端带榫头的圆木，上接带榫孔的顶梁，下接带榫孔的地栿。框架与框架的间距约 1 米，两副相邻的框架之间一般用三至五根木棍横衬作背板，也有些地方在岩壁表面涂上拌有草茎的青膏泥。顶梁上面，普遍排列着整齐而紧密的木棍作顶板，木棍的方向与横巷的走向一致。一般的横巷高约 1 米，宽约 80 厘米。

为了追随矿脉，横巷往往节外生枝，从一侧或两侧又伸出横巷来。在横巷急转以及彼此接通的地方，支架顶板的木棍多作十字交叉排列。

横巷的底部，有些地方又向下伸出竖井来。这些骈生的竖井，井口不直通地面，可称之为盲井。夏鼐、殷玮璋认为：“这些盲井大多用于向深部采掘矿石，但其中有些当亦不排除作为储水仓的可能。”

井巷的组合，大致是围绕着几口竖井，开拓出为数较多的横巷，作扇面形展开，横巷下面又开拓出若干盲井。如Ⅷ号矿体的 1 号点有这样一个组合：七条横巷围绕三口

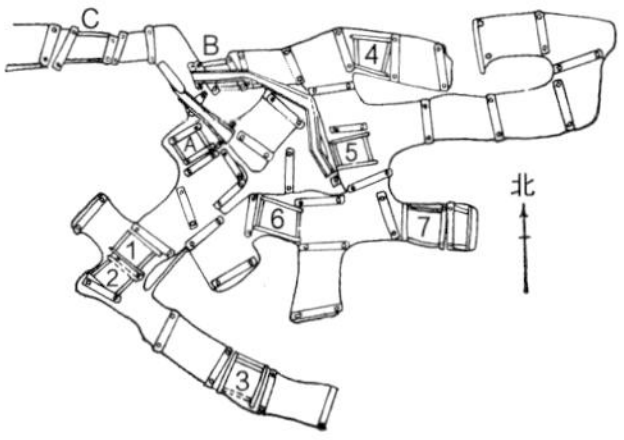

图3-9　铜绿山古铜矿示意图
Ⅶ号矿体1号点一组井巷平面图
1—7：盲井 A—C：竖井
（黄凤春据夏鼐、殷玮璋《湖北铜绿山古铜矿》插图摹绘）

竖井作扇面形展开，外加七个盲井。（图 3-9）这样的组合，对提高采掘效率是有利的。

考古工作者在清理横巷时发现，巷道中往往塞满了由黏土、废木料、废石块和铁矿石等构成的充填物。许多迹象说明，这不是在巷道废弃时一次充填所致，而是在巷道废弃前经人工先后造成的。有些巷道交接的地方，经人工用木棍和青膏泥封堵了。甚至原是一条巷道，也有封堵的遗迹。这些充填物，应是在坑下选别，就近处理的。这样充填和封堵，其目的不外乎以下三者：一、将富矿运出，将贫矿和废料充填在废巷里，可减轻搬运的工作量；二、及早充填和封堵废巷，便于新鲜空气流往深处的作业面；三、主要的一点，应是为了减轻工作面上采空区的压力，提高采掘工作的安全系数。

矿井中有相当完整的排水系统。有些横巷外侧铺有木制的水槽，是用较粗的树干挖空制成的。在一些废巷中，也有这样的木槽。木槽与木槽相接的地方，涂有青膏泥，免致渗漏。木槽经过竖井或主巷的地方，上面加铺木板，成为暗槽。水以高差而流动，注入排水井或储水仓。还有一种水道，就是废巷和专用的泄水小巷。井巷中发现了不少木瓢和有提梁的木桶，木瓢应是用来舀水入木桶的，木桶装水后可经由竖井提升到井外。在巷道充填物中，发现一些短竹签，一端有火烧痕，应是用以照明的。

当时采掘的工具，主要是青铜斧形凿。有一件出土的青铜斧形凿标本，重3.5千克。其他生产工具，有木铲、竹筐、竹篓、船形木斗、木桶、木瓢、木钩等。（图 3-10）

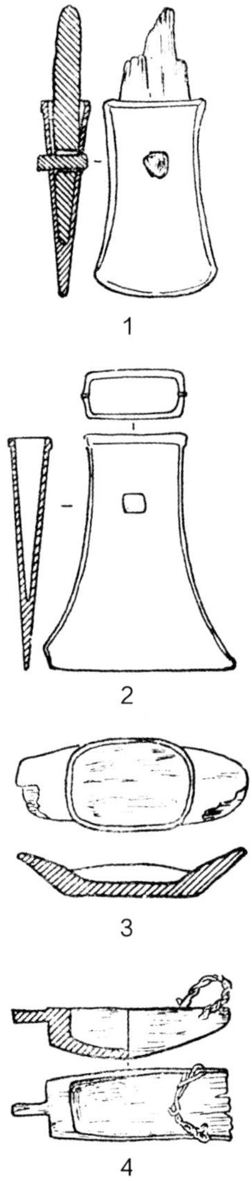

图3-10　铜绿山古铜矿早期采矿工具摹绘图
1、2.青铜斧形凿　3.船形木斗　4.木瓢
（黄凤春据夏鼐、殷玮璋《湖北铜绿山古铜矿》插图摹绘）

较大的矿石，大概须凭经验靠目力选矿。至于矿土，应是装在船形木斗或竹筐里，放进水中淘洗，进行重力选矿，借以指导掘进。

矿石采出后，装进竹篓里，用一端装着木钩的绳索经由竖井提升到井外。

铜绿山古铜矿中的一组一组井巷，展现了上古开采铜矿的生动场景。当年的矿工，在狭窄、昏暗、缺氧、多水而且只能弯腰屈膝行进和操作的巷道里劳动，手脑并用，深掘精选，把一篓又一篓高品位的铜矿石送到地面上来，这是多么优秀的人民！多么卓越的业绩！

考古工作者在发掘和清理这些井巷的时候，不曾发现因井巷崩塌而伤人的迹象。可见，当年矿工的劳动条件尽管异常艰苦，却是那个时代所能得到的最好的条件。楚国发达的青铜文化，不是把人命当儿戏的暴政的胜利，而是矿工们为求生存的智慧的结晶。

铜绿山古矿区早期的炼炉，主要是在Ⅺ号矿体发现的。到现在为止，在Ⅺ号矿体发掘出来的炼炉已超过 10 座，据热释光测定以及地层和出土器物推定，都是春秋时代的。

这些炼炉都是炼铜竖炉，结构和外形大体相同，由炉基、炉缸、炉身三个部分组成，外观呈圆台状。（图 3-11）

炉基在当时的地表之下，是一个圆坑，坑内用石块和

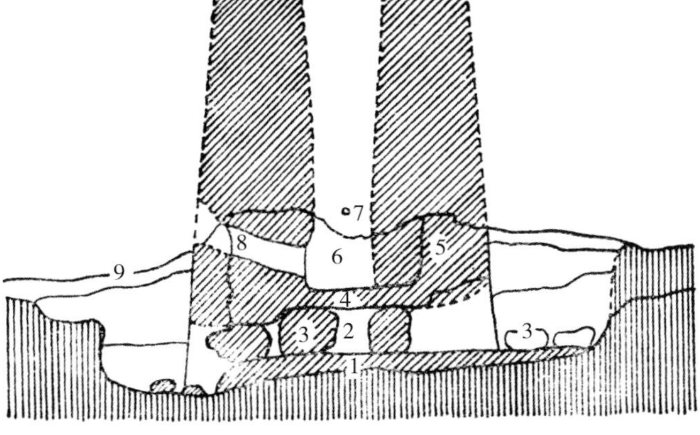

图3-11
第10号炼铜竖炉结构复原图
1.炉基 2.风沟 3.风炮台垫石 4.炉缸底
5.炉壁 6.炉缸 7.风眼
8.金门 9.工作面
（资料来源　夏鼐、殷玮璋《湖北铜绿山古铜矿》）

黏土垒筑并夯实，使之与地面相齐或比地面略高，直径为1.5至1.6米，高约20厘米。内有“T”字形或“一”字形的沟，是为风沟，别称防潮沟。沟壁糊着青膏泥，经过烘烤，质地坚硬。

炉缸筑在炉基上面，截面为椭圆形或长方形，长轴与炉基的横沟垂直。长轴约70厘米，短轴约40厘米，缸深约30厘米。短轴前端的炉壁设有拱形门，是为金门。底向内坡下，倾角为10°左右至20°左右，进深约40厘米，外口宽约27厘米，内口宽约40厘米。在炉缸内壁和金门内口一段，加衬了以青膏泥和石英砂为主的耐火材料。风口（风眼）在长轴的顶端，有一个或一对，因炉缸残破，不易断定。4号炉的风口，直径约5厘米，直筒式，外高内低，倾角为19°，这样的风口不能只靠自然抽风，非有鼓风器不可。

炉身因坍毁大半，炉高已不可知，壁厚则约为40厘米。

在炼炉周围的工作台面上，还发现了一些遗迹。如搭盖棚架留下的柱穴，用以击碎矿石的石砧和石球，石砧旁边有大小不等、其中堆有粒度一致（直径3至4厘米）的铜铁矿石的浅坑，以及陶罐、铜锛、铜块、炉渣、铁矿粉、青膏泥等等，对于推知当年炼铜的情况都是重要的线索。

中国社会科学院考古研究所铜绿山工作队在10号古炉发掘现场的附近，修筑了两座仿古实验炉。鉴于炉身高度和风口数量等尚属未知因素，两座实验炉的炉身设计是不同的，风口则1号炉设一个，2号炉设两个。至于已知的各部分和诸因素，一律力求与古炼炉相同。两座仿古实验炉做成之后，分别在两种不同的天气条件下做了两次仿古炼铜实验。1号炉实验时，晴天无风，由于只有一个风眼，虽用一台小型电动鼓风机送风，风压和风量仍不足，木炭未能充分燃烧，以致在炼出粗铜约2千克沉积于缸底之后，炼炉即出现冻结。2号炉实验时，阴雨有微风，用一台小型电动鼓风机同时向两个风口鼓风。长约十个半小时的冶炼过程进行顺利，投入矿石、熔剂等物料1300余千克，木炭600余千克，先后排渣14次，放铜2次，炼出红铜100余千克。经化验，红铜的含铜量为94%—97%，炉渣的平均含铜量为0.837%。

这是很有意义的两次实验。1 号炉的失败和 2 号炉的成功，可以说都达到了设计要求，实为相得益彰。实验证明：铜绿山春秋时代炼铜竖炉的冶炼工艺，是铜的氧化矿的还原熔炼。只要有足够的风压和风量，就能进行正常的冶炼。只要炼炉的熔化带中有足够的温度，矿石不论品位高低，不论块矿或粉矿，都可以炼出红铜来。渣和铜都通过金门排放：渣上浮，可经由开在金门上部的口排放；铜下沉，可经由开在金门下部的口排放。使用这样的竖炉，可以连续投料，连续排渣，间断放铜，持续冶炼，不是只用一次就要破炉取铜的。一座炼炉，一天之内，如果投入物料 3000 千克，矿石平均含铜量为 12%，在正常情况下，可炼出红铜约 300 千克。

卢本珊、华觉明认为："铜绿山春秋炼铜竖炉具有热效率较高、炉龄较长、炉料处理量较大、检修简易、操作方便等优点。"

到现在为止，在我国已发现的古炼炉中，设有风沟的以及炉缸截面呈椭圆形的，都以铜绿山春秋炼铜竖炉为最早。炼铁技术与炼铜技术有继承关系，因此，铜绿山的春秋炼铜竖炉不仅代表了当时我国最高的炼铜技术，而且为战国以至秦汉炼铁技术的提高创立了良好的基础。

铜绿山古矿区的许多地点覆盖着古代的炉渣，厚度往往在 1 米以上。经化验，平均含铜量为 0.7%，而含铁量在 50% 上下，可见是炼铜的炉渣。当地古代炉渣的总重，估计为 40 万吨左右，这意味着古代炼出的红铜达 10 万吨左右，这是一个惊人的数字！其中虽有不少是战国以后的，还有一些是西周的，但属于春秋的部分仍相当可观。楚国有如此大量的红铜，对它的经济实力就不可等闲视之了。

楚国的铜矿并非仅此一处。《国语・楚语下》记王孙圉说楚国"有薮曰云连徒洲，金木竹箭之所生也"。云连徒洲在江汉平原，金即铜。王孙圉这话虽是在春秋末期说的，但云连徒洲产铜年代的上限必定早于此。当然，与铜绿山相比，云连徒洲所产的铜要少得多了。成王以后楚国占领的汝水迤南地区也产铜。《管子・轻重甲篇》说："金出于汝汉之右衢。"但是，那里所产的铜也不如铜绿山所产的铜多。

二、铸造和焊接

商代和西周的青铜铸造遗址，大半在中原。然而，当时与铜矿在一起的红铜冶炼遗址，却至今不曾发现。估计当时中原的铜矿是分散的小矿，废弃既久，就踪迹渺茫了。春秋时代的铜矿，现已发现的，除铜绿山及其附近地区外，只有内蒙古昭乌达盟林西县大井初步推断为春秋早期的铜矿。[①]

值得注意的是，铜绿山在“蛮夷”之地，大井在“戎狄”之地。看来，最迟在春秋时代，由于中原铜矿资源的枯竭，已形成了蛮夷戎狄生产红铜原料和华夏生产青铜成品的分工。这是民族性的分工，也是地域性的分工。尽管冶炼技术和铸造技术为华夏和蛮夷戎狄所共有，上述分工毕竟是存在的。

周代诸夏的铜器铭文中，“俘金”的记载屡见不鲜。所谓“俘金”，译为现代欠雅的口语，就是“抢铜”。俘金的地点，很多在淮夷的领域内。淮夷，南有吴越和扬越，北有诸夏。诸夏虽不能直接到吴越、扬越那里去俘金，却可以间接到靠近吴越、扬越的淮夷那里去俘金。当时诸夏对淮夷的战争，撇开堂皇的借口看，俘金实为主要的动机。除了俘金，还有献金，俘金的是战胜者，献金的是战败者。《屃敖簋铭》记录了“戎献金于子牙父百车”[②]，这是年代较早的资料。《诗·鲁颂·泮水》说，“既克淮夷”，“来献其琛，元龟、象齿，大赂、南金”，这是年代较晚的资料。所谓“南金”，就是南方出产的铜。

楚国占领铜绿山和附近地区以后，那里出产的红铜就成为它所垄断的战略物资了。可是，汉东的局势动荡不定，给楚国在产铜区的统治带来了严重的威胁。楚成王三十二年（前640），曾国（随国）策动“汉东诸侯”反叛楚国。楚国以令尹子文为主帅，讨伐曾国，“取成而还”。[③]

---

① 喀左县文化馆，朝阳地区博物馆，辽宁省博物馆．辽宁省喀左县山湾子出土商周青铜器［J］．文物，1977（12）．

② 参考郭沫若．《屃敖簋铭》考释［J］．考古，1973（2）．

③ 《左传·僖公二十年》。

从此，曾国就唯楚国马首是瞻了。这个曾国是最靠南的一个姬姓诸侯国，与周王室的关系相当亲密，它的公室子弟自称“周王孙”。[①] 上节已指出，从西周晚期到战国早期，曾国在青铜铸造技术方面还领先于楚国。公元前640年，楚国没有把曾国灭掉，却与它“取成而还”，是异乎寻常的决策。其中的原委大致有三点：一则，楚成王是靠着曾国的帮助，才杀其兄而自立的，对曾国不无感恩之心。二则，汉东诸侯的向背以曾国为转移，楚国只要笼络了曾国这个附庸，汉东那些附庸的附庸就容易驾驭，这样，不必大张挞伐，就可以保证铜绿山一带的安宁和红铜运输道路的畅通了。三则，曾国的青铜铸造技术，正是楚国所必需的，与其杀鸡取卵，不如养鸡下蛋。后来的事实证明，楚国的这个决策是英明的，给楚国带来了出乎意料的好处。《左传·僖公二十八年》记晋国的栾贞子说：“汉阳诸姬，楚实尽之。”事在楚成王四十年，这时江淮间的曾国和其他姬姓国都成为楚国的附庸了。

红铜，要按一定的配合比例把锡加进去，才能熔炼成为坚硬的青铜。据《尚书·禹贡》所记，九州之中，贡金三品的只有荆州和扬州，金三品即铜和金、银，以铜为大宗；贡锡的除荆、扬二州外，还有豫州。大体上可以说，铜和锡的产地都在“江南”。这江南，即李斯《谏逐客书》所云“江南金锡”的江南，实指淮水以南地区。从成王中叶以后的情况来看，楚国的铜锡资源可谓得地独厚。

铜多，锡多，铸造技术又高，楚国的青铜器生产自然就领先于列国了。

淅川县下寺1978至1979年发掘的楚墓出土的青铜器[②]，使我们了解了春秋中期和晚期楚国青铜铸造技术和焊接技术的水平。有关的资

---

① 1979年在湖北随县季氏梁出土铜戈两件，一件有铭文。“曾大攻（工）尹季怡”云云，另外一件有铭文“周王孙季怡”云云，参考随县博物馆．湖北随县城郊发现春秋墓葬和铜器［J］．文物，1980（1）．

② 丹江库区文物发掘队．河南省淅川县下寺春秋楚墓［J］；张剑．从河南淅川春秋楚墓的发掘谈对楚文化的认识［J］．文物，1980（10）；河南省博物馆，淅川县文管会，南阳地区文管会．河南淅川县下寺一号墓发掘简报［J］．考古，1981（2）；汤文兴．淅川下寺一号墓青铜器的铸造技术［J］．考古，1981（2）．

图3-12　倗浴缶
淅川下寺2号墓出土

料，主要是河南省博物馆、淅川县文管会、南阳地区文管会、丹江库区文物发掘队以及张剑、汤文兴等所写的发掘报告和专题论文。

下寺的楚墓，从所出青铜礼器的数目、规格和奇偶来看，以 2 号墓为主墓，1 号墓和 3 号墓是 2 号墓的陪葬墓。在 1、2、3 号墓中，都发现有“楚叔之孙倗”作器的铭文，可见 2 号墓的墓主是倗。（图 3-12）倗，俞伟超、李家浩等以为即令尹薳子冯[①]，其说可从。至于楚叔，大概不是薳子冯的祖父芳贾，而是芳氏的始祖芳章。[②] 2 号墓所出的升鼎，腹铭

① 李零．“楚叔之孙倗”究竟是谁［J］. 中原文物，1981（4）.

② 芳同薳。芳贾字伯嬴，不得称叔。芳氏为蚡冒之后。蚡冒为霄敖嫡嗣，有弟熊通，也不得以叔见称。疑楚叔即蚡冒子芳章，芳章见《左传·桓公六年》。《通志·氏族略》云：“芳章食邑于芳，故以命氏。”芳章有兄（为熊通所杀），可称叔。

记作器者为公子午即令尹子庚，但盖铭记作器者为倗，应是子庚死后其升鼎为倗所得。按，薳子冯死于楚康王十二年（前548），公子午死于楚康王八年（前552），相去仅四年，时当春秋晚期前叶。下寺楚墓所出青铜器的铸造技术显得相当成熟，应是楚国在春秋中期就已掌握了的。

下寺楚墓所出的青铜器，主要用分铸法做成。只有少量的器物和附件，如鬲身连同鬲足，以及器盖、提手等，用了青铜铸造工艺早期的浑铸法。所谓分铸法，即器身连同附件不是一次铸成的。或者先铸耳、足等附件，后把附件嵌入器身的范内浑铸为全器；或者先铸器身，后把附件铸接上去。春秋时期，先铸附件，后铸器身是分铸法的主流。下寺的青铜器，多数是先分别铸出器身和附件，再用铜或锡作焊剂把器身和附件焊接起来。这种新的工艺，标志着楚国当时的分铸法已达到了新的水平。

以1号墓所出的55号大鼎为例，此器无盖，侈口，浅腹，平底，蹄足，侈耳立于沿上，沿下有六只镂空浮雕兽，全器高60厘米，重68千克。汤文兴指出："从大鼎上的铸痕可知，鼎身是由六块、鼎底是由四块外范拼成，鼎足是由三块外范组成。鼎体、鼎足、鼎耳分别铸出以后，利用不同的方式焊接在一起。鼎体的浇口和冒口设在底部，表明是鼎底朝上进行浇铸的。另外，在鼎的底部合范毗缝上留下的三个蘑菇状榫头和鼎体六块合范毗缝上留下的六个铸出孔，都是为了焊接鼎足和六只浮雕兽而有意设计出来的。鼎耳是空心的，高12厘米，重4.5千克，每个鼎耳由六块外范拼合铸成。它与鼎体的对接，采用了以'耳垫'为中间媒介铸接鼎体的方法……"

汤文兴指出的焊接方法，共有三种。

第一种，是榫卯焊接法。榫头三个，在鼎底外侧，是按照设计要求，在浇铸鼎体时一并形成的，起铆钉作用。焊接前，鼎足内的泥芯要挖出圆窝。焊接时，先把三只鼎足放在一个平面的适当位置上，与三个榫头正相对应，待把焊剂倒入圆窝后，再抬起鼎体，把三个榫头压进圆窝。待焊剂冷却后，就焊接成功了。经考察，所用的焊剂大概是锡。

第二种，是铸出孔焊接法。铸出孔六个，在鼎壁上，为长方形，内宽外窄。焊接时，先把镂空浮雕兽的铸口对准铸出孔，捆扎牢固，再从铸出孔的内口注入铜液。大鼎出土后，六只镂空浮雕兽都脱落下来了，这是因为当初省略了把被焊的两个铜件同时加热的必要工序，企图利用铸出孔内宽外窄的构造使焊接牢固，终因与焊液温差过大和孔壁过薄，未能持久。但这个大鼎入墓前六只镂空浮雕兽不曾脱落，与其说是匠师故意偷工取巧，不如说是因为他们还不了解减少一道加热的工序能不能经受长期埋在地下的考验。

第三种，是用“耳垫”作媒介的特殊焊接法。耳垫是实心的特制青铜构件，每个耳垫有三个榫头：一个向上，可插入空心鼎耳；两个向下，可分别插入鼎的方唇沿内和口沿下腹壁内。焊接有三个步骤：先把向上的一个榫头插入挖掉了少许泥芯的鼎耳，从鼎耳内侧浇入铜汁，把鼎耳与耳垫焊接起来；再把向下的两个榫头插入内范与外范之间的型腔，在浇铸鼎体时，将榫头与鼎体铸接在一起;最后，把榫头的露出部分磨平。耳垫的厚度，与鼎壁的厚度接近，这是为了避免因冷却快慢不同而产生的应力把铸接部位拉裂。

55 号大鼎的六只镂空浮雕兽，通体无合范毗缝和锻打或焊接的痕迹。外形透空而且弯弯曲曲，精巧玲珑，也显然不是分型范铸而成的。由此可以推定，它们都是用失蜡法或漏铅法铸出的。我国失蜡法创始的年代，从文献中考查，只能推到中古。湖北随州市擂鼓墩曾侯乙墓的带盘铜尊出土之后，人们才知道战国早期就可能有发达的失蜡法铸造工艺了。此后不久，下寺楚墓的铜器面世，失蜡法创始的年代就可能更往前推到春秋时代了。所谓失蜡法，即先做出蜡模来，在蜡模上淋浇泥浆并涂抹耐火材料，硬化之后成为铸型。再把蜡烤化，使蜡从铸型中流出，然后才浇铸成器。根据现有的资料，我国的失蜡法铸造工艺可能是楚国创造的。不过，这里还有疑问，因为蜡在 40℃就要软化，到 63℃—67℃就要熔化，质地又松脆，而擂鼓墩曾侯乙墓所出铜尊和下寺楚墓所出铜禁的镂空附饰异常繁复精致，很难做成物理性能稳定和立体纹饰完好的蜡模。由此，李志伟认为所用的应是漏铅法而非失蜡法。[1]所谓漏铅法，即以属于易熔金属的铅为熔模的模料。当初实际应用的究竟是失蜡法还是漏铅法，须经由复制实践的检验方能判定。

成王中叶以后，楚国在青铜冶铸方面具备了特殊优越的条件，加以楚人的审美心理偏向于纤丽奇诡，他们的铸造匠师能发明失蜡法或漏铅法是不难理解的。在楚文化的茁长期，从世界范围来看，楚国青铜铸造工艺的水平是第一流的。

上面所介绍的只是体现在一件铜鼎上的铸造焊接技术。这些技术，在下寺楚墓所出的其他许多铜器上也能观察出来，只是应用的程度不等罢了。失蜡法或漏铅法虽应用不广，但也并非只有镂空透雕兽一例。如2号墓所出铜禁一件，上下共有二十四只镂空透雕兽，四面还有多层透雕云纹，工艺水平的高超令人殊难置信。又如1号墓所出铜盏一件，它的圈顶和耳、足都是镂空的，也非常精美。

岁月奄忽，沧海桑田。下寺已没入丹江水库，随着水位的涨落而时隐时现。在水流的冲击涤荡下，表土渐渐剥落，有些墓口终于在枯水季节暴露出来，被淅川县文管会尽心职守的工作人员发现，才使人们得以重睹其中宝藏的风采。几个历史的疑团，就这么解开了。

第四节　楚器的风格

要介绍楚器的风格，我们的心情是庆幸和遗憾各半的。值得庆幸的是，近半个世纪内，从地下发掘出来的楚文化遗物，又繁富，又精美，写在考古报告里，如数家珍。觉得遗憾的是，至今仍沉睡在地下的楚文化遗物必定难以数计，我们未知的恐怕比已知的更多，虽则可以借助文献记载来弥补某些缺陷，余下的空白还是不少。试想，春秋时期的楚王

① 李志伟．曾侯乙墓编钟及尊、尊座铸造方法新探［C］// 楚史论丛：初集．武汉：湖北人民出版社，1984．

墓一个也没有找到[①]，令尹墓也只找到了一个，以后只要有未经盗掘的一个楚王墓或几个令尹墓被发现，我们对楚器的风格必定会有进一步的认识。因此，现在我们不禁深怀以偏概全之忧。

楚文化茁长期的生产工具，现已发现的不足百数。这倒不是因为它们当初就少得可怜，而是因为惯例不以生产工具随葬，而且木制的工具容易朽尽，铜制的工具到不堪复用之时要回炉，以免浪费贵重的“美金”。下寺楚墓二十五座，唯独一座主墓有二十六件青铜工具出土，在二十四座陪葬墓和殉葬墓中连一件生产工具也没有。主墓中放置少量青铜工具，也只是稍加点缀，表明墓主生前有农奴和奴隶为之劳作罢了。陪葬墓和殉葬墓的墓主，既非一家之长，当然就不必要也不应该在墓中置放生产工具了。

这个时期楚墓出土的生产工具，有镬、斧、锛、镰、削、锥等，都是青铜的。这些工具的形制，大致与中原同期同类器无异，唯独带锯齿的铜镰(下寺2号墓出二件，山湾2号墓和11号墓各出一件)有南方特色，无疑是收割水稻用的。在境土相接、商旅相通的列国之间，生产工具的民族风格和地方风格是不怎么突出的。还有车具、马具之类，情况也是这样。在下寺的车马坑中发现了楚国贵族所乘的车的残迹，很难说与中原诸国贵族所乘的车有什么明显的区别。我们所关注的是茁长期楚文化的水平和风格，对水平不突出、风格不鲜明的生产工具和车具、马具之类，就无需缕述了。

楚国的漆器达到了并世无匹的水平，不过，我们现在已见到的几乎都是楚文化鼎盛期的遗物。至于楚文化茁长期的漆器，则尚无完整的实物。下寺2号车马坑内埋有车六辆，都朽坏了，由残留的暗棕色漆痕可知，原为漆木所制。下寺楚墓出土的某些铜器，镶嵌着黑漆。在山湾春秋时代的楚墓中，发现了黑底红彩的漆皮、髹漆的鹿角以及朽坏的漆器的痕

① 《南齐书·文惠太子传》:“建元元年……襄阳有盗发古冢者，相传云是楚王冢，大获宝物玉屐、玉屏风……”按，此冢所出文物未见有传世者，是否楚王冢尚难判别，是否春秋时代的楚王冢更难断定。

迹。依据这些线索，我们可以推想楚国在春秋中期和晚期已有比较发达的髹漆工艺，但漆器的数量还不是很多。承宜昌地区博物馆高应勤馆长见告，1984 年间发掘了春秋晚期的当阳曹家岗 5 号墓，出土漆瑟两件，其中一件的花纹异常精致，尤为难得，可惜也是残器。

在鼎盛期的楚文化这一章里，有一节要介绍到漆器。现在先提到上面几点零星的资料，是因为它们像早春的几朵花蕾和一声流莺，预示着杂花生树、群莺乱飞的暮春时节行将来临。

本节所要着重介绍的是遗物较丰富而且特色较鲜明的礼器、兵器和乐器。

一、礼　器

礼器有铜礼器和陶礼器两大类。

贵族墓葬所用的礼器，主要是铜礼器。下寺 1、2、3 号墓所出的铜礼器，林林总总，异彩纷呈，令人目不暇接。

鼎居铜礼器之首。周代任何一种区域文化的铜礼器的风格，无不较为集中而且较为生动地表现在鼎上。楚国的鼎有富于个性的形态变化系列，以致我们可称之为楚式鼎。高崇文对楚式鼎做了全面的形态分析，著为专论，足资参考。[①] 还有下寺楚墓和山湾楚墓的发掘报告，也是不可或缺的重要资料。[②]

春秋早期的楚式鼎，仅见于赵家湖的楚墓，其折沿附耳的特征与中原西周末东周初的同类鼎相近，严格说来，是稍有点楚化的周式鼎。然而，进入春秋中期以后，此型鼎由不束颈变为束颈，由不折肩变为折肩，足渐高，壁渐直，有些还加了圈顶盖，全器轮廓由简单渐变为复杂，体态由浑朴渐变为精巧，与中原风格大异其趣，形成了名副其实的楚式鼎。

---

① 高崇文．东周楚式鼎形态分析［J］．江汉考古，1983（1）．

② 湖北省博物馆．襄阳山湾东周墓发掘报告［J］．（杨权喜执笔），江汉考古，1983（2）；下寺楚墓发掘报告［J］．出处见第 78 页注释①。

图3-13　楚式鼎
（郝勤建提供）

此型束颈折肩鼎在赵家湖、山湾、下寺的楚墓中都能见到，可见已流行于楚地。徐国和郑国也有此型鼎，应是仿楚之作。

大致说来，凡是初见于春秋中期楚墓的鼎，都有与中原同期鼎明显不同的风格。（图 3-13）只有一个例外，即折沿侈耳鼎，酷肖中原同期同型鼎。但此型折沿侈耳鼎一过春秋中期就不复可见了，这意味着楚人已不满足于把中原的器类、器型奉为典范而照搬照套了。初见于春秋中期的楚式鼎有两型，一是于鼎，一是升鼎。

于鼎器型较特殊，自铭为“⿰鼎于”，考古学界称之为于鼎（图 3-14）。春秋时期的于鼎是一种盖鼎，其深腹、圜底、附耳、蹄足的特征与中原同期的盖鼎相似。但中原同期的盖鼎通常无凸棱子母口，腹由近乎浑圆渐变为扁圆，而于鼎有凸棱子母口，腹在浑圆与扁圆之间。就全器的造型来看，于鼎比中原同期的盖鼎精致。下寺 1 号墓出土于鼎十件，包括对鼎四组、单鼎两件。每组对鼎尺寸、形制全同。最大的一对有六柱圈顶，盖和腹都有细密的纹饰，足有兽纹，通高 46.5 厘米，口径 47.7 厘米。另外三对大小递减。所有十件，都是精工铸作的。如此阵容，实为罕见。

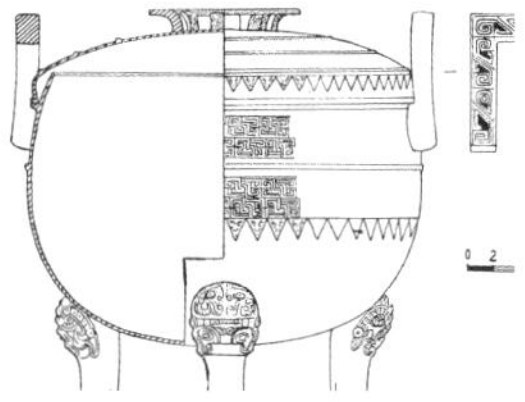

图3-14　于鼎示意图
（当阳赵家塝M4：1
绘图　黄凤春）

升鼎器型最特殊，自铭为“⿰鼎升”，因而考古学界名之曰升鼎。升鼎体形较高大，折沿，立耳外撇，束腰，浅腹，平底，蹄足。腹周有攀附兽六只或四只，作等间距排列，首近沿，尾近底。升鼎在各型楚式鼎中不但形制独异，而且地位突出。通常组成列鼎，成奇数，多寡与墓主等级的高低相称。因此，作为列鼎的升鼎，仅见于大型的楚墓中。如下寺 2 号墓所出列鼎为升鼎七件，与墓主的令尹身份相称。其最大者通高 67 厘米，口径 66 厘米；其最小者通高 60 厘米，口径 58 厘米。每件升鼎的盖、颈、腹和内壁上，都有铭文。纹饰繁缛，耳、沿和腰部圆形凸带上都饰有浅浮雕花瓣纹，腿部饰有兽形扉棱，六只攀附兽为凸雕夔龙。这组列鼎虽比战国初期曾侯乙墓的列鼎少两件，但壮美有过之，显示了茁长期楚文化的气派。（图 3-15）

初见于春秋中期与晚期之际的楚式鼎是罐形鼎，有平盖或拱盖，直领小口，宽肩，圆腹，圜底，肩上附直耳，矮兽面蹄足。最早的三器分别出土于下寺 1、2、3 号墓，其中 3 号墓的一件有铭文称器名为“浴兴”。此型小口鼎的形制，为中原所不见，也是典型的楚国风格。

图3-15　升鼎
淅川下寺2号墓出土
（河南博物院提供）

除鼎而外，其他铜礼器有盏、簠、浴缶、尊缶、盘、匜、簋、鬲、敦、鉴、盉等，形制与中原同期同类器相比，或同多异少，或同少异多。

试以特色较鲜明的盏为例。自铭为“盏”的铜礼器独见于楚国，是铜礼器中的“四不像”，曾有多种异称。大致说来，盏是鼎式器，与鼎不同的主要特点是：盖上有四个环钮，盖口缘有四个扣卡，上腹有四个与环钮大小略同的环耳，四个环钮间距相等，扣卡、环耳也如此，钮、卡、耳上下对应或相错，三足特矮如簋。制作最精的盏出自下寺 1 号墓，圈顶、环耳和足部都有华丽的镂空附饰。程欣人、刘彬徽研究了盏的出土地点、制作年代和铭文，认为盏是楚式器，春秋中期至晚期流行于楚地，中原虽有类似盏的器物，但不自铭为盏，也不流行，形制又与楚国的盏略异。[①]

此外，如球形敦、兽头提梁盉（镳壶）、环钮夔足盘、平底着地匜等，也有较浓的楚国风格。（图 3-16、图 3-17）

图3-16　龙首提梁盉
淅川下寺1号墓出土

① 程欣人，刘彬徽．古盏小议［J］．江汉考古，1983（1）．

图3-17　龙首双耳簋
淅川下寺1号墓出土

春秋楚墓所出的铜礼器，几乎全是贵族日常生活用器，往往带有曾经使用的痕迹，这也是值得注意的一个特点。

这个时期楚国铜器上的纹饰，有窃曲纹、蟠螭纹、蟠虺纹、夔龙纹、变形饕餮纹（兽面纹）、绹索纹、环带纹、重环纹、云雷纹、勾连雷纹、鳞纹、瓦纹、凸弦纹、乳丁纹、圆涡纹、花瓣纹、S形纹、贝纹、鸟纹、象首纹等，这些都是中原常见的纹样，然而在表现形式、组合关系和装饰手法等方面却有不少中原罕见的特点。

下寺所出铜礼器的纹饰，以窃曲纹居多。窃曲纹形状奇特，不知为何物。《吕氏春秋·适威》云："周鼎有窃曲（按，'有'字，当从孙锵鸣《高注补正》，校正为'著'字），状甚长，上下皆曲……"一说，窃是"离"的繁文[①]，"离"为虫，象形。即使此说不误，窃曲纹所状之物仍无从指实。

① 陈奇猷．吕氏春秋校释［M］．上海：学林出版社，1984.

图3-18　龙耳方壶
淅川下寺1号墓出土

作为一种纹样，窃曲纹已从具体的形象发展到抽象，体现曲之美有过于其他纹样。山湾所出的铜礼器，以蟠螭纹居多。蟠螭纹抽象的程度也较高，但所状之物仍可指实。从局部来看，蟠螭纹与窃曲纹近似。楚国铜礼器的纹饰，与中原铜礼器的纹饰相比，组合更复杂，手法更细腻，线条更柔美，有怪异之状而无狰狞之态，令观者有亲近之情而无震慑之感。（图 3-18）

铜礼器上的镶嵌物，中原有红铜和绿松石，楚国多了一种黑漆。下寺所出某些铜鼎的纹饰凹入部，镶嵌着黑漆，光洁乌亮，把纹饰凸出部衬托得富丽堂皇。这种黑漆镶嵌工艺，在中原的铜器上是见所未见的。

楚国铜礼器的装饰，还较多地运用了浮雕、圆雕、透雕等技法，在盖、耳、环、鋬、圈顶、扣卡、提梁、足等附件上，这些技法运用得尤为广泛而娴熟，可使中原的铜礼器瞠乎其后。这些雕刻技法的集中运用，是在龙、虎之类攀附兽上。其中，用失蜡法或漏铅法铸成的镂空攀附兽是当时科技与艺术融为一体的典范。

这个时期的陶礼器，出于一般平民墓和下等贵族墓中。很多是明器，质地比较粗松；也有不少是日常用器，质地就比较坚实了。

春秋早期和中期的陶礼器，主要是鬲、钵、罐、豆，钵似为平民专用，鬲、罐、豆则上下共之。还有仿铜陶礼器鼎和簋，为贵族专用，纯属明器。降至春秋晚期，仿铜陶礼器品种改换，敦取代了簋，也是明器。同时，出现了长颈壶，是日常用器。除了少量钵和罐而外，所有陶礼器都是素面的。

楚国陶礼器的特殊风格，主要表现在形制上。楚式鬲的特殊构造和特殊体型已在本章第二节中介绍过了。联系到其他陶礼器来看，可以发现它们的体型有纵向伸展和横向收缩的趋势。如鬲、豆、鼎的足由矮变高，罐腹由胖变瘦，罐颈由短变长，而尤为典型的是通体修长的长颈壶被创造出来了。所有陶礼器的总体风格，可以说是清秀素净。

器物造型的上述发展趋势，也反映在铜礼器上，但不像在陶礼器上所见的那么普遍。如折沿附耳鼎，原是模仿中原同类鼎铸造的，到春秋中期就变了，从下而上看去，足高，壁直，颈束，外加一个圈顶，体型也变清秀了。可是，这样的实例并不多，常见的于鼎的器身连同器盖就没有拔长或变瘦。升鼎则反其道而行之，器身横向长而纵向短，而且无盖。各型鼎共同的发展趋势只有一个，就是鼎足由矮变高。对于铜礼器，楚人所追求的不是修长淡雅，而是体型的精巧和纹饰的富丽。但精巧而不流于小气，富丽而不流于俗气，也可以说，精巧而不失庄严，富丽而不失雍容。就秀气这个特点来看，与陶礼器是一致的。

二、兵　器

楚国在武王、文王之世，兵器还说不上精良。武王几度伐随，始终没有真正把随打败，原因何在？是兵源不足吗？不是。是士气不高吗？不是。是战略战术太拙劣或者粮草太欠缺吗？都不是。认真推究起来，根本原因是兵器不如对方。那时，谁的铜锡多，谁的铸造技术高，谁的兵器就好。到成王之世，楚国的铜锡才超过了随国，楚国的铸造技术才赶上了随国。于是楚国的兵器不但数量上足以压倒随国，质量上也可以与随国媲美了。随是江淮间最大

图3-19　大铜戈
（金陵提供）

图3-20　王孙诰戟

最强的一个姬姓诸侯国，楚国在制服了随国以后，就可以与中原的诸夏争一日之短长了。

下面所介绍的兵器，都是春秋中期和晚期楚国的兵器。从这个时期的楚墓中出土的青铜兵器，量多而质优。已发现的有戈、矛、戟、殳、剑、钺、匕首和镞，显然以戈、矛为主，戟、殳尚少，剑也少，钺可能只作仪仗用，匕首无关紧要，镞的出土数量较大。（图 3-19、图 3-20、图 3-21）

楚国的戈、矛、戟的特点，一是长大，二是锋利。下寺 8 号墓所出戟一件，援长逾 30 厘米；2 号墓所出矛一件，身骹通长也有 30 余厘米。一般的戈，援长近 20 厘米；一般的矛，通长在 15 厘米左右。戈多隆脊，矛多隆脊带血槽。矛呈三棱形者别称殳，杀伤力更强。上等贵族所用的矛，装饰讲究。如下寺楚墓所出长大的矛，身上满铸云纹，有的叶上有镂空花纹；最短的方銎有格矛，格上铸兽面纹。上等贵族所用的矛和戟，常有铭文，有的是错金铭文。

下寺楚墓所出的剑只有两件，都与巴式剑相似。山湾春秋楚墓所出的剑也只有两件，其中：一件柳叶形短剑，也是巴式剑；另一件为剑锋残片，剑身形状不得而知。江陵雨台山春秋楚墓出土剑十一件，其中，十件是春秋晚期的，只有一件是春秋中期的。这个时期的楚国，在铸剑工艺方面还落后于吴越，原因大概有两个：其一，是吴越的铸剑技术本来就妙绝天下，楚国一时还学不到家；其二，是吴越徒兵多，车兵少，徒兵的利器以剑为最，所以吴越特别重视提高铸剑技术。文献所记的先秦宝剑，都是吴越所产；文献所记的先秦铸剑名师，都是吴越之民。《周礼·冬官·考工记》说："吴粤之剑，迁乎其地而弗能为良……"越国所铸的剑比吴国所铸的剑更好，所以《新序》卷一说："夫剑产于越……"

很早就流传一个故事，说越国的欧冶子铸了宝剑五柄，其一曰湛卢之剑，后为吴王阖闾所得。湛卢之剑恶阖闾无道，腾空而去，飞到郢都，落在楚昭王的床上。楚昭王大惊，问风胡子是怎么回事。风胡子说："湛卢之剑有'去无道以就有道'的品性，欧冶子已死，人家即使用满城的美金、满河的珠玉去买湛卢之剑，也是买不到的。现在阖闾无道，大王有道，所以它飞来了。"阖闾听说湛卢之剑为楚昭王所得，大怒，同孙武、伍员一起领兵去打楚国。[①] 这个离奇的故事，可能是楚人杜撰的，它可以说明直到春秋晚期，楚国在铸剑方面仍比不上吴越。吴楚两国在淮水中游累世交争，难解难分，双方都有种种口实，但说到底，是为了争夺江淮间的铜锡。

图3-21 矛
（金陵提供）

及远的兵器只有弓箭。弓身易折，属于这个时期的完整实物尚未发现。箭镞有两种型式：Ⅰ式为双刃型，两叶如翼后掠，有倒钩，身扁平；Ⅱ式为三棱型，有倒刺，身细长。据文献所记，楚国的箭杆也很好。《周礼·冬官·考工记》说："荆之干……材之美者也。"

楚人善射，熊渠以射石饮羽名垂后世，养由基的射艺或许更在熊渠之上。传闻且不说，以正史为例，《左传·成公十六年》记晋楚鄢陵之战，晋将吕锜射楚共王伤目，楚

① 《吴越春秋》卷二，亦见《越绝书·外传》。

共王让人把养由基找来，给他两支箭，叫他去射杀吕锜。养由基一箭命中吕锜的头颈，吕锜当即倒在弓套上死了，养由基拿着剩下的一支箭向楚王复命。

越人不善射，《吴越春秋》卷五记范蠡进“善射者陈音”给勾践，陈音也是楚人，他说，“黄帝之后，楚有弧父”，“为儿之时，习用弓矢，所射无脱，以其道传于羿。羿传逢蒙。逢蒙传于楚琴氏”。这固然是传说，但能说明楚人深信自己这个民族的射艺是举世罕有其匹的。

楚国的甲和盾是很有名的。起初大概以木甲、木盾为主，到春秋晚期就多用革甲、革盾了。《左传·成公十六年》记养由基和潘党比赛射甲，都穿透了革甲的七层皮张。那时，一般的士兵大概还穿不上革甲。《左传·定公四年》记吴楚柏举之战，楚国的大夫武城黑说：“吴用木也，我用革也，不可久也，不如速战。”旧说，“用木”“用革”都指战车而言。其实不然，它们所指的应是甲、盾。[①] 这时，或许兵士也用上了革甲、革盾。因为天气不好，革受了潮容易被刺穿，反而不如木，所以武城黑要求速战。据文献所记，楚人用犀牛皮和鳄鱼皮制甲，可能确有其事，但至今还没有在考古工作中发现实物。1984 年当阳曹家岗 5 号墓出土的铅锡合金铠甲，含铜量很小，可以弯曲而不易刺穿，在先秦的防护性兵器中是见所未见的。

楚国也有马甲。山湾 2 号墓属春秋晚期，出土漆片约一百块，呈长方形、正方形或不规则状，每块有两层，四周有小圆孔四至十个，应是马甲的残片。

楚国使用战车的历史比中原各国晚得多，然而楚国的车兵成长得很快。公元前 597 年的晋楚邲之战，充分显示了楚国车兵的威力。据《左传·宣公十二年》所记，楚师“车驰卒奔”，晋师大溃。晋国的一些兵车落荒而走，陷入洼地，怎么摆弄也出不来。倒是追上前来的楚人教他们脱扃、拔旆、投衡，才出来了。楚人放这些晋人回去，晋人回过头来

① 喻宗汉．吴师入郢之战有关问题探讨［C］// 楚史论丛：初集．武汉：湖北人民出版社，1984．

说："吾不如大国之数奔也。"意思就是：你们楚人经常逃跑，所以有从洼地里把车摆弄出来的经验，我们可没有这个经验。当然，这是解嘲的话。其实，这个事件可以说明楚晋两国的战车形制相似，楚国的不比晋国的差，而且楚人驾驭战车的能力也很强。至于出残敌于困厄之境而纵令其逃逸，则显示了楚人的气度。

楚师还有巢车，又称楼车，见《左传·宣公十五年》和《成公十六年》。楚庄王领兵包围了宋都，让晋使解扬登上楼车，呼告城内的宋人。鄢陵之战，楚共王带着大宰伯州犁登上巢车，瞭望晋军，看到了晋军传令集合，搭帐篷又拆帐篷，上车又下车。由此可知，这车是很高的，名之曰"巢"或"楼"，正见其高。楚国的巢车是有文献可考的最早的巢车，估计巢车这种罕见的兵车是楚人创造的。

楚人到达了江汉平原以后，就习惯于操舟了。武王末年伐随，曾经在溠水上架设浮梁。那时的浮梁，应是连接成排的舟而造成的。后来，楚国组建了舟师，用来与濮人、吴人作战。但是楚国的造船技术还不如吴越。楚师一度掳获了吴王的乘舟余皇，视为奇珍，派兵看守着，不料因疏于防范而被吴人夺回了。

总括起来，楚国的兵器与周朝其他各国的兵器相比，种类最齐全，型号较长大，制作较精良，不但适用于车战，而且能满足步战和水战的需要。

三、乐　器

楚人有舍生赴敌的猛志，但也不乏赏曲辨声的闲情。况且，祀与戎固同为大事，礼与乐亦不可偏废。由此，在大型的楚墓中，常有乐器与礼器、兵器同出。

春秋时代楚国用青铜铸造的乐器，笼统说来，只有一样——钟。至于铙、钲、铎之类，尚无实物出土。文献所记有钲（丁宁），而无铙和铎。但楚国的钟洋洋大观，音色固好，造型亦佳。钟又分为甬钟、钮钟、镈钟三类，各有从大到小不可颠倒失次的组合关系，因而又称为编钟。

下寺 1、2、3 号墓出土编钟四套共五十二件，其中：

甬钟一套，二十六件。最大的一件通高 1.22 米，重 160.5 千克；最小的一件通高 24 厘米，重 3.1 千克。

钮钟两套，每套九件，最大的一件通高 21.1 厘米。

镈钟一套，八件，最大的一件通高 26.3 厘米。

镈钟有其特殊的难点。钟的器形不像镂空的铜禁、铜尊那么复杂，用不上失蜡法或漏铅法之类的绝技。可是，钟的铜、锡配比与礼器、兵器不同，配比不当带来的后果又比礼器、兵器严重，一点微细的瑕疵就会使音质减色。浇铸虽不很费事，然而事先必须设计好各件钟的不同音响，制作好各件钟的不同铸模，分寸稍有不当之处便会因其音不调而报废，难就难在这里！古人没有现代的科学仪器，得全凭经验，这是非有精深的音律知识、敏锐的辨音能力和娴熟的加工技艺不可的。

下寺 1 号墓出土的钮钟，经使用现代技术测试鉴定，是一套音质最佳的编钟[①]，其测音结果如下表所示[②]：

次序		1	2	3	4	5	6	7	8	9
编号		20	21	22	23	24	25	26	27	28
隧	音高	D	E	G	A	B	E	A	B	E
	频率	300	334	386	440	49.6	650	880	996	1360
鼓音	音高	*F	*G	B	*C	D	G	*C	*D	G
	频率	378	402	496	540	600	800	1120	1250	1464

① 河南出土一套我国音质最好的铜编钟和一件珍贵的石排箫［N］. 人民日报，1979-04-06.

② 河南省博物馆，淅川县文管会，南阳地区文管会. 河南淅川县下寺一号墓发掘简报［J］. 考古，1981（2）：125.

这套编钟的九件钮钟，形制、纹饰全同，只是尺寸依次递减。直钮为长方形。舞部以舞修中线为分界，两侧各有两组对称的蟠螭纹。钲部四周和篆部上下边沿有绹索纹。篆部有变形兽面纹。枚分六组，组各三枚，枚为螺形，一如中原常规。隧部有上下相叠的两层变形兽面纹，上层较窄，下层稍宽，参差有致。铭文在钲部和鼓部，九件都有。鼓内壁有调音槽，是在铸件上锉磨出来的圆底浅槽，形状不同，深度不等，其中蕴含着妙理。每件钟上都有两个乐音，隧部和右鼓各一。九件钟合计，隧部有五音，右鼓有七音。

黄翔鹏认为这套编钟与西周编钟相比，是在“羽、宫、角一徵、羽一宫”的基础上增铸了最低音的“徵”，和“宫”“角”之间的“商”，并且在“徵”音和“商”音为隧音时，将鼓旁部调成大三度音程，从而使全部乐音系列可以奏出七声或六声的音阶。①

与中原同期的编钟如侯马 13 号墓出土的编钟相比，下寺 1 号墓这套编钟的铸造工艺和音乐性能都是出色的。

楚人不爱用兽面纹。偶尔也用，但多为变形兽面纹。这与时代风尚有关，西周中期以后，兽面纹已告式微，在中原也罕见了。另一方面，也与民族心理有关，楚人在日常生活中对于有威慑感、压抑感的形象是较排斥的。下寺编钟上所见的兽面纹，都是变形的。之前中原流行的兽面纹，容易使见者觉得森然可怖。变形兽面纹则像是已经脱胎换骨，凶险阴沉的面相消失了，虬曲回旋的美感增强了，使见者赏心悦目。

钟与磬是相配的。钟发声洪亮，磬收韵清越，所谓“金声玉振”，就是这个意思。但玉磬难得，而石磬常用。古代的“八音”，金为第一，石为第二，金即钟，石即磬。（图 3-22）

下寺楚墓出土编磬三套，每套十三件，都用硅质灰岩制成。像编钟那样，一套之中，由大到小，然而形制相同。可惜多已破碎，勉强修复之后，试敲，音已不准了。

---

① 黄翔鹏．先秦编钟音阶结构的断代研究［J］．江汉考古，1982（2）．

图3-22 彩绘石编磬
（郝勤建提供）

八音，除金、石外，还有土、革、丝、木、匏、竹。《国语·楚语上》记伍举答楚灵王问，说到了“金、石、匏、竹”，这是取八音的头尾来代表八音的全体。看来，春秋时代的楚国是八音俱全的。

土、革、丝、木、匏、竹之类乐器，长久埋在地下容易朽坏，因而出土实物极少。当阳曹家岗 5 号墓出土的漆瑟两件，是仅存的硕果，但也或多或少朽坏，一件有彩的已无法修复，一件无彩的要修复也很难了。

十分出人意料的是，下寺 1 号墓出土了排箫一件，竟是石制的。假使它是竹制的，恐怕早已变为灰土了。在考古史上，石排箫是初次发现。这件石排箫有十三个音管，最长者 15 厘米，最短者 3 厘米，管壁厚仅 1 毫米，相邻两管的间距则不足 1 毫米。它的上部有凸雕的宽带环绕，犹存捆扎之状，是仿竹排箫而制作的。第七管口部已残，令人兴美中不足之叹。另外十二个管都还可以吹奏，让今人能听到当年楚人所听到的乐音。排箫别名“参差”，屈原的《九歌·湘君》有句云：“望夫君兮未来，吹参差兮谁思？”

第五节　夏化的楚言和楚式的夏字

一、夏化的楚言

狭义的楚人是楚族人，操楚言。广义的楚人是楚国人，语言和民族同样纷繁。

《左传·庄公二十八年》记楚令尹子元以车六百乘伐郑，长驱而入郑都外郭，见内城的大门还开着，不禁犯疑，于是“楚言而出，子元曰：‘郑有人焉’”。经传明确记“楚言”，以此为最早。子元和身旁的人用楚言交谈，无疑是不想让郑人听明白他们在谈些什么。由此可知，楚言与夏言是不易相通的。

然而，没有任何证据足以说明楚人与诸夏之人交谈必须经过翻译。外交场合且不论，因为即使要经过翻译，经传也是可以不记的。在战场上，敌我猝然相遇，彼问此答，就必定是双方都能听懂的。军情火急，哪里顾得上去找译者！邲之战，楚师派出三人单车挑战，许伯为御，乐伯为左，摄叔为右。挑战完毕，正要返回，晋人分三路追来。乐伯左射马，右射人，只剩一支箭了，恰巧有只受惊的麋鹿跑过，便用那支箭射麋鹿，正中其背。摄叔下车，把麋鹿献给追在前头的晋将鲍葵，说：“以岁之非时，献禽之未至，敢膳诸从者。”鲍葵让部下不要再追了，说:“其左善射，其右有辞，君子也。”[①] 显然，鲍葵听懂了摄叔的话。鄢陵之战，楚工尹襄与晋新军佐郤至在战场上交谈，彼此都听懂了。类似的例子，还有不少。能不能说这些楚人和晋人都是通两种语言的呢？显然不能。较为近实的判断，应是许多楚人兼通楚言和夏言，至少楚国的贵族是这样的。《左传·庄公二十八年》特意记子元和他的部下“楚言而出”，从反面说明他们也能操夏言，只是意在不言中罢了。

春秋时代的楚言与夏言有什么不同的特点？这很难说，因为资料实

① 《左传·宣公十二年》。

在太少了。《方言》《说文解字》和其他文献资料记录的楚言词汇，总数在五百个上下。这是汉代楚地的方言词汇，很难用来推定春秋时代的楚言究竟是什么样子的。如《方言》卷十记："煤，火也，楚转语也。犹齐言'焜，火也'。"煤读如贿，焜读如毁，相去甚微。至于春秋时代的楚人是否也称火为煤，就不得而知了。

经传所记春秋时代楚言的词汇，只有"莫敖""荆尸""经皇""梦""谷""於菟""班"等，不足十数。其中：

"莫敖"为官名，"荆尸"为月名，"经皇"为宫门名，"梦"为有丛林、草泽、丘陵的原野。这些是真正的楚言，若以夏言求解，其义殆不可晓。

《左传·宣公四年》记："楚人谓乳'谷'，谓虎'於菟'。"成王时，有位著名的令尹斗谷於菟。相传他生下不久被抛弃在野外，有人见到一只雌虎在喂他吃奶，所以取了这个怪名。据陈士林研究，"谷"是古越语，"於菟"是古彝语，"谷於菟"连称是混合词语。[①] 真正的楚言是把虎叫作"班"的，见《汉书·叙传》。斗谷於菟有子斗班，就语音来说是父子异名，就词义来说是父子同名。

可以推想，楚言与夏言原是两种不同的民族语言。由于楚人长期与诸夏交往，使用诸夏的文字，诵读诸夏的典籍，有很多楚人就学会了夏言，而楚言也逐渐与夏言靠近了。

今汉藏语系除汉语外，有藏缅、壮侗、苗瑶三个语族。上古之世，这三个语族的先民的分布，大致是藏缅语族的先民在西，壮侗语族的先民在东南，苗瑶语族的先民在中南。江汉之间以及汉淮之间，正是古藏缅语、古壮侗语、古苗瑶语与夏言、楚言接触和交流的中心。由此，在楚言里有其他语言的成分是势所必至的。就拿斗谷於菟出生的郧地来说，土著可能是崇虎的巴人，因此才有雌虎喂弃婴吃奶的传闻，郧夫人听说之后才会赶紧叫人把弃婴抱回来。崇虎的巴人，大部聚居在湖北西南部的清江流域，小部流散到郧和其他地方去了。今清江流域的土家族

① 陈士林.彝文[illegible]与楚语"於菟"[C]//中国民族古文字研究：第二集.

应是巴人的遗裔，仍有崇虎之俗。土家语属于彝语支，则巴语当与古彝语相近。邧地的土著既是巴人，他们把虎叫作“於菟”就是容易理解的了。邧地距扬水不远，扬水两岸为扬越所聚居，扬越即因扬水而得名，可能邧地附近也有扬越人。既然如此，邧人受扬越影响，把乳叫作“谷”也是容易理解的。斗谷於菟既为虎种，就用楚言为其子也取了一个虎名。班固是斗班的后人，知道楚人把虎叫作“班”，但他也无法否定经传所记的“於菟”，只好在《汉书·叙传》里两存之，刚说过“楚人……谓虎‘於檡’”（颜师古注：“檡字或作菟”），紧跟着就说“楚人谓虎‘班’”了。战国以后，楚言更加夏化，成为南方的夏言，就不再把虎叫作“班”了。《方言》卷八说：“虎，陈、魏、宋、楚之间或谓之李父，江淮南楚之间谓之李耳，或谓之於䖪，自关东西或谓之伯都。”“班”已不见了。李父、李耳、伯都应是民间对虎的俗称。“於䖪”虽在，也只是“或谓之”。“或谓之”的“或”，实为巴人。

在语言上，楚人也起着联系东西南北以及融合华夏、蛮夷的作用，这对后世南方与北方的统一有重大的意义。

二、楚式的夏字

楚文字就是流行于中原而为周代各国各族通用的文字，即由殷人创制而由周人继承的华夏古文字，被楚人移植到楚地去，从而含有南方的特殊成分，带有南方的特殊风格。

现知最早的楚文字是西周晚期的楚国铜器铭文，即楚公冢钟、楚公冢戈和楚公逆镈的铭文。[①] 楚公冢钟共四件，楚公逆镈仅一件，都是传世之器。铭文虽简短，但前人不无好评。阮元和吴大澂都以“雄”“奇”誉之，可谓得其精髓。[②] 楚公冢戈是 1959 年在湖南采集的，论形制应是巴蜀式戈，而有铭文“楚公冢秉戈”五字。

---

① 参考刘彬徽．楚国有铭铜器编年概述［C］// 古文字研究：第九辑．北京：中华书局，1984．

② 阮元《积古斋钟鼎彝器款识》卷三；吴大澂《愙斋集古录》卷二。

春秋早期的楚国有铭铜器，已发现两批共五件：第一批，是 1969 年在湖北枝江县百里洲出土的考叔䛒父簠两件和寏公孙䛒父匜一件；第二批，是 1975 年在河南南阳市西关出土的申公彭宇簠两件。上列五件铜器各有铭文三十字左右，字体与西周晚期六件铜器的铭文类似。申公是楚国的县公无疑，寏公也应是楚国的县公。楚有县尹不早于武王，县尹称公不早于文王，由此可知，上列五件铜器应是春秋早期后叶的楚器，亦即楚文化茁长期前段的楚器。今后可能发现更多春秋早期楚国的有铭铜器，但是数量不会很多。那时，楚国刚进入文明时代，文字的应用还不是很广的。

进入春秋中期以后，楚国的铜器就增多了，有长篇铭文的铜器也增多了。下寺 1、2 号墓出土的王子午鼎和王孙诰钟等，是研究楚文化茁长期的楚文字的重要资料。①

楚文字的特殊风格和特殊气派，正是在春秋中期开始形成的。这时的楚文字，与春秋早期以前的楚文字相比，有明显的差异，字体趋向修长，仰首伸脚，笔画富于变化，多波折弯曲，作美术字状。试从下寺 2 号楚墓所出王子午鼎铭文和山东莒南县大店 2 号莒墓所出编钟铭文各取五字，以作对比如下：

下寺 M2　　大店 M2

子：　

之：　

自：　

作：　

其：　

这类楚文字，由于笔画扭曲较甚，略具虫形，是后人所谓虫书的雏形。

虫书而外，更有鸟书。鸟书形成于春秋晚期的前叶或中叶，又称鸟

① 伍士谦．王子午鼎、王孙诰钟铭文考释［C］//古文字研究：第九辑．北京：中华书局，1984．

篆或鸟籀，是在篆书的基础上，增添笔画，以象鸟形，饶有装饰情趣。在王子午鼎铭文中，已有个别属于早期鸟书的字，如“用”字写为，下部增添的笔画已是粗疏的鸟形。年代晚于王子午鼎而不到战国的王孙鱼戈，铭文也有“用”字，写为，下部的鸟形，首、身、尾、爪毕肖，就是成熟的鸟书了。此戈铭文共六字，摹写如下[①]，以示鸟书之一斑。

鸟书创于何国，尚无定论，大概非楚即吴越。已知最早有鸟书铭文的楚器和吴越器，孰先孰后，很难判定。在春秋中期与晚期之际，就文明程度而论，越落后于吴，而吴则落后于楚。春秋晚期的情况，大致还是这样。楚国已有许多文献，如楚灵王说的三坟、五典、八索、九丘，而越国的文献则未有所闻。主宰吴越政坛的伍员、伯嚭、范蠡、文种，都来自楚国。传世和出土的有铭铜器，楚器多而越器少。楚器如王子午鼎的铭文，是篆书向鸟虫书发展的标本，而同期有同类铭文的吴越器则未曾一见。楚人尊凤、爱凤，及于众鸟，远比越人为甚。鸟书的鸟形，其较繁者与楚器上的凤纹相近，其较简者与楚器上的变形凤纹相似。准此以论，鸟书创于楚国的可能性，实在比创于越国的可能性大得多。

楚文字是南方文字的表率，其风格、气派与北方文字显然有别。郭沫若认为：“南文尚华藻，字多秀丽；北文重事实，字多浑厚。”[②] 胡小石认为：古文字书体“分为二派，北方以齐为中心，南方以楚为中心”，“齐楚之分，齐书整齐而楚书流丽，整齐者流为精严，而流丽者则至于奇诡不可复识”，“又齐楚不特书体有别，其用韵亦异”。[③] 这些，都是中肯的评论。楚人的形象思维，有自由、浪漫、狂放以至怪诞的传统，凡所表露，必有特殊的魅力，书体也如此。

① 铭文为“楚王孙鱼之用”。石志廉．楚王孙鱼铜戈［J］．文物，1963（3）．

② 郭沫若．两周金文辞大系图录考释［M］．北京：科学出版社，1957．

③ 胡小石．胡小石论文集［M］．上海：上海古籍出版社，1982．

第六节　楚人的习俗

《晏子春秋·内篇·问上》说："古者，百里而异习，千里而殊俗。"楚人立乎东西南北之中，介乎华夏与蛮夷之间，他们的习俗与华夏和蛮夷都有同有异。本节要着重介绍的是"异"，但有时也不免要说到"同"。

一、尚赤，尚东，尚左

楚人确信自己是日神的远裔，火神的嫡嗣，由此形成了特殊的风尚。

日中有火，火为赤色，所以楚俗尚赤。《墨子·公孟》说："昔者，楚庄王鲜冠组缨，绛衣博袍，以治其国，其国治。""绛衣"就是赤色的衣服。关于楚人服色尚赤的记载，没有比这更早的了。建筑和器物也以赤为贵，如《国语·楚语上》记伍举说，灵王所筑的章华台有"彤镂"之美，韦昭注云："彤，谓丹楹。"

楚人尚赤之风，相沿不衰。我们可以超出楚文化的茁长期，也说一说在它的鼎盛期以至滞缓期的情况。江陵的马山1号楚墓，相对年代是战国中期，出土了大量衣衾，图案繁缛，色彩鲜丽，而以赤为主色。各地楚墓出土的漆器，黑底朱彩，绝少例外。淮阳的楚车马坑，相对年代是战国晚期，从中发现了多面战旗，全是火红的。

当然，一般的楚国平民在日常生活中，并不总是服赤色之衣、用赤色之器的。尚赤，即以赤为贵。假使无往而不赤，那赤也就不见其贵了。楚国的田夫野老、织妇村姑乃至役徒之流，怕是难得有赤色为他们装点门第的。

周人也尚赤。《礼记·檀弓》说："夏后氏尚黑……殷人尚白……周人尚赤……"《吕氏春秋·应同》说："及文王之时，天先见火，赤乌衔丹书集于周社，文王曰：'火气胜。'火气胜，故其色尚赤，其事则火。"说得很玄。其实，周人尚赤，是因为姬姓与姜姓世为婚姻，姜姓崇奉炎帝，炎帝又称赤帝。比较起来，楚人拜日崇火远过于周人。周人虽也尚赤，却不尚东、尚左。楚人则不但尚赤，还尚东、尚左。

《孔子家语·问礼》说："生者南向，死者北首，皆从其初也。"说的是周人的习尚。在周人的墓葬中所见的尸骨，通例为头北脚南。

楚人不然。《新序》卷一所记楚人接待秦使的场面是这样的："昭奚恤发精兵三百人，陈于西门之内。为东面之坛一，为南面之坛四，为西面之坛一。秦使者至，昭奚恤曰：'君，客也，请就上位东面。'令尹子西南面，太宗子敖次之，叶公子高次之，司马子反次之。昭奚恤自居西面之坛。"所谓"上位东面"，就是坐西面东的尊位。楚人以东向坐为最尊，这是由于日出东方，尊者自应面日而坐。

楚国公族的墓葬，头向从东。墓向与头向一致，也从东。其中可能有双重的意蕴：一则，作为日神的远裔，应朝向日出的东方；二则，作为火神的嫡嗣，同样应朝向最初的火神所居的东方。需要说明的是，火神所居的东方不是楚地的东方，而是中原的东部——即高辛氏之旧居。上述双重的意蕴合而为一，就是《礼记·檀弓》所记的"狐死正丘首"。后来屈原把这种根深蒂固的民族心理表达得更加真切生动，他在《九章·哀郢》中写道："鸟飞返故乡兮，狐死必首丘。"

下寺的春秋楚墓，是一个令尹家族的墓群，墓向非东即西，而以东为主。主墓为2号墓，墓主为倗——即令尹薳子冯，墓向为79°，东偏北。棺内近东端处发现牙齿一枚，应是头向从东的遗迹。头箱在椁室的东部，礼器都放在头箱里。也有墓向从西的，即1号墓，墓向为259°，墓坑偏西处发现牙齿四枚，可据以推断头向也从西。1号墓是陪葬墓，估计墓主非芈姓，可能是嫁到楚国来的秦女，葬时从秦俗，所以头向从西。

异姓贵族以及同姓下等贵族和平民入葬时的头向，与公族的头向不同。楚国多数平民原为楚蛮。楚蛮的主体是三苗的遗裔。三苗本来就在南方，虽曾北上中原，但又南回江汉。原为楚人的下等贵族和平民，地位与中等以上贵族相距日远，与楚蛮相距日近，后来甚至与楚蛮同血统、同风俗了。因此，他们死后入葬时，头向大抵从蛮俗朝南，也是"从其初也"。

山湾东周楚墓三十三座，墓向从南的有三十一座，头向与墓向一致。这三十一座墓的规格都不高，只有两座双棺一椁墓，其余都是一棺一椁墓、一棺无椁墓和无棺无椁墓。可以推定，墓主多数是平民，少数是下等贵族。唯独 1 号墓的墓向从西，这是一座小型的丙类墓，其中没有发现任何葬具的痕迹，随葬的只有少得可怜的几件陶器。估计 1 号墓的墓主原非楚人，可能也是流入楚境的秦人。

古人讲方位的上下，除了东、西、南、北之分，还有左右之分。周俗尚右，楚俗尚左，彼此恰好相反。

《左传 · 桓公八年》记随国的季梁说："楚人上左。"实际情况的确如此。楚国的职官，左司马、右司马，以左司马为上；左尹、右尹，以左尹为上;还有左领和右领,左史和右史,也应是以左为上。楚国的三军，中军是主力,其余左军、右军,以左军为上。楚王的亲军分为左广、右广，原定各管半天，从邲之战起，以左广为先。楚俗以东向为最尊，以南向为次尊，南向于东向为左，尚左之风应是由此而来的。

二、念祖，爱国，忠君

念祖之情，爱国之心，忠君之忱，是古代任何一个民族都有的，然而楚人尤为突出，达到了翕然成风的程度，这是由楚人的特殊经历所决定的。

楚人的先民在强邻的夹缝中顽强地图生存，时间之长以数千年计。楚人在穷乡僻壤中顽强地求发展，时间之长以数百年计。由此，养成了楚人以民族利益为至重至上的心理。历来对楚人的评价，褒贬不一，褒之者曰"尚武",贬之者曰"好战"或"喜斗"。楚墓中出土的大量兵器，就成为楚人好战喜斗的物证了。说楚人尚武，这是正确的。康王元年，有皋舟之战，楚师不利。三年，有湛阪之战，楚师败绩。到五年，康王急不可耐，派人对令尹子庚说:"国人谓不谷主社稷而不出师，死不从礼。不谷即位，于今五年，师徒不出，人其以不谷为自逸而忘先君之业矣！大夫图之，其若之何？"[①] 康王要子庚出兵是否正确不妨置之勿论，可注意的是"主社稷而不出师，死不从礼"，这样的礼法是诸夏闻所未闻的，

① 《左传 · 襄公十八年》。

它表明楚人确实有尚武的传统。试想，在列国交争的时代里，不尚武，楚人何以图生存？不尚武，楚国何以求发展？尚武的传统，正表现了楚人奋发的民族精神。

楚人缅念先祖的伟烈丰功，出于爱屋及乌的心理，他们把先祖始兴之地奉为圣地。因此，他们习惯于用旧居的地名来称呼新居的地方。鬻熊是为楚国奠定了基业的先祖，住在丹淅二水之间的丹阳。他的曾孙熊绎迁居到荆睢二山之间，仍以丹阳为所居之地名。熊渠的嫡子熊挚别封于夔，也以丹阳为所居之地名。后来，在今湖北枝江县又有一个丹阳，应是西周时迁居到那里的楚人留下的地名；在今安徽当涂县还有一个丹阳，应是战国时迁居到那里的楚人留下的地名。郢这个地方，在武王时已成为楚国的一个地位相当于陪都的重要据点，所以武王末年或文王初年迁都于郢时不改称丹阳了。后来，楚都又迁了多次，新迁之都大致仍以郢为名。因此，有在今湖北宜城县境之郢，有在今湖北钟祥县境之郢，有在今湖北江陵县境之郢，有在今河南淮阳县境之郢，有在今安徽寿县境之郢，可能还有一个在今安徽阜阳县北之郢（考烈王十年至二十二年的楚都钜阳）。

诸夏也有易地不改名的事例，但较少见，不像楚人那样一而再、再而三以至于四五，这是因为他们的念祖之情不如楚人深切。

楚人爱国、忠君，有许多令人赞叹以至感泣的事迹。他们有变小为大、转弱为强的光荣历史，由此养成了异常强烈的民族自豪感和民族自尊心。君臣上下，普遍如此。例外的也有，但不多。

楚国的统帅，如有覆军之败，往往自尽以谢国人和君王。虽贵为公子王孙，位至令尹、司马，也很少有诿过和偷生的。武王命其子屈瑕伐罗，败绩，屈瑕自缢。城濮之战，楚国属县申、息之师损失惨重，成王派人对令尹子玉说："大夫若入，其若申、息之老何？"[①]子玉随即自缢于方城之外。司马子西也引咎自缢，不料绳断人坠，正巧，成王所派的赦使

① 《左传·僖公二十八年》。

到达，才免于一死。鄢陵之战，统率中军的司马子反醉酒败事，共王派人去责备他，也表示宽恕他，但令尹子重拿子玉自尽的先例提醒子反，子反还是自尽了。康王时，令尹子囊为吴师所败，整军而还，在途中伏剑而死，临终之际，不忘国事，嘱咐司马子庚一定要修筑郢都的城垣。平王时，吴人潜入楚国的边境，取平王遗弃的夫人而去，司马薳越追吴人不及，说："亡君夫人，不可以莫之死也！"当即自缢。[①]

平民的爱国义行，也感人至深。吴师入郢，昭王奔随。楚人"相率而为致勇之寇，皆方命，奋臂而为之斗。当此之时，无将，卒以行列之，各致其死，却吴兵，复楚地"[②]。有个叫屠羊说的商人，一路侍奉着昭王。事平之后，昭王要给他高官厚赏，他辞谢了，还是去做他的屠羊生意。这些楚人保家、卫国、护王的自发行动，是民族的自尊心和自豪感的天然流露。

楚君贤愚不等。较有作为的楚君，举事必以社稷为重。较为平庸的楚君，也不敢做辱国之事。文王与巴人战，败归，大阍鬻拳不让他进宫，他只好移兵击黄国，获胜而回，但病死在途中。鬻拳安葬了文王，随即自尽。共王有鄢陵之败，终生自愧，弥留之际要求大夫在他死后给他加上"灵"或"厉"的恶谥。暴虐的灵王在远离郢都的地方听到发生宫廷政变的消息，惶然不知所从，右尹子革建议他逃到别国去避难，他拒绝了，说这样只会自找没趣。然后，灵王只身走向郢都，在途中自缢了。

按照楚国的法律传统，一个人因罪受诛，通常不株连其妻子。即使一个家族谋反不遂，只要其中还有忠于公室的，也还不至于玉石俱焚。若敖家族谋反，被庄王攻灭。这个家族的成员斗克黄正出使齐国回来，途经宋国时听到了变故，有人劝他不要回楚国了，他认为不能弃君之命，还是回到楚国。向庄王复命之后，就到执法之官司败那里去自囚，庄王让他仍居原职为箴尹。斗克黄的后人斗成然因骄纵为平王所杀，平王仍

① 《左传·昭公二十三年》。
② 《淮南子·泰族训》。

以其子斗辛为郧公。平王子昭王奔随避难时，途经郧县，斗辛弟斗怀要杀昭王，为父报仇，被斗辛制止。斗辛对斗怀说："君讨臣，谁敢仇之？君命，天也。若死天命，将谁仇？……必犯是，余将杀女（汝）。"[1] 这是一个典型的事例，它的形式诚然有特殊性，它的内容却具有某种普遍性。《左传·昭公三十二年》记晋国的史墨说："社稷无常奉，君臣无常位，自古以然。"史墨的话，代表了诸夏普遍的认识。楚人正好与此相反，在他们的心目中，是社稷有常奉而君臣有常位的。

与中原的诸夏相比，楚国的公室特别强大，楚国的王权特别巩固，这有经济结构、政治体制和意识形态等几个方面的因素。就意识形态方面来说，楚人异乎寻常的爱国之心和忠君之忱是主要的因素。后来，连楚国的敌国也明白了这个道理。成书于战国末的《吕氏春秋·高义》指出："荆之为［荆］四十二世矣，尝有乾谿、白公之乱矣，尝有郑襄、州侯之避矣，而今犹为万乘之大国，其时有臣如子囊与？子囊之节，非独厉一世之人臣也。"

三、崇　巫

当初徜徉在原始社会中的楚人，惯于用超凡的想象来弥补知识的缺陷。正是在想象中，他们成了火神的子孙，有了顶天立地的勇气和信心。楚国社会是直接从原始社会中出生的，楚人的精神生活仍然散发出浓烈的神秘气息。对于自己生活在其中的世界，他们感到又熟悉又陌生，又亲近又疏远。天与地之间，神鬼与人之间，山川与人之间，乃至禽兽与人之间，都有某种奇特的联系，似乎不难洞悉，而又不可思议。在生存斗争中，他们有近乎全知的导师，这就是巫。

周代的任何民族以至任何部落，无不有巫。诸夏之中，虞人、夏人、殷人的遗族巫风较周人为盛。至于楚人，则巫风更盛。这只要看巫在各国的地位，就可以明白的。

---

① 《左传·定公四年》。

巫，神通有大有小，地位有高有低。他们要有不同于常人的禀赋和教养，这就是观射父对楚昭王说的："民之精爽不携贰者，而又能齐肃衷正，其智能上下比义，其圣能光远宣朗，其明能光照之，其聪能听彻之，如是则明神降之，在男曰觋，在女曰巫。"[①]楚国的小巫以女性居多，大巫则全是男性。虽有男觋女巫之分，但可统称为巫。

楚国有一个曾以巫为世官的家族，即观氏，原为鄀人。鄀是秦楚之间的小国，一度入于秦，最后灭于楚。武王伐鄀，俘获了一个很有将才的鄀人观丁父，派他做"军率"——即一军之帅。在击灭州、蓼两国，威服随、唐两国，以及征讨群蛮的战役中，观丁父都立了功。观丁父的后人"佐开卜"，即做卜尹的助手。平王即位，观从有拥立之功，平王让他自选官职，他以先人"佐开卜"为由，选了卜尹之职。观射父如果不是观从的嫡子，就一定是观从的近亲。后来王孙圉出使晋国，赵简子问他：楚国把一块叫作"白珩"的玉佩当作国宝，有多少世代了？王孙圉说楚国从来不把白珩当作国宝，楚国的国宝第一是观射父，第二是左史倚相，第三是一片叫作"云连徒洲"的广野。观射父这位大夫是当时楚国至高无上的大巫，他被奉为国宝，可见巫在楚国的地位高到什么程度了。昭王不明了天地之事，要请教观射父；不明了祭祀之事，又得向观射父求教。观射父向昭王指出：祭祀的作用是"昭孝息民，抚国家，定百姓"。"自公以下至于庶人，其谁敢不齐肃恭敬致力于神！"[②]观射父"能作训辞，以行事于诸侯"[③]，可见他的地位已在卜尹之上。

楚国的公族子弟，也有身为大巫的。如曾任申公的屈巫，字灵，灵是巫的别称。在庄王、共王之世，申公是最大的一位县公，地位与司马相近。

楚国的巫往往也就是医。相传，"巫彭作医，巫咸作筮"[④]。巫彭和巫咸正是楚人崇奉的两位神巫，可连称为"彭咸"，见于屈原所作的赋。

---

①②③《国语·楚语下》。

④《吕氏春秋·勿躬》。

孔子曾说:“南人有言曰:‘人而无恒，不可以作巫医。’善夫！”[①]南人，应即楚人。巫与医，一身而二任，所以可合称为巫医，他们必须有恒，无怪乎连身为北人的孔子也要称赞他们了。对楚人来说，巫不仅可以交鬼神，而且可以寄死生。由此，楚国民间的小巫一定是很多的。

诸夏的巫，与楚国的巫相比，地位要低得多，可谓小巫见大巫。有个名叫微的楚巫，跑到齐国去，由裔款引见齐景公，对齐景公说：“公，明神主之，帝王之君也。公即位有七年矣，事未大济者，明神未至也。请致五帝以明君德。”齐景公被他说动了,对他“再拜稽首”。晏子入谏，规劝齐景公不可“弃贤而用巫”，并且建议“东楚巫而拘裔款”。齐景公听从晏子，把楚巫微遣送到齐国的东部去，把裔款拘禁起来了。[②]楚巫微弄巧成拙的遭遇，表明诸夏不像楚人那样崇巫。

楚人与鬼神交通的手段，一是祭祀，二是卜筮。

祭祀的对象很多。天子所要祭祀的及于群神万物，诸侯所要祭祀的是星辰、山川和祖先。楚国的公室所格外重视的，是祭祀祖先和大川。

楚君的宗庙和宫室连在一起，都要从茅门进去。《韩非子·外储说右上》记：“荆庄王有茅门之法曰：‘群臣大夫诸公子入朝，马蹄践霤者，廷理斩其辀，戮其御。’于是，太子入朝，马蹄践霤，廷理斩其辀，戮其御。太子怒，入为王泣曰:‘为我诛戮廷理。’王曰:‘法者，所以敬宗庙，尊社稷。故能立法从令,尊敬社稷者,社稷之臣也,焉可诛也！’”“法者”，应非泛指,而是特指茅门之法。如果是泛指的,即使勉强与“尊社稷”连上，也与“敬宗庙”无涉。如楚国的仆区之法，是专治盗贼的，规定为盗贼窝赃者与盗贼同罪，这与“敬宗庙”就毫不相干。茅门之内，除宫室外，还应有称为大室的宗庙。宗庙之神圣是不言而喻的，所以庄王特意要立茅门之法。不许马蹄践霤，即不许车马到达门檐之下。那位触犯茅门之法的太子，应即熊审，后为共王。熊审那次触犯茅门之法，倒是有点特

① 《论语·子路》。

② 《晏子春秋·内篇·谏上》。

殊原委的。《韩非子·外储说右上》又说："一曰：楚王急召太子。楚国之法，车不得至于茅门。天雨，廷中有潦，太子遂驱车至于茅门。廷理曰：'车不得至茅门！非法也。'太子曰：'王急召，不得须无潦。'遂驱之。廷理举殳而击其马，败其驾。……"廷理，是楚国宫廷的执法官。《说苑》卷十四也记此事，但说阻止太子入茅门的是一位名叫庆的少师。本来是一件事情，只因辗转相传，才生出两种说法来的。茅门的茅，应是灵茅。若是普通茅草，楚人就不会把它苫在如此庄严的大门的门檐上了。

祭祀山川，即所谓望祭或望祀。昭王曾说："三代命祀，祭不越望。江、汉、睢、漳，楚之望也。祸福之至，不是过也。"[①]江、汉、睢、漳是楚国境内的四条河流。看来，楚君通常只祭大川，不祭名山，这可能是出于江汉地区多水而少山的缘故吧。邲之战，庄王祭了黄河，而不祭河南的名山。共王无嫡子，有庶子五人，为了请神来从中挑选一个可以"主社稷"的太子，"大有事于群望"。[②]这群望，想来就是江、汉、睢、漳，它们代表着楚君的社稷。

楚人以"淫祀"著称。《白虎通·五祀》说："非所当祭而祭之，名曰淫祀，淫祀无福。"这是后人的说法，不是楚人自己的看法。淫祀之风，盛于民间。到灵王时，宫廷里也刮起了淫祀之风。《新论·言体》说："昔楚灵王骄逸轻下，简贤务鬼，信巫祝之道，斋戒洁鲜，以祀上帝，礼群神，躬执羽绂，起舞坛前。吴人来攻，其国人告急，而灵王鼓舞自若，顾应之曰：'寡人方祭上帝，乐明神，当蒙福佑焉，不敢赴救。'而吴兵遂至，俘获其太子及后姬以下，甚可伤。"[③]如此情节，无疑添油加醋了。至少，"俘获其太子及后姬以下"这个情节就是虚构的。所可信的是灵王在宫廷里搞起淫祀来了。昭王大概吸取了灵王的教训，不搞淫祀了，病危时，有人说这是河伯作祟所致，建议他祭河伯，他不信，拒绝了。

---

① 《左传·哀公六年》。

② 《左传·昭公十三年》。

③ 严可均辑本据《太平御览》卷五二六及卷七三五转引。

由此，孔子称赞说："楚昭王知大道矣。"[1]

卜筮二者，楚人重卜轻筮，这与诸夏是相同的。不同的是，卜在楚国的应用范围比诸夏大，楚人对卜的信任程度比诸夏深，而且楚人行卜的方式与诸夏不尽一致。

为了消解疑难，预测前途，楚人经常行卜。卜尹当然是为社稷大事行卜的，此外，所有的巫都会行卜，甚至并非巫的楚人也能行卜。遇有战事，如果料敌不明，决策未定，那就非行卜不可。平时遇有难题，游移不决，也要行卜。卜的工具是龟甲，这无疑是向诸夏学来的。楚国的惯例，临战之际，"司马令龟"[2]，即由司马在将卜之时，告巫以所卜之事。选官用枚卜，这是诸夏已罕用或不用而楚人还常用的占卜方式。《尚书·大禹谟》说："枚卜功臣，惟吉之从。"枚卜的枚，意思与枚举的枚一样。枚卜，就是一个人一个人地卜下去，直到得吉兆为止，那个得吉兆的人就被选为官了。如惠王十一年准备出兵打陈国，选择统帅时太师与令尹意见不一致，于是举行枚卜，武城的县公公孙朝得吉兆，就派公孙朝做统帅，果然大捷，把陈国灭掉了。根据当时的历史状况来分析，这是因为楚国兵力强，将才多，选择的出兵时机好；但在楚人看来，却是因为卜的灵验。

楚人有时用异常独特的方式行卜。如共王有宠子五人，照例应立长，但拿不定主意，想了解神的倾向，就派人拿着一块璧遍祀群望，"曰：'当璧而拜者，神所立也，谁敢违之？'"然后，他同夫人巴姬秘密地把这块璧埋在宗庙的庭院里，让五子按长幼次序一个一个入拜。老大的两只脚跨在璧的两旁，老二的一个肘碰到了璧的一边，老三、老四离璧都远；老五还小，让人抱进来，拜了两次，都正好压在璧的纽上。[3]这样离奇的占卜方式，是旷古未有的。也许事有凑巧，或者楚人照着后来的结局杜撰了当初只有共王和巴姬两个人知道的事实，历史是这样记载的：共

① 《左传·哀公六年》。
② 《左传·昭公十七年》。
③ 《左传·昭公十三年》。

王死，老大嗣立，是为康王；康王死，其子嗣立，是为郏敖；老二杀郏敖自立，是为灵王；灵王末年，老三、老四和老五串通起来策动政变，纷乱之中，老三、老四自尽，老五即位，是为平王。这个埋璧卜嗣的故事，充满了神秘化的气氛，贯串着戏剧性的情节。唐代的元稹作《楚歌》十首，其一有句嘲云："当璧便为嗣，贤愚安可分？"

生活在先秦时代的人，恐怕没有完全不信鬼神的。不过，他们对鬼神的态度往往因族而异。孔子曾说："周人……事鬼敬神而远之。"[①]春秋时期的诸夏对鬼神的态度，大致就像孔子说的那样。楚人就不同了，他们的态度是事鬼敬神而近之。他们也怕鬼神，然而更爱鬼神。楚人以为鬼神通常是知情识理的，只要人们有足够的自信，就不必事事求教于鬼神。而且，鬼神的指示未必都正确，人们如果觉得欠妥，可以请他们重行考虑、另作指示。武王时，郧、随、绞、州、蓼诸国相约伐楚国，斗廉建议莫敖屈瑕坐镇郊郢，他自请夜袭郧国。屈瑕要行卜，斗廉说："卜以决疑，不疑何卜？"[②]屈瑕听从斗廉，楚师战胜郧师，其他四国都不敢轻举妄动了。灵王未即位时，就有自立为王的意图，行卜的结果却是不吉，于是"投龟，诟天而呼曰：'是区区者而不余畀，余必自取之'"[③]。平王时，吴师来伐，令尹阳匄和司马子鱼引兵迎敌。阳匄卜战不吉，子鱼以战时司马令龟为借口，要求改卜，改卜的结果得了吉兆。惠王时，枚卜新令尹，卜到子良时得了吉兆，老令尹沈诸梁认为子良作令尹对惠王不利，他日改卜子国做了新令尹。

人死为鬼。楚人对祖宗的鬼非常敬重，奉祀唯谨，但又认为祖宗的鬼是通情达理，会体谅他们的。昭王十一年，吴师集结在麇，昭王庶兄子期打算用火攻，可是上年有很多楚人战死在这个地方，昭王另一庶兄子西认为："父兄亲暴骨焉，不能收，又焚之，不可。"子期却说："国亡矣！死者若有知也，可（何）以歆旧祀？岂惮焚之？"于是，楚师断然

① 《礼记·表记》。
② 《左传·桓公十一年》。
③ 《左传·昭公十三年》。

施行火攻，打败了吴师。[①]

楚人就是这样，又相信鬼神，又相信自己。他们认为自己与鬼神可以心心相印，因此，尽管生活在鬼神充斥的世界里，平时他们倒还觉得自在。就连比较凶恶的殇鬼、厉神，人们只要祭祀得法，也能对付过去的。

鬼不怕、神不怕的楚人，反而怕个别并非鸷禽猛兽的虫豸。他们最怕的是见到两头蛇，认为见到了这样的怪物就非死不可。楚人对蛇一向厌恶，对两头蛇尤感恐怖。相传，孙叔敖就是见过两头蛇的，但他竟能幸免于一死。《新序》卷一记："孙叔敖为婴儿之时，出游见两头蛇，杀而埋之。归而泣，其母问其故，叔敖对曰：'闻见两头之蛇者死，向者吾见之，恐去母而死也。'其母曰：'蛇今安在？'曰：'恐他人又见，杀而埋之矣。'其母曰：'吾闻有阴德者，天报以福，汝不死也。'及长，为楚令尹，未治而国人信其仁也。"两头蛇极为罕见，对蛇无好感的楚人容易把两条盘缠在一起的蛇误认为两头蛇。孙叔敖杀两头蛇的故事，可能是楚人编造的。至于"有阴德者，天报以福"，全不类春秋时楚人的口吻。然而，这个故事却生动地反映了楚人怕见怪蛇的迷信。

楚人有种种禁忌。其中，一项突出的禁忌是不得射杀科雉，说是射杀科雉的人不出三月就要死掉。"科"借作"窠"，科雉即尚在窠中的雏雉。《说苑》卷四记："楚庄王猎于云梦，射科雉得之，申公子倍攻而夺之。王将杀之，大夫谏曰：'子倍，自好也，夺王雉必有说，王姑察之。'不出三月，子倍病而死。邲之战，楚大胜晋，归而赏功。申公子倍之弟进，请赏于王，曰：'人之有功也，赏于车下。'王曰：'奚谓也？'对曰：'臣之兄读《故记》曰："射科雉者，不出三月必死。"臣之兄争而得之，故夭死也。'王命发乎府而视之，于记果有焉，乃厚赏之。"《吕氏春秋·至忠》亦记此事，但射杀的是"随兕"而非科雉。"随兕"必误，因为兕是长着坚厚的皮的庞然大物，非一人所能射杀或夺走。而且，楚人并不以杀兕为禁忌，恰相反，见了兕，只要能杀，他们是不会放过的。杀了兕，

① 《左传·定公五年》。

可以用它的皮制甲。《吕氏春秋》虽早出，但作者非楚人，不免误记。《说苑》虽晚出，但作者先世是楚人，所记反而近真。庄王是否果真射杀过科雉，以及申公子倍是否果真"攻而夺之"，这都无关紧要。即令这个故事纯属传说，也不全是无风之浪，因为楚人尊凤，也爱与凤近似的雉。杀大雉固然无妨，可取其尾羽作为舞蹈的道具，但杀雏雉就成为合情合理的禁忌了。

四、知　音

楚人做起事来，往往迸发出炽热的情感，风风火火。庄王堪称一世之雄杰，相传也有这样的性格特征。文无畏奉庄王之命出使齐国，归途经由宋国，宋人以他不曾请求"假道"为借口，把他杀了。消息传到楚国，"庄王方削袂，闻之，曰：'嘻！'投袂而起……"当即走出宫外。侍者慌忙追去，在庭院里才给他穿上鞋，在大门口才给他佩上剑，直到一个叫作"蒲疏"的闹市才使他登上车。当晚，庄王在城郊住下，随即兴师伐宋。[①] 这虽是夸张的描写，却也事出有因。

汉代的楚地之人，据说还有这样的性格特征。太史公说：西楚一带，"其俗剽轻，易发怒"。[②] 也有人说，楚俗"促急"[③]，意思与"剽轻"相当。

确实，楚人比较直率，容易激动。然而，假使把他们看成一伙莽莽撞撞的骄男悍女，那就失之千里了。楚人的性格，像他们的生活一样，多姿多彩。他们写下的历史，他们留下的文物，使身为后人的我们看到，他们不仅有筚路蓝缕的苦志，有刻意创新的巧慧，有发扬蹈厉的豪气，有谄神媚鬼的痴心，而且，他们有顾曲知音的才情。

楚国的乐舞，借助于动的声和态，抒发了楚人的艺术情怀，显示了楚人的艺术素养。楚人的舞态已在长曳千年的流光中消失，无可描摹了。楚

① 《吕氏春秋·行论》。
② 《史记·货殖列传》。
③ 《论衡·率性篇》。

人的乐声却凝结在出土的乐器上，缭绕在文献的字里行间，至今恍若在耳。

八音之中，楚人所爱以钟为最。尚钟之风，于楚为烈。诸夏以鼎为宝器——或称重器，九鼎是王权的象征。两国交兵，胜者入败者的国都，往往要迁其重器。楚国就不大一样，它的重器与其说是鼎，不如说是钟。春秋晚期，楚王有"九龙之钟"。公元前506年，吴师入郢都，"烧高府之粟，破九龙之钟"。[①] 烧粟，是为了削弱楚国的经济实力；破钟，则象征着击碎楚国的王权。后来秦人入郢都，把所能找到的钟都搬走了。宋代苏轼悲其事，作《渚宫》诗，有句云："秦兵西来取钟簴，故宫禾黍秋离离。"

《左传·成公九年》记楚国有"泠人"世家出身的钟仪，泠人即伶人，是司乐之官。《左传·定公五年》记楚国有乐尹钟建，乐尹也是伶人。楚国的司乐之官，最初可能仿周制称伶人，后来改从楚制称乐尹。文献所记以钟为氏的楚人共三位，钟仪、钟建之外，另有一位钟子期。钟子期是否乐尹无可考，但他却以知音见称。《吕氏春秋·精通》高诱注云："钟，姓也。子，通称。期，名也。楚人钟仪之族。"楚国见于经传的两位司乐之官和一位知音之士都以钟为氏，反过来说，以钟为氏而见于经传的三位楚人都是司乐之官及其后人，其中的缘故，想来是楚人尚钟成风，因而让司乐之官即司钟之官以钟为氏[②]，类如晋国的孙黡司典籍，其子孙以籍为氏，都是所谓"氏于事"。钟仪称"乐"是"先人之职官"[③]，可证明钟氏确实以司乐为世官。

楚国司乐之官的地位是很高的。钟仪曾任郧公，即郧县的行政长官。庄王曾将县公与诸侯并称，足见楚国县公的显赫。钟建随昭王逃难，背过王妹季芈。后来季芈表示愿意嫁给钟建，昭王同意了，便任命钟建为乐尹，足见乐尹的地位确实不低。东周列国，司乐之官的地位，没有比楚国乐尹更高的了。

楚人也有以善操琴著称的。钟仪被俘至晋国，晋景公听他自称为伶

---

① 《淮南子·泰族训》。按，《新书·耳痹》所记为"毁十龙之钟"。

② 张正明，刘玉堂．从楚人尚钟看钟氏的由来［J］．江汉论坛，1985（6）．

③ 《左传·成公九年》。

人之族，让人拿琴给他。晋楚两国的琴大概形制不殊，所以钟仪用晋琴奏出了楚曲。相传最善操琴的是伯牙，《吕氏春秋·本味》记："伯牙鼓琴，钟子期听之，方鼓琴而志在太山，钟子期曰：'善哉乎鼓琴！巍巍乎若太山。'少选之间，而志在流水，钟子期又曰：'善哉乎鼓琴！汤汤乎若流水。'钟子期死，伯牙破琴绝弦，终身不复鼓琴，以为世无足复为鼓琴者。"据高诱注，伯牙也是楚人，伯为其姓，牙为其名。按，《左传》所记以伯为姓的楚人，只有一个伯州犁，后为灵王所杀，子孙在平王时逃出楚国去了。伯牙或许是伯州犁家族的成员，初为晋人，后入楚籍，由此，后世传说他是晋国的大夫。《荀子·劝学篇》说："伯牙鼓琴，而六马仰秣。"这是极言伯牙琴艺之高，已妙造化境了。

钟子期不仅善辨琴音，也善辨磬音，据《吕氏春秋·精通》所记，他能从磬音中听出击磬者的心情来。先秦以知音见称的，当推钟子期为最。钟子期知音，也可说是妙造化境的。

楚国民间的乐舞多与巫风结缘，巫都是能歌善舞的。《吕氏春秋·侈乐》说："宋之衰也，作为千钟；齐之衰也，作为大吕；楚之衰也，作为巫音。"所谓"巫音"，即巫的乐舞。这并不是说，巫音只在楚政衰败时才有；它说的是，在楚政衰败时，把村野的巫音引进宫廷里去了。在巫风不盛的诸夏看来，巫音是不登大雅之堂的；但在楚人看来，庙堂之雅与村野之俗是可以统一起来的。最早在宫廷里兴起巫音来的楚王，大概就是那位亲自拿着羽绂，随着鼓点，翩然起舞的灵王。其实，灵王的错误不在于崇巫，而在于虐民。巫音被引进宫廷，倒可以说明楚巫的乐舞技艺是相当出色的。

楚国的县公经常要领兵出征，钟仪身为郧公，自然也要去打仗。无奈他对乐理虽是内行，对兵法却是外行，一上阵就陷入重围，被郑人捉去献给晋国了。出乎意料的是，他操琴为楚曲，竟感动了晋国的君臣，晋国放他回楚国去，由此促成了晋楚两国的和议。后来，楚人钟子期与可能是晋人出身的伯牙，凭借音乐的语言，成为倾盖如故的知己。晋与楚可谓勍敌，分别代表着北方和南方，但其是一个正在形成中的伟大民族，疆土虽尚有此畛彼域之分，心灵却因有文化的血缘关系而得以相亲相近。今武汉市汉阳县境，汉水南岸有地名琴断口，故老相传，就是钟子期与伯牙相识的地方。今武汉市汉阳区内，龟山西麓有檐牙高啄的琴台，是后人为追念钟子期和伯牙而筑。高山流水，知音佳话，已成为中华民族的千古韵事了。

五、层台累榭和长鬣细腰

楚人的生活方式，如衣食住行、婚丧庆吊、佳节欢会以及对美的偏好和追求等等，限于资料的零散粗疏，我们虽不无所知，终未免有雾里观花之憾。下面要介绍的，只是一些片断、一些线索。

楚人来自中原，服饰与诸夏相近，是冠带之民，与断发、文身、跣足的越人判然有别。在春秋时代的楚墓中，迄今未见衣衾和着装的木俑出土，以致我们对楚人服饰的细节无从详知。贵族大抵束发危冠，博袍广袖。冠制与诸夏有别，号为“南冠”。平民——尤其是楚蛮、扬越、淮夷出身的平民，就未必如此了。文王喜戴獬冠，灵王穿过豹舄，这些，或许只有上等的贵族才会去效法。平民的衣裳，通常是麻织的。楚人所谓“畴”，专指种麻的田。[①]麻织品做的衣裳，不能御严寒。庄王十七年冬，楚伐萧，申公巫臣报告庄王:“师人多寒。”庄王巡视三军，慰勉有加，“三军之士皆如挟纩”[②]。可见，当时一般的士卒是穿不上丝绵袍的。康王五年冬，楚伐郑，遇上冻雨，在楚师中打杂的役徒倒毙殆尽。[③]役徒是下层的平民，麻织品做的衣裳也穿得单薄，所以成批地冻死了。这时，多数士卒大概已有丝绵袍，否则也难免冻死的。

共王以前，楚国裁缝的手艺大概还不高。共王二年，楚侵鲁，鲁献工匠三百人给楚以求和，其中有织帛工和缝衣工各一百人。[④]

---

① 《说苑》卷十八记：“王子建出守于城父，与成公乾遇于畴中，问曰：‘是何也？’成公乾曰：‘畴也。’‘畴也者何也？’曰：‘所以为麻也。’‘麻也者何也？’曰：‘所以为衣也。’”

② 《左传·宣公十二年》。

③ 《左传·襄公十八年》。

④ 《左传·成公二年》。

贵族所用的饰物，也与诸夏近似。下寺楚墓出土的玉饰，如璧、璜、瑗、玦、环、笄、簪等，是中原常见的，只有虎形饰和兔形饰比较特别。这些玉饰，质地较粗糙，纹饰较简单。那时楚国也有闻名于世的美玉，即和璧、白珩，但如同凤毛麟角。

楚人的饮食嗜好，地域性的成分多，民族性的成分少。从《国语》的有关记载来看，鱼是楚人饭几上常见的食品。此外，有北方少见的果品橘和柚，水产芰（菱）、寒菹和萍实。楚地多鹿，鹿肉是楚人偶尔得以享用的上品。至于可称为珍馐的，一是熊掌，二是鼋。成王临终时，要求吃熊掌。庄王送鼋给郑君，郑人视之为“异味”，由此引出了“染指”的故事。

春秋战国之际的当阳金家山 9 号墓出土了竹筷一双，其长短、粗细以及上方下圆的形制都与现代的竹筷无异，可见楚人早就有箸食的习惯了。

这个时期楚人的建筑，至今无遗迹可寻，文献则语焉不详。尤其是民间的房屋，连一点资料也没有。至于宫殿，有明显南方风格的是台榭。台的特点主要是峻高，可以纵目远望；榭的特点主要是空灵，便于游目四顾。建筑材料是土、木、石等等，构件可能也有用铜的。今湖北当阳季家湖楚城遗址出土的曲尺形铜构件，大概是建筑所用的，但也可能是簨、簴构件。康王以前，“榭不过讲军实，台不过望氛祥。故榭度于大卒之居，台度于临观之高”①。如庄王所筑的匏居台，规模就不很大。灵王筑章华台，就又大、又高、又精了。章华台故址在今湖北潜江县境，是 1984 年发现的，附近有沟通汉水和长江的扬水。章华台落成之后，要收罗逃亡的奴仆去住在里面，可见其大。登章华台时，“三休，而乃至其上”②，可见其高。灵王偕伍举登章华台，伍举说此台有“彤镂”之美③，可见其精。章华台由层台累榭组成，它是我国古代第一个大型的园林建筑群。现在南方的园林建筑群，或多或少仍有层台累榭的遗意。

楚宫还有地室。共王接待晋使郤至，“为地室而悬焉”④，即把编钟

①③《国语·楚语上》。

②《新书·退让》。

④《左传·成公十二年》。

悬挂在地室里。某些上等的贵族家里也有地室，如薳子冯装病不就令尹之任，“方暑，阙地，下冰而床焉”。[1] 薳子冯的地室，是用以避暑的。

南方潮湿，不宜席地而卧，床的产生和推广应比北方早。薳子冯在地室里所用的床，无疑是架空的，与后世的床基本相同。但楚人也惯于席地而坐，坐时不穿鞋，所以庄王在大怒之际离座出门，顾不上穿鞋了。公子围到郑国行定亲之礼，“布几筵，告于庄、共之庙而来”[2]。几为凭靠之具，筵为垫底之席，都是席地而坐所用的。

楚国长期进行外线作战，对首都的防御并不重视。郢都本来没有正规的城池，大概只有一种叫作“棘围”和“棘闱”的寨墙和寨门。城市居民住在闾里之中，闾里有门。农村居民则住在棘围之中，以荆棘为寨墙，也有门，“闱”就是“门”。灵王末年发生政变，左右逃遁一空，他独自向郢都走去，累了，匍匐而行，“将入于棘闱，棘闱不纳”[3]。这“棘闱”，就是荆棘环绕的寨子之门。现在南方某些少数民族地区还有这种寨子，也是可以称为棘围的。为了防备楚蛮的袭击，有这样的棘围就够了。

楚人筑城，始于庄王元年。是年，子仪、子燮作乱，在郢都筑城，然而没有完成。后来楚人在淮水中游筑了些城，但郢都仍无城。康王初年，令尹子囊遗言要子庚筑郢都之城。可是，子庚似乎没有执行子囊的遗命。郢都真正筑起城来，是在平王十年，怕吴师来袭才筑的。司马沈尹戌认为筑城无益，理由是：“天子守在四夷；天子卑，守在诸侯。诸侯守在四邻；诸侯卑，守在四竟。”“无亦监乎若敖、蚡冒，至于武、文，土不过同，慎其四竟，犹不城郢。”[4] 这还是出于外线作战的指导思想。诸夏筑城比楚人高明，楚师有时把一个诸夏小国的都城包围几个月，还攻不下来。楚国在平王十年筑的郢都之城大概并不坚固完好，十三年之后，吴师果然来袭，在吴师到郢都的前一天，昭王就慌忙逃走了，吴师

① 《左传·襄公二十一年》。
② 《左传·昭公元年》。
③ 《国语·吴语》。
④ 《左传·昭公二十三年》。

进郢都如入无人之境。

楚国民间的车大多是牛车，不高，叫“庳车”。庳车不便用马，即不能作战车用。庄王要把庳车改为高车，孙叔敖想出一个办法来，规定闾里的门限要加高，庳车过不去了，人们就自动把庳车改成了高车，事见《史记·循吏列传》。

庄王逐鹿中原，对改进车制有浓厚的兴趣。据说，经他下令改制的车“锐上斗下，号曰‘楚车’”[①]。

楚人的婚俗与诸夏大同小异，婚前男女的自由社交也与诸夏的习惯类似。楚人所谓“梦”，前人以为是“草泽”。其实，“梦”是荒野，并不都是草泽。楚王爱到“梦”中去打猎，可见“梦”是丛林、草泽、丘陵都有的，是极好的猎场，对一般的国人则是游憩的胜地。最好的“梦”在郧地，郧又作䢵，可简作云。云地之“梦”，便是“云梦”。暮春时节，云地的男女到“梦”中冶游，甚至寻偶追欢。《墨子·明鬼下》指出：“燕之有祖，当齐之［有］社稷，宋之有桑林，楚之有云梦也，此男女之所属而观也。”

若敖娶䢵子之女为妻，生斗伯比。若敖死，斗伯比从其母住在䢵地。斗伯比“淫于䢵子之女，生子文焉，䢵夫人使弃诸梦中”[②]。屈原在《天问》中写道：“何环闾穿社，以及丘陵，是淫是荡，爰出子文？”实际情况看来是这样的：斗伯比和他的姑表妹或姑表姐相约出游，绕过闾，穿过社，到丘陵幽会。后来生下子文，斗伯比的舅母不胜愠怒，让人把子文扔到当初他父母幽会的场所去了。这个载入了正史和诗歌的掌故，足以说明云梦正是一个“男女之所属而观”的地方。

成王时，楚人对诸夏为男女所设的礼法之防还是不大介意的。泓之战，楚国战胜了宋国，成王引兵到友邦郑国，郑文公的夫人芈氏和姜氏在柯泽这个地方慰劳成王，成王让她们看了俘馘。《左传》的作者

① 参阅董说《七国考》卷八引桓谭《新论》。

② 《左传·宣公四年》。

借君子之言批评说："非礼也。妇人送迎不出门，见兄弟不逾阈，戎事不迩女器。"成王入飨于郑都，"飨毕，夜出，文芈送于军。取郑二姬以归"。《左传》的作者又借叔詹之言指责说："楚王其不没乎！为礼卒于无别。无别不可谓礼，将何以没？"[①] 此后，楚人接受华夏的礼法逐渐增多。昭王时，至少楚国的公室已经跟诸夏一样讲究男女的礼法之防了。季芈在逃难时让钟建背过，后来她表示应嫁给钟建，理由在于："所以为女子，远丈夫也。钟建负我矣。"[②] 季芈这口吻，完全像诸夏的一位淑女了。

对于相貌和身材，楚人的审美意识与北方的诸夏是不大一样的，男子以威严精悍为美，女子以苗条纤柔为美。

长鬣是美男的一个重要条件。灵王在章华台接待鲁昭公，使长鬣者相礼。长鬣者，即后世所谓美髯公。平王时，楚人在战斗中夺得吴王的乘舟余皇，把它抬上岸，周围挖了深沟，派兵在附近守着。吴公子光派出长鬣者三人，在夜色掩护下摸到余皇的旁边潜伏下来。吴公子光连叫三声"余皇"，长鬣者三人按事先的约定连答三声。楚国的守军听到了，涌上前去杀那三个长鬣者。吴师乘机出击，打败了部伍失次的楚师，夺回了余皇。吴公子光派出长鬣者，是为了让他们冒充楚人，以便摸到余皇旁边去，可见楚人男子都有蓄须的习惯，须蓄得愈长愈好。

楚俗以细腰为美，而灵王尤甚。《韩非子·二柄篇》说："楚灵王好细腰，而国中多饿人。"后世以为灵王所好的都是细腰女子，诗人骚客争咏其事。如李商隐诗云"虚减宫厨为细腰"，杜牧诗云"楚腰纤细掌中轻"，汪遵诗云"贪向春风舞细腰"，不胜枚举，说的都是妙龄女郎，似乎男人是不讲求细腰的。

其实不然。灵王所好的，主要是男子细腰。灵王好细腰的故事，除见于《韩非子》外，又见于《管子》《晏子》《墨子》《荀子》《尸子》《尹

① 《左传·僖公二十二年》。

② 《左传·定公五年》。

文子》《淮南子》《新论》等书（《荀子》误作“庄王”），所记的主要是男子细腰。如《墨子·兼爱中》说：“昔者楚灵王好士细要（腰）。故灵王之臣，皆以一饭为节，胁息然后带，扶墙然后起。比期年，朝有黧黑之色。”同书《兼爱下》说：“昔荆灵王好小要（腰）。当灵王之身，荆国之士饭不逾乎一，固据而后兴，扶垣而后行。”这些细腰的“士”或“臣”，分明是男子。又如《淮南子·主术训》说：“灵王好细腰，而民有杀食自饥也。”这些杀食自饥的民，无疑不限于女子。东汉以后，才误以为灵王所好的只是宫女细腰了。

男子若腰粗，自然显得魁梧。但真正的壮士，无论古今，都未必个个腰粗如熊。《水浒传》这样描写林冲活捉一丈青：林冲“轻舒猿臂，款扭狼腰，把一丈青只一拽，活挟过马来”。灵王所好的，大概就是腰细如狼的男子。

楚俗是否也以女子细腰为美呢？是的。宫女求腰细，一般还不至于忍饥过度。朝臣求腰细，就难免要节食减肥了。灵王好宫女细腰，推而广之，及于朝臣，乃至卫士、仆竖，自然会令人因挨饿而暗自叫苦的。

第七节　浸润江淮

茁长期的楚文化，从鄂西传播到鄂中，从汉西、汉南传播到汉东、汉北，从江北传播到江南，从淮水上游传播到淮水中游和下游，从长江中游传播到长江下游，几有席卷江淮之势。回顾这个进程，我们不禁为楚文化的强大的辐射力而惊叹。

本节所要介绍的，主要是楚文化浸润及于汉淮之间、淮水中游以及长江下游的情形。

汉淮之间原有不少小国，或为姬姓、姜姓，或为庶姓，如嬴、偃、曼、允等。从出土的铜器和其他文化遗物来看，在春秋早期以前，都以中原文化的风格占优势，并带着或多或少的土著文化色彩，而没有楚文化的成分。到春秋中期以后，就由西向东，由南向北地逐渐改变，而纳入了楚文化的范围。[①] 这时，这些小国都已被楚国并吞或成为楚国的附庸了。

淮水中游，原来也是小国林立，而以统称淮夷、多属偃姓的小国和在吴楚之间首鼠两端的姬姓蔡国为主。在春秋中期以前，淮夷文化遗存的内涵是受中原文化强烈影响的土著文化[②]，蔡国则本来就是中原文化在淮水流域的代表。一到春秋晚期，就改弦易辙，迅速向楚文化靠拢了。如安徽舒城县九里墩的舒鸠墓[③]，出土了升鼎、于鼎之类楚式鼎的鼎足残件，其他铜器的组合、造型、纹饰也与同期的楚器类似，土著文化的残迹所余无几。安徽寿县的蔡侯墓[④]，出土升鼎七件，形制与下寺 1 号墓出土的升鼎一脉相承，纯属楚式，但较粗劣；于鼎一件，也是典型的楚器；其他铜器如敦二件，也颇有楚风；如自铭为“盥”的盘一件，有攀附兽耳四只，又是楚式的；纹饰细密，与南方同调而与北方异趣；铭文的书体，行直横平，苗条工细，属于以楚为中心的南派。此墓所出铜器也有属于中原风格的，如方壶，显然是模仿郑国的莲鹤方壶，但有莲而无鹤。那时，舒鸠和蔡因恰在楚尾吴头，是楚吴二强争夺的对象，较多的时间是楚的附庸，较少的时间是吴的附庸。从文化面貌来看，他们受楚的影响显然比受吴的影响大得多。

古代的史家评论春秋时代的战争，大抵扬晋抑楚或者扬齐抑楚，这是出于民族的偏见，以为晋齐是在“攘夷”，而楚是在“猾夏”。还有一概否定，发为愤激之言，宣称“春秋无义战”的。他们不了解：军事冲突与文化交流是对立的，又是统一的，在当时的形势下，文化交流往往需要军事冲突作先导。

试以位于黄淮之间的郑国为例：郑国北有晋国，南有楚国，迫不得

① 李学勤 . 论汉淮间的春秋青铜器［J］. 文物，1980（1）.

② 安徽省文化局文物工作队 . 安徽舒城出土的铜器［J］. 考古，1964（10）；怀宁县文物管理所 . 安徽怀宁出土春秋青铜器［J］. 文物，1983（11）.

③ 安徽省文物工作队 . 安徽舒城九里墩春秋墓［J］. 考古学报，1982（2）.

④ 安徽省博物馆，中国科学院考古研究所 . 寿县蔡侯墓出土遗物［M］.（考古学专刊乙种第五号）北京：科学出版社，1956.

已扮演两面角色，但仍常常受到楚国或晋国的攻伐。尽管如此，郑国的文化却未因战事频繁而受到摧残，恰相反，它成了南北文化交流的枢纽。1923年，在河南新郑县发现了大批郑国的铜器。[①]后来，20世纪60年代和70年代，在新郑又发现了一些郑国的铜器。[②]在已知属于春秋中期的所有北方铜器中，郑国铜器的工艺水平是最高的。其中莲鹤方壶两件，巧丽逾常。然而，有些铜器的形制却与同期的楚器类同。尤其是李家楼出土的九件束颈折肩鼎[③]，与楚国的于鼎相当接近，但不如楚国的于鼎精致。于鼎是典型的楚器，因此，与其说楚受郑影响而出现了于鼎，不如说郑受楚影响而出现了束颈折肩鼎。楚成王曾送铜给郑文公，那时楚国的青铜铸造工艺已处于领先地位。在铜器生产方面，郑受惠于楚比楚受惠于郑多些。

《左传》两次记地室悬编钟：第一次系于成公十二年（前579），是楚国的事，即楚共王接待晋使郤至时金奏作于地室；第二次系于襄公三十年（前543），是郑国的事，其文曰："郑伯有耆酒，为窟室，而夜饮酒，击钟焉。朝至，未已。朝者曰：'公焉在？'其人曰：'吾公在壑谷。'……"伯有在地室饮酒听乐，被他的家臣说成是在壑谷，可见地室悬编钟不是郑国的旧制，郑人还看不惯。伯有作地室，大概是向楚国学来的。

淮水中游北部的徐国，嬴姓，是淮夷各国中文化最高、名声最盛的一国，也曾与楚国交战，但又与楚国共同发扬了南方的艺术风格。徐国有令尹，见江西靖安县发现的炉铭文，此炉是春秋晚期的徐器。楚国的令尹，初见于春秋早期。徐国设令尹，应是仿效楚国。在文化上，徐国也接近楚国。李学勤认为：春秋中期和晚期徐国的铜器，"大都制作精良，铭文字体秀丽，纹饰细致优美，为长江流域的风格，与北方的庄穆雄浑

① 关百益.新郑古器图录［M］.上海：商务印书馆，1928；郭宝钧.商周铜器群综合研究［M］.北京：文物出版社，1981：78-76.

② 河南省博物馆新郑工作站，新郑县文化馆.河南新郑郑韩故城的钻探和发掘［J］.文物资料丛刊，1980（3）.

③ 高崇文.东周楚式鼎形态分析［J］.江汉考古，1983（1）.

不同”。[1]

长江下游吴越两国的青铜文化，也是在这个时期繁荣起来的。它们的铜器有自己的风格，但也属于以楚国为中心的南方系统。如江苏六合县程桥出土的吴国青铜器，就有某些楚器的特色。[2]至于楚国的青铜器，除了铜剑而外，很少有吴器的特色。鸟书流行于广大的江淮地区，争奇斗妍。吴越两国的鸟书备极工巧，与楚国的鸟书相比，可谓青出于蓝而胜于蓝。

茁长期的楚文化传播的范围，其实已经超出了江淮地区。以鲁国为例，离楚国虽较远，也受到了楚文化的浸染。鲁襄公到过楚国，喜楚宫之华美，归国后仿造了楚宫。[3] 但鲁文化也曾使楚国受益，鲁成公送给楚国的执斫、执针、织纴之工各百人[4]，无疑会对楚国改进木工、缝纫、纺织的技艺起到良好的作用。两种以上区域文化之间的影响，单向的也有，但通常是对向的。

仅就江淮地区而言，楚文化如风行草偃，从它的流布之广，可以想见它的蓄积之厚。

---

① 李学勤.从新出青铜器看长江下游文化的发展［J］.文物，1980（8）.

② 江苏省文物管理委员会，南京博物院.江苏六合程桥东周墓［J］.考古，1965（3）.

③ 《左传·襄公三十一年》。

④ 《左传·成公二年》。

第四章　鼎盛期的楚文化

楚昭王十一年（前 505），吴师撤离楚境。十二年，吴国又大举伐楚国，兵分两路：水路在淮水中游击败楚国的舟师，夺取了沈县[①]（今河南固始县境）；陆路在淮水支流汝水中游击败楚国的陵师（步兵），占领了繁扬（今河南新蔡县北）。楚国唯恐吴师再度入郢，为安全计，迁都于鄀，而仍称郢。[②]这鄀，不是位于秦楚之间的鄀国，而是楚人灭鄀国后所设的鄀邑，在今湖北钟祥县北部，其地有险可守。[③]

大约几年之后，即在楚昭王十三年至二十四年（前 503—前 492）之间，楚都又南迁到今湖北江陵县境，也仍称郢。[④]这郢，即纪南城。纪南城是后人的称呼，其地原名无可考。

昭王九传至顷襄王。顷襄王二十一年（前 278），秦将白起攻破纪南城，楚都东迁。楚国以纪南城为首都[⑤]，约二百二十年。

---

① 《史记·楚世家》记是役吴军“取番”，《左传·定公六年》记是役吴军“获潘子臣”。按，番应即潘，潘与瀋形近，瀋与沈音同，番、潘皆借作沈。参考李学勤 . 论汉淮间的春秋青铜器［J］. 文物，1980（1）.

② 《左传·定公六年》记楚国“迁郢于鄀”，可见鄀在成为楚都之后也称郢。

③ 《史记·楚世家》记楚人“北徙都鄀”，这可能是因为司马迁不知鄀已南移，以为楚人把国都迁到鄀国的故都去了。鄀都在郢都北，鄀邑在郢都南。

④ 《左传·哀公四年》记楚人传言：“吴将泝江入郢……”时为楚昭王二十五年。按，泝江可入之郢应即今湖北江陵县纪南城。由此可知，在楚昭王二十四年以前，郢都已迁到纪南城了。

⑤ 当时的楚国，除以郢为首都外，还有陪都鄢。鄢即楚昭王十一年以前的郢都，因在鄢国的故地而得名。后人或称郢为“纪郢”，而称鄢为“鄢郢”。至于《战国策》所谓“鄢、郢”，则是指鄢和郢两个都城。此外，楚国还有一个“葳郢”（戚郢），见江陵天星观 1 号墓出土竹简所记“秦客公孙鞅（鞅）闻（问）王于葳郢之岁”云云，以及鄂君启节铭文的“王居于葳郢之游宫”云云，葳郢疑即郊郢，其地在今宜城与钟祥之间，可能有楚王的行宫。

春秋战国之际，社会生产蓬勃发展，政治局势迅速改观。到了战国早期和中期，楚国在北面与国富兵强的韩、魏角逐，“疆埸之邑，一彼一此，何常之有？”[①]总的趋向是楚国退多而进少。西南有巴、蜀，山重水复，楚国对它们并不重视，虽开辟了汉中郡、巫郡、黔中郡，但意在防御。西北有号为虎狼之国的秦，干戈、玉帛，变幻莫测，楚国始终不能得志。东面，楚国大有所获，舟师和陵师一直推进到东海之滨，车兵和骑兵多次出入于齐鲁之野，然而战争频繁，建设缓慢。南面，楚人沿着洞庭湖的西侧和东侧，绕到南侧，继续开拓前进，直到五岭，没有发生重大的反复。[②]由此，鼎盛期的楚文化遗存，主要是在今江陵一带和今长沙一带发现的。

班固《幽通之赋》说：“黎淳耀于高辛兮，芈强大于南汜。”南汜，即纪南城周围众多或分或合的水道。纪南城的兴起，标志着楚文化鼎盛期的开端。

屈原《九章·哀郢》说：“皇天之不纯命兮，何百姓之震愆！……发郢都而去闾兮，怊荒忽其焉极？”纪南城的陷落，标志着楚文化鼎盛期的终点。

这个时期的楚国发生了许多变化，达到了最繁荣、最光辉的阶段。铜器生产登峰造极的发展，促进了铁器的改善和推广。其他各行各业，如丝织、刺绣、髹漆和城市建设等，也欣欣向荣。经济结构方面，封建

① 《左传·昭公元年》。

② 澧水入洞庭湖处，距纪南城只有一百余千米，水陆交通便利。因此，楚人渡江而南，最初到的是洞庭湖西侧，稍后才到了洞庭湖东侧。洞庭湖西侧的楚墓，最早的属于春秋中期。洞庭湖东侧的楚墓，最早的属于春秋战国之际。楚人到达洞庭湖南侧的年代，大约也在春秋战国之际，此后楚人继续南进，西边是在沅水流域开拓巴人地区，设立了黔中郡；东边是在湘水流域开拓扬越地区，设立了江南诸县。楚人在战国早期和中期经略的湖南之地，就纵向而言是洞庭、苍梧之间，就横向而言是沅水、湘水之间。屈原《九歌·湘君》所写的“令沅、湘兮无波，使江水兮安流”，正是南下的楚人的愿望。在沅水流域，发现了一些属于这个时期的楚墓和巴墓，已知最南的在黔阳县。在湘水流域，发现了许多属于这个时期的楚墓和越墓，已知最南的在资兴县。处于湘水下游的长沙一带，楚墓尤为密集。

领主制的普及与家务奴隶制的延伸并行而不悖。政治体制方面，陆续有所改革、有所创造。旧有的县化大为小，新设的郡在县之上。县是全国普设的，郡则仅设于边疆。官职渐多，爵秩渐繁。封君的权势大致与先前的县公相当，其财富则非县公所能比侔。精神文化方面的成就异常突出，哲学行于前，文学殿于后，这是一个从老子经庄子到屈子，东方的智慧之星一个接一个升起的伟大时代！

我们发现，在鼎盛期的楚文化遗存中，有一种造型特异的木雕，今称虎座飞鸟，实为虎座立凤。凤两胁有鹿角，通体饰彩纹，昂其首而振其翅，集壮、美、奇于一身，令观者神旺。它是已迁于乔木的凤，可视之为楚文化达到鼎盛期的象征。

第一节　铜器和铁器

凡是青铜冶铸业发达的地方，由于人们掌握了在炼炉内保持 1 200℃以上高温的技术，只要附近有足量的铁矿石来源，就容易成为较早地炼出生铁和熟铁的地方，楚国就是这样的。

一、青铜冶铸业的技术进步

约从春秋末、战国初起，铜绿山的冶铜业实现了某些技术革新。

竖井的木构框架改用“密集法搭口式”，从井口到井底，层层叠压，内径由先前约 60 厘米放大到 80 厘米甚至更大些。在Ⅰ号矿体的 12 线，用这种框架的竖井有八座。（图 4-1）

马头门所用的木料由较细变为较粗，有些地方还用方柱替代了圆柱。

横巷的框架变得又高又宽，可以承受更大的压力了。

作为采掘工具的斧形凿，已由铜制的变为铁制的。还有锄板单薄的铁锄，大概是用来扒集矿石或废石的。在Ⅰ号矿体的 24 线发现一根长 2.52 米的辘轳轴木，当初应是横放在井口的支架立柱上，用以提升矿石或积水的。

炼炉可能也有所改进，但还不曾发现充分的物证。

仅从井巷的结构和采掘的工具来看，就能使人们确信当时的开采效率必已有所提高。

湖南麻阳县的九曲湾也有古铜矿，已发现古矿井十四座，开采年代的上限可能早于战国，但吴铭生和湖南的另几位考古学家据出土遗物推断，主要的开采年代应是战国。那时，这个古铜矿的所在地已纳入楚国的版图了。在邻近的辰溪县境内，曾发现战国楚墓。因此，可以确认这个古铜矿曾为楚国所有。

九曲湾的古铜矿，无论开采规模和技术水平都比不上铜绿山的古铜矿。十四座矿井，除一座因全部塌陷而情况不明外，都是在地表的矿脉露头开口，沿着矿脉的走向掘进，形成“鼠穴式”斜井，弯弯曲曲，时宽时窄。它们没有铜绿山矿井那样规整的井架，两旁只有立柱或隔墙，顶部普遍留着厚约40厘米的矿石不予开采，以防坍落；底部某些地段铺着地栿，以利行走。井巷比较低矮，某些巷道的高度不过40—60厘米，只能匍匐行进，跪卧采掘。1801号矿井出土的两件铁锤，与铜绿山Ⅰ号矿体24线出土的铁锤形制相同，大的一件重7.80千克，小的一件重4.65千克，硬度达到RC58—60，比普通铸钢或锻钢的退火硬度高得多。

九曲湾古铜矿的矿工，估计不是北来的楚人，而是与楚人族属不同的土著。

在楚文化的鼎盛期，与楚文化的茁长期相

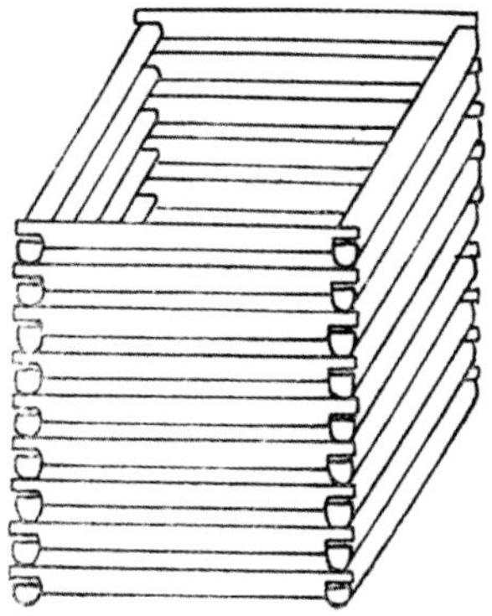

竖井井架

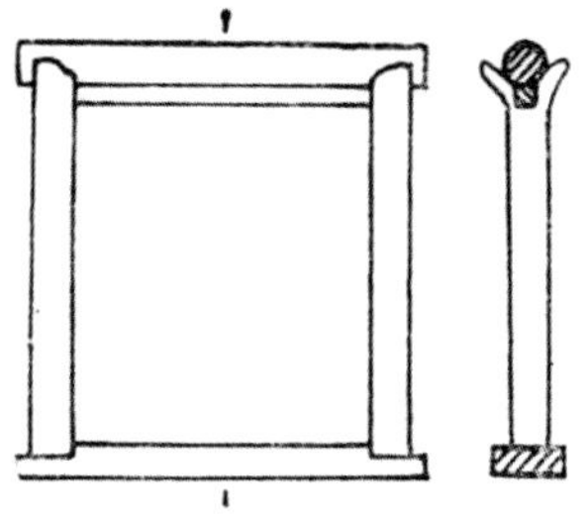

横巷框架

图4-1　晚期井架

铜绿山古铜矿晚期井架示意图

（黄凤春据夏鼐、殷玮璋《湖北铜绿山古铜矿》插图摹绘）

比，产铜区更多了，产铜量更大了，这是没有疑问的。

郢都有铸造作坊。在纪南城西南部的陈家台，发现铸炉两座，分别编列为 1 号炉和 2 号炉。两座铸炉都仅存底部，从残迹来看，它们大小相近，形状相同。以 2 号炉为例，平面呈圆角方形，方向为 350°，东西长 1.45 米，南北宽 1.43 米，残深 40—51 厘米。炉壁底部外张，四角内凹，炉底和四角有一层薄木炭灰。东北角发现铜棒一件，西半部发现锡渣一层。又，1 号炉的底部发现锡攀钉三件。在两座铸炉的附近，发现了锡渣、铜渣、锡攀钉和鼓风管残片。鼓风管为弧形，内壁平滑，内径 3.8—5.2 厘米。在陈家台的附近，即小堤子、王家湾一带，也有锡饼、锡块、炉渣、红烧土、草木灰等。郢都的铸造作坊，或许就集中在西南部。①

除郢都外，其他地方必定还有不少铸造作坊，但其遗址尚未探明。

从郢都附近的楚墓中，已出土的铜器不算很多。原因是可想而知的，即大型墓中随葬的铜器已被秦人盗掘殆尽，而中型墓和小型墓随葬的铜器本来就很少。如江陵的天星观 1 号墓，年代为战国中期，墓主为邸阳君番勳，葬具为一椁三棺，棺椁所用楠木达 150 余立方米，无疑是一位封君的厚葬大墓。然而，有一个形状规整的盗洞，上通墓顶，下穿椁板。在盗洞底部，有六层方形的木构井架叠压在椁板上面。在盗洞里面，出土了盗墓者所用的锛、臿、锄、辘轳轴木等工具，以及鬲、罐、壶、豆、盆等器皿，鬲为秦式。种种迹象表明，这是官盗所为，是由秦人明火执仗地干的。椁内分大小七室，有六室被盗，只剩下很小的北室原封未动。尽管如此，1978 年春从此墓中出土的遗物仍达 2440 余件，其中有青铜容器和杂器 33 件，青铜兵器如剑、戟、戈、矛、戈镈、矛镈等 96 件。不难想见，被盗前原有的青铜器必定数倍于此。其他大型的楚墓以及某些中型的楚墓，在郢都失守之后，大概也遭到了与天星观 1 号墓类似的命运。因此，为了考察这个时期楚国的青铜铸造水平，我们不得不借重于随州的擂鼓墩 1 号墓。

① 湖北省博物馆．楚都纪南城的勘查与发掘（下）[J]．考古学报，1982（4）．

擂鼓墩 1 号墓是在 1978 年夏发掘的，年代为战国早期，墓主曾侯乙。曾国是被包围在楚国中部的一个姬姓侯国，早在春秋中期就成为楚国的附庸了。在上一章里，我们已指出楚国利用曾国的传统影响来统治汉东地区，利用曾国的传统工艺来发展铜器生产。曾国奉楚国为宗主，恭谨勤劳，累世不渝。擂鼓墩 1 号墓出土编钟一套计 64 件，正中特意悬挂着楚惠王所赠的镈钟一件，这是很有象征意义的。出土的九鼎八簋，代表了国君身份。九鼎是楚式的升鼎，也形象地标明了楚与曾的主从关系。因此，虽则擂鼓墩 1 号墓不是楚人之墓，但仍可把它当作楚国之墓看待。对于擂鼓墩 1 号墓出土的青铜器，风格方面要注意曾与楚的个性，技术方面却应该注意曾与楚的共性。也就是说，曾国的青铜铸造水平可以代表楚国的青铜铸造水平。

图4-2　编钟
（郝勤建提供）

擂鼓墩 1 号墓出土青铜器总重约十吨，创单墓出青铜器总重的最高纪录。华觉明、郭德维认为："如果加上浇冒口系统以及熔化、浇注时必不可免的烧损、飞溅、飞边等损失，铸成这些铸件需要铜、锡、铅等金属料约十二吨。"①

这座墓出土的青铜器的制作技术，择要而言，大致有以下几个特点：

第一，已有足够大的熔炉、足够高的炉温和足够强的鼓风能力。下层甬钟都是大铸件。最大的一件是第一组第一钟，通高 153.4 厘米，全重

① 华觉明，郭德维．曾侯乙墓青铜器群的铸焊技术和失蜡法［J］．文物，1979（7）．

203.6 千克，体型和重量都居各地现已出土的编钟的首位。如果用许多“将军盔”浇铸，那是很难办到的。一个合乎逻辑的判断是，当时已使用大型的熔铜竖炉，实行槽注。（图 4-2）

第二，极分范合铸之能事。如编钟的中层甬钟，据华觉明研究，“它的铸型，须经以下工序才能得到：

1. 按设计意图塑制钟样，用陶土依样制成半合瓦形钟模，在模上画线和篆刻铭文。

2. 钟体各部分的纹饰，须分别使用范盒翻制花纹分范，再组合成形，局部花纹例如钲部界划还须用印模成形。（图 4-3）

以钟体周缘纹饰为例，它是分成若干段落的，仔细地检查证实，它们的纹样全部相同，只是长度和安置方法不同，各段落间都有窄而凸起的铸缝，说明所有分范都从同一范盒制作，根据需要加以裁切，再按画线位置安放于模上。篆带、枚部、鼓部花纹以及甬部、舞部铸型也按类似方法形成。

3. 干部分范是单独制得后，插入甬范中的，铸后在干的周围形成封闭的范缝。

图4-3　曾钟甬部纹饰（郝勤建提供）

4. 钟体和甬部泥芯都用芯盒翻制，再加修削，浇口及排气孔在芯上开设。

这样，一件甬钟的铸型，以中层第三组第一钟为例，便需用范芯共一百三十六块组成……”[①]

全套编钟六十四件，以及镈钟一件，无一不是用上述分范合铸的技术制作的，大小、厚薄异常精确，纹饰细密而清晰，可见匠师的技艺何等娴熟。

第三，尽铸接、焊接之所宜。建鼓的鼓座用青铜铸成，有八对大龙交缠蟠绕在座体之上，还有许多小龙攀附在大龙的头部、身部、尾部之上，“龙群由二十二件铸件和十四件接头通过铸接和焊接相互联结并和座体接合到一起”[②]，蔚为奇观。（图 4-4）在受力较大的部位，用强度较高而操作较繁难的铜焊；在受力较小的部位，用强度较低而操作较简便的镴焊。墓中有用于镴焊的低熔点铅锡合金出

图4-4　青铜建鼓座
（郝勤建提供）

① 华觉明．曾侯乙编钟及簨簴构件的冶铸技术[J]．江汉考古，1981（1）．
② 华觉明，郭德维．曾侯乙墓青铜器群的铸焊技术和失蜡法[J]．文物，1979（7）．

图4-5　尊与盘
随州擂鼓墩1号墓出土
（湖北省博物馆提供
摄影　潘炳元）

土，经中国社会科学院考古研究所化验，含铅58.48%，含锡36.88%，含铜0.23%，含锌0.19%。古代的这种焊接技术和这种低熔点铅锡合金，都是首次发现。

第四，备铸镶、错嵌之众美。下层甬钟的甬部都有红铜花纹，是用铸镶工艺形成的。许多铜器上有错金的铭文或纹饰。有些铜器上嵌着绿松石。

当时的金属细工，还有鎏金和线刻。鎏金工艺可能是楚国首创的，长台关楚墓所出的鎏金铜带钩是已知年代最早的鎏金青铜器。至于线刻工艺，楚国虽也有之，但并不发达。

第五，创造了失蜡法或漏铅法的最精品。墓中出土尊和盘各一件，尊在盘中，如花蕊之凸出于花瓣之间，相映成趣。尊唇和盘口都作宽沿外折，布满精细的镂空蟠螭纹和蟠虺纹。这些镂空的附饰由表层的纹饰和内部的多层铜梗组成，纹饰互不接续，全靠铜梗支承，玲珑剔透，令人叹为观止。所有附饰既不曾经过锻打，又毫无铸接或焊接的痕迹，其繁密纤细则决非浑铸或分铸所能制成。只有运用失蜡法或漏铅法，才造得出这些巧夺天工的附饰来。（图 4-5）

擂鼓墩 1 号墓比下寺 2 号墓晚一百余年，前者所出的失蜡法或漏铅法铸件与后者所出的同类铸件，在技术上无疑是有师承关系的。其工艺的精湛，手法的熟练，风格的奇特，足以说明失蜡法或漏铅法铸造工艺是春秋战国时代的铸造匠师独立地创造出来和发展起来的。

总而言之，“曾侯乙墓青铜器群代表了铁器普遍应用之前先秦金属工艺的高峰”①，楚文化的鼎盛期也是青铜器的鼎盛期。

二、青铜器品种的发展趋势

楚文化鼎盛期的青铜器生产，就器类而论，编钟、列鼎仍是必须精心铸造的重器，然而真正得到长足发展的是兵器。战争次数的增多和战争规模的扩大，刺激了兵器工业的发展。战国中期，楚国号称“带甲百万”。公元前 312 年的秦楚丹阳之战，秦军击杀楚国甲士八万。由此不难想见，楚国需要的兵器数量是何等巨大。在战国七雄的军备竞赛中，楚国长期占着上风。

当时的兵器，主要还是用青铜铸造的。楚国兵器工业的最大成就，是铸造了大量优质的青铜剑。青铜剑在西周早期就出现了，因不适于车战，在中原地区直到春秋晚期还是罕见的。吴越两国为地理条件所限，几乎不用车兵，只有徒兵和舟师，因而以剑为首要的兵器。它们又受资源条件所赐，富产铜、锡，因而较早地推广了青铜剑。历年出土的战国中期以前的青铜剑，以越王勾践剑、越王州句剑、吴王光剑和吴王夫差剑为最好。楚国的地理条件和资源条件与吴越两国相近，但为争霸中原

① 华觉明，郭德维．曾侯乙墓青铜器群的铸焊技术和失蜡法［J］．文物，1979（7）．

计，以车兵为主力，在青铜剑生产方面曾落在吴越两国的后面。进入战国时代以后，徒兵和骑兵逐渐取代了车兵，青铜剑才成为将士必备的兵器了。已知最早的吴越青铜剑属于西周中期，最早的楚国青铜剑属于春秋中期。楚国的铸剑技术是向吴越两国学来的，所以楚式剑与越式剑（吴式剑）的剑身形制几如孪生兄弟。

到 20 世纪 80 年代为止，已出土的先秦青铜剑大半是楚国的。据李伯谦 1981 年统计，河南、河北、山西三省经科学发掘且已公开发表的东周青铜剑只有 93 件，出土最多的是河南洛阳市中州路 26 件，其余 16 个发掘地点总共只出土了 67 件。① 而在湖北江陵县，仅雨台山的楚墓群就出土了青铜剑 172 件，其中属于战国时代（主要是早期和中期）的 161 件②；仅天星观曾经盗掘的 1 号墓就出土了青铜剑 32 件，创单墓出青铜剑的最高纪录，其年代为战国中期③。湖南长沙市出土的楚国青铜剑，数量也相当可观。战国时代的楚墓有一个特点：墓主只要是成年男子，无论贵族、平民，几乎都有青铜剑随葬。雨台山有 24 座小墓，各随葬青铜剑一把，没有其他随葬品。

春秋末，越灭吴。战国中，楚灭越。从此，吴越的铸剑绝技为楚人所用，楚国的青铜剑就甲于天下了。

《江陵雨台山楚墓》一书把 172 件青铜剑分为四型共九式，其发展趋向是由短到长，由空茎、窄格到实茎、双箍、广格，由无从到有从。一型 I 式剑标本 408：4 长仅 27.5 厘米，四型剑标本 444：1 长达 68.5 厘米。二、三、四诸型剑的年代重合或交错，可见曾同时使用。三型Ⅲ式剑制作最精而且数量最多，剑首为圆盘形，茎或为圆形、或为椭圆形，剑身中脊起棱，大多有从，两锷垂末微弧。标本 253：2 等六件，格用绿松石镶嵌兽面纹，首内铸七至十圈同心圆凸棱。其中标本 475:1 一件，双箍都饰有云纹。这些堪称上品的宝剑，全无铭文，有些出自单棺墓，

① 李伯谦．中原地区东周铜剑渊源试探［J］．文物，1982（1）．
② 荆州地区博物馆．江陵雨台山楚墓［M］．北京：文物出版社，1984．
③ 荆州地区博物馆．江陵天星观 1 号楚墓［J］．考古学报，1982（1）．

可见并非贵族所独有。（图 4-6）

有些青铜剑要浇铸两次，第一次浇铸剑脊，第二次浇铸剑刃。剑脊含锡量较小，取其坚韧；剑刃含锡量较大，求其锋利。这种复合铸造的技术领先于世界，是楚、吴、越三国铸造匠师智慧的结晶。

江陵出土的楚国青铜剑，多数通体无锈斑，锋利如新发于硎者，吹毛可断，与吴越青铜剑不相上下。楚、吴、越三国青铜剑不锈之谜，在学术界引起了广泛的兴趣。其最精品为越王勾践剑，经质子 X 荧光非真空分析法鉴定，剑身的黑色菱形暗纹是硫化铜，其余部位则不曾作表面防锈处理。[①] 出土近十年来，光泽渐减，长此以往将有生锈之虞，可见先前不锈的主要原因在于环境。后德俊认为：此剑是在宽窄恰到好处的剑鞘的保护下，浸泡在中性的积水中，密封在缺氧的墓室内，才没有生锈的。[②] 按，战国后期已发明使表面生成氧化铬的卓越防锈工艺，陕西临潼秦兵马俑坑出土的青铜镞就是因表面有氧化铬而不锈的，或许楚、吴、越的某些青铜剑也曾作同样的表面防锈处理，但就多数不锈的青铜剑而言，后德俊的意见是切实的。

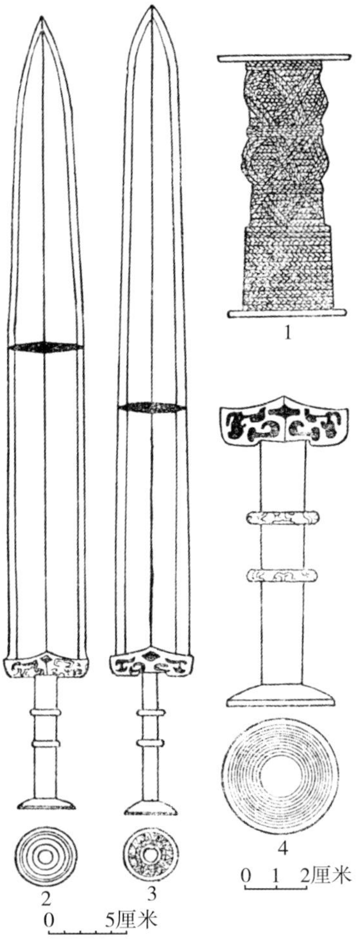

1.二型Ⅱ式89：7　2.二型Ⅲ式253：2
3.三型Ⅲ式380：3　4.三型Ⅲ式475：1

图4-6　青铜剑示意图
（黄凤春据《江陵雨台山楚墓》插图摹绘）

---

① 复旦大学静电加速器实验室，中国科学院上海原子核研究所活化分析组，北京钢铁学院《中国冶金史》编写组．越王剑的质子 X 荧光非真空分析［J］．复旦大学学报：自然科学版，1979（1）．

② 后德俊．越王勾践剑不锈之谜［J］．江汉考古，1980（1）．

楚国的其他青铜兵器，如戈、矛、戟、殳和箭镞等，进步虽不如青铜剑明显，但都有制作精良、器形长大和型式繁多的特点。

这些青铜兵器不但坚硬、锐利，而且有美观的纹饰，其中以戈镈的纹饰尤为精致。很多戈镈有一圈凸棱，多为鸟形，也有鱼形，或饰卷云纹、三角纹，有的还用了金饰。戈、矛、戟、殳上也偶尔有纹饰，虽少而精，贵族所用的大抵还有铭文。如当阳金家山 45 号墓所出的戈一件，内上有错金变形凤纹，援和胡上有错金鸟篆铭文“番中乍白皇止造戈”。铭文字数最多的是长沙子弹库 37 号墓所出的矛一件，号称“百字矛”。

有些青铜兵器，如擂鼓墩 1 号墓所出的长柲、双戈、长柲三戈和三戈一矛的长戟，殊为罕见。长戟除残破者外，有大体完整者三件出土，每件通长 3.43 米，三戈一矛同装于一柲之上，矛在顶端，从上而下为一件有内的戈和两件无内的戈。此类长戟堪称车战兵器之王，但可能是仪仗，而未必用于实战。尤其怪异的是一种自铭为“殳”的兵器，矛头为三棱形，与下寺春秋楚墓所出者相同，但矛头后面和殳杆上段各有一个球状铜箍，或为花球状，或为刺球状，后者有铜刺猬集。此类殳与传统殳有别，可能也是仪仗。

箭镞的型式也很多。《江陵雨台山楚墓》将箭镞分为七式，其发展的趋向是由两刃到三棱，由有铤有尾到无铤无尾。擂鼓墩 1 号墓还有四棱镞出土，但多数还是三棱镞。刃末多有尖利如针的倒刺，有些三棱镞有六枚甚至九枚倒刺。长铤长尾镞为数不少，全长有超过 28 厘米的。长铤长尾镞穿透力较强，但用铜量较多。在战争中箭镞的消耗量最大，楚国流行长铤长尾镞，可见产铜量必多。

从战国楚墓中，出土了许多铜带钩和铜镜。这显然与当时生活方式和社会风气的转变有关。随着社会财富的增长，人们对自己的装束更加关心，中层以上的人们更加讲究服饰和梳妆了。同时，这也与南北经济文化交流的进展有关，因为铜带钩和铜镜都是北方先发明出来，再缓慢地传向南方，而在战国时代却出现了对流的趋向。楚国的铜带钩，尽管纹饰不无特色，可是形制未能突破北方的模式，流行的程度也比不上北

图4-7　错金立兽铜扣饰
（郝勤建提供）

方，尤其比不上草原的胡人。楚国的铜镜却后来居上，形制繁多，质地精良，纹饰华美，而且传播广远，甚至在阿尔泰山西麓的古代遗址中也发现了堪称标准楚式镜的四山镜。[①]也就是说，铜带钩的趋向始终是从北向南传播，铜镜则大约在战国中期出现了从南向北传播的趋向。这里所要介绍的，只是楚国的铜镜。

春秋时代的楚国可能已有少量铜镜，然而楚国铜镜的一个最早的发展阶段却在春秋战国之际。属于这个阶段的铜镜，一律素地，或者无纹，或者只有简单的弦纹，尺寸则较小。

大约从战国初期的后叶起，才出现了楚式镜。雷从云有专文论楚式镜的分类和分期，杜迺松有专文论战国铜镜，

---

① С·И·鲁金科．论中国与阿尔泰部落的古代关系［J］；潘孟陶，译．考古学报，1957（2）．

图4-8　四山镜和兽纹镜
长沙战国楚墓出土
（湖南省博物馆提供）

都足资参考。[1]楚式镜最初在淮水中游发现，一度被称为淮式镜。后来在湖南发现了更多的楚式镜，人们就不再称之为淮式镜了。可怪的是，在楚国的腹地郢都周围，至今已发现的铜镜却较少。当然不能说郢都不出产铜镜。纪南城西南部发现的有较多的锡锭、锡块、锡渣的铸炉残址，可能是铸造铜镜的作坊所在。铸造铜镜以铜锡大约各半为最佳，这就是《周礼·冬官·考工记》说的："金锡半，谓之鉴燧之齐。"当时楚国的经济中心，已逐渐向洞庭迤南的扬越地区和淮水中游的淮夷地区转移。那些地方本来就有良好的冶铸技术基础，又因民族混杂，思想作风特别开放，所以较快地发展了铜镜生产并较早地改进了铜镜式样。与那些地方相比，郢都周围反而显得比较保守，专注于传统的丝织、刺绣、髹漆、刻木、编竹、制革等工艺了。况且，当时楚国最大的敌国是西北的秦国，鄢、郢之间成为一线地区，铸造作坊可能以生产兵器为主。此外，也不排除这样的可能性，即公然发冢的秦人把精美的楚式镜掠走了不少。据已知的考古发现，生产铜镜最多而且最好的是楚国。

楚式镜的发展趋向，大致是这样的：镜形从仅有圆形到偶见方形；镜面从小到大，从全平到微凸；镜缘从平到卷；镜背从仅有地纹到地纹烘托主纹，地纹和主纹都从简到繁，地纹以云雷纹较少而羽状纹较多，主纹从仅有花叶纹或山字纹或蟠螭纹或禽

① 雷从云．楚式镜的类型与分期［J］．江汉考古，1982（2）；杜廼松．战国铜镜初探［J］．故宫博物院院刊，1984（1）．

兽纹到两种纹样交错组合，雕刻技法从仅用浮雕到也用透雕；镜钮从单调到多样，从无座到有座。

在所有楚式镜中，以山字镜为最多。凡山字镜都以羽状纹为地纹。山字，通常四个，少则三个，多则五个以至六个。出现较早、数量较多、持续较久的山字镜，是四山镜。早在商代，就已流行将镜背的纹饰分为各占 90° 的四块，后世遂相沿成习。不但山字纹如此，花叶纹和羽状纹作地的兽纹也如此。以山字做主纹的起源，令人百思不得其解。在今河北平山县的中山王墓出土了若干山字形铜器之后，有些学术界人士以为山字纹由中山国首创，楚国的山字纹是向中山国学来的。[①]这个推测能否成立，要由今后更多的考古发现来验证。在江陵楚墓所出的竹器上，有编织的山字纹。也许，竹器上的山字纹是源，铜器上的山字纹是流。山字镜上的山字都是斜体的，或左旋，或右旋，单字的三竖有参差错落之态，多字相接续有旋转流动之势，手法简洁，风格明快。

图4-9　四山青铜镜
新洲区技校出土
（武汉博物馆提供）

图4-10　五山镜
江陵九店15号墓

典型的四山镜（图 4-8），四个山字之间配有花枝、花叶、花瓣，每个山字都是减地双钩，圆中见方形，静中有动感，柔中寓刚意，无怪乎会受到广泛的欢迎了。有些四山镜（图 4-9）出土之后，光泽不减当年。五山镜（图 4-10）、六山镜和三山镜大概是晚出的，五山之间和六山之间的花纹更为繁复，三山之间则配有兽纹，它们都不能动摇四山镜的优势地位。

① 程如峰. 从山字镜谈楚伐中山［J］. 江淮论坛，1981（6）.

还有菱形纹镜和连弧纹镜，比山字镜晚出。菱形纹多呈折叠式，是楚国流行的纹样。连弧纹中间有一圈弦纹，与七个或八个内向的连弧相切，如日光之散射，也是楚国常见的纹样。

三、青铜器风格的演变趋向

社会的发展，风气的改易，以及铸造工艺的革新，促使青铜器的风格与时俱迁。就连一向比较保守的礼器，包括尤其保守的升鼎在内，形制和纹饰也不是始终墨守成规的。

以鼎为首的青铜礼器，足部变高和底部变平的趋向虽则缓慢，然而持续良久。如于鼎和子母口盖鼎，一进战国早期，圜底就开始变成坦底了；子母口盖鼎和小口鼎，一进战国中期，矮足就开始变为高足了。越式鼎也出现在郢都附近战国中期后叶的楚墓中，应是由于它的高足、坦底恰好与楚式鼎演变的趋向一致，容易被楚人接受。长台关1号墓属战国中期，所出的壶是高足的，打破了成规。同墓所出的曲流横梁盉，足细且长，底坦近平，梁亦细长，盖则全平，体现的楚风可谓淋漓尽致了。

图4-11　提梁壶
江陵马山1号墓出土
（荆州博物馆提供）

就纹饰来说，多数礼器，无论是否明器，纹饰都由繁变简，以至于成为素面了。同时有一个相反的趋向，即出现了一些前所未有的精美的单件日用铜器。这个趋向表明，楚人对神界的虔敬之心减弱了，对人世的深缅之情增强了。这些单件日用铜器的精美程度，足以令人深信是名工巧匠的呕心沥血之作。在楚文化鼎盛期的中叶以至后叶，出现了一些形制精巧、纹饰华美的铜壶。如雨台山480号墓出土的一件铜壶，细长颈，宽圆腹，高圈足，有衔环铺首、结状套链、蛇形提梁，饰三角云纹、变形云纹、鳞纹、绹纹、S形纹和蟠螭纹。此墓有一棺一椁，墓主是下等贵族。马山

图4-12　铜敦
（郝勤建提供）

1 号墓也有此型铜壶一件出土，形状、大小与前述的一件等同，而纹饰略异，墓主也是下等贵族。（图 4-11）战国中期的擂鼓墩 13 号墓出土铜敦一件，通体为椭形球状，器盖与器身相同，各有三只透空扁兽形足，口部上下各有两个对称的环耳。（图 4-12）这件铜敦最大特色是器盖和器身都有六段纹饰，以三角纹、勾连云纹、涡纹相交替，其繁密富

图4-13　龙凤纹尊
江陵望山2号墓出土
（湖北省博物馆提供
摄影　潘炳元）

丽使人眼花缭乱，战国中期的江陵望山 2 号墓，出土铜尊一件，凸盖，直腹，平底，短足。盖周有四个鸟形钮，腹侧有两个铺首衔环，足为兽面蹄形。盖和腹布满了嵌银花纹。盖顶为云纹，细若游丝。盖顶与盖缘之间为一圈变形龙纹和变形凤纹，以四个鸟形钮为界分为四个单元，每个单元有六龙、六凤，龙纹与凤纹之间施以云纹，龙游、凤翔、云流，极具婉转、袅娜、飘荡之美。腹部纹饰分为六个单元，每个单元有六龙纠结。此器通高仅 17.1 厘米，口径为 24.4 厘米，而有嵌银的龙六十条、凤二十四只，其缛丽如此！[①]（图 4-13）

凤纹的流行是楚文化鼎盛期装饰艺术的一个显著特点，鸟纹和凤纹同类，这与楚人的信仰有关。在铜器上，

① 刘彬徽．江陵楚墓出土龙凤纹铜尊［J］．江汉论坛，1980（6）．

图4-14　透雕卮
信阳长台关1号墓出土
（河南省文物研究所提供）

从早到晚，凤纹似有从繁到简的趋向，这并不意味着凤纹的式微，而是因为楚人对凤纹的兴趣逐渐地转移到更能挥洒自如的丝织和刺绣上去了。就雕镂的技法来说，当时的趋向是更多地运用透雕（镂空）。楚人短于线刻，然而长于透雕。在楚国铜器上所见的刻纹图像并不多，而且比中原铜器的刻纹图像逊色。至于楚国的透雕作品，却是穷力追新，水平在中原同类作品之上。透雕虚实结合，有轻灵活脱的艺术效果。望山 1 号墓属于战国中期，出土透雕杯状器一件。这种杯状器如有三短足，便得称之为卮。长台关 1 号墓也属于战国中期，就出土了透雕卮两件，刀法的精熟和图案的典雅远过于那件透雕杯状器。（图 4-14）透雕杯状器已是精品，透雕卮则是当之无愧的神品。已故的郭宝钧先生对长台关 1 号墓所出透雕卮的评价是："极见功力"，"是戛戛独造的艺术品"。[①]先生谢世过早，生前如能见到擂鼓墩 1 号墓出土的铜尊，（图 4-15）必将喜出望外。失蜡法或

① 郭宝钧 . 商周铜器群综合研究［M］. 北京：文物出版社，1981 .

图4-15　铜尊
擂鼓墩1号墓出土

图4-16　人驼铜灯
（郝勤建提供）

漏铅法与透雕法相扶相行，是楚国匠师的两项绝技。假使一定要给那件铜尊评定等第，就只能说它是独一无二的极品。

楚国铜器的总体风格是纤丽清秀，可是楚人也喜爱拙中见巧的铜器。如望山 2 号墓出土人驼铜灯台一件，骑驼人捧持灯盏的长柄，灯盏大于灯座，驼和人都惟妙惟肖，驼憨然而人怡然，造型浑朴，手法简洁，然而形象生动。（图 4-16）粗与精，朴与华，拙与巧，两种不同的风格，彼此协调，甚至令人觉得缺一不可，这与急管繁弦之中必有希声杳渺之处是一个道理。

四、铁器的提高和普及

现知最早的铁器不是在楚地出土的，但从春秋晚期到战国晚期，楚地出土的铁器却最多。黄展岳研究先秦铁器积有年所，对楚国的铁器知之最稔。他综理了历年来楚地出土铁器的资料，著有专论[①]，统计所得，自 1951 年至 1979 年，共发现楚国铁器五十八批，计一百六十八件（其中包括秦人发冢所用的少量铁工具）：

按器物年代区分，春秋晚期的有八件，战国早期的有十九件，战国中期的有六十九件，战国晚期的有五十二件，只能笼统视为战国时代的有二十件。数字表明，年代愈晚，铁器愈多。

按发现地点区分，湖北有八十二件，以江陵居多；湖南有七十八件，以长沙居多；河南的淅川和信阳有六件；江苏的六合有两件。

按器物类别区分，生产工具（把削、刮刀、锥也计算在内）有一百三十一件，兵器有十五件，容器有十件，饰物（带钩）有六件，其他有六件。

根据现有的资料，暂且可以说：战国晚期铁器的器类，在战国中期以前都出现了；战国晚期的炼铁、铸铁、锻铁技术，也是在战国中期以前就有的。

① 黄展岳．试论楚国铁器［C］//湖南考古辑刊：第二集．长沙：岳麓书社，1984．

1964 年，从六合程桥 1 号墓中，出土了铁丸一件，金相检验为白口生铁。1972 年，从程桥 2 号墓中，出土了铁条一件，金相检验为块炼铁锻件。1976 年，从长沙杨家山 65 号墓中，出土了剑、刮刀、鼎形器各一件，金相检验，剑为含碳约 0.5%的中碳钢，可能经过高温退火处理，鼎形器为白口生铁件。上列三座墓的时代都是春秋晚期，程桥 1、2 号墓是略带楚风的吴墓，杨家山 65 号墓是楚墓。此外，按发掘年代先后，从 1951 年到 1978 年，还有长沙识字岭 314 号墓出土铁凹口锄一件，长沙龙洞坡 826 号墓出土铁刮刀一件，常德德山 12 号墓出土铁刮刀一件，淅川下寺 10 号墓出土铁剑一件，这四座墓的时代也是春秋晚期；长沙丝茅冲 1 号墓出土铁凹口锄一件，长沙窑岭 15 号墓出土重 3.25 千克的铁鼎一件，这两座墓的时代是春秋战国之际。现知更早出现的铁器，只有甘肃灵台景家庄 1 号墓 1977 年出土的铜柄铁剑一件，时代为春秋早期，然而剑叶锈蚀过甚，无法判定是否为人工冶炼的铁器。

如上所述，春秋晚期的楚国和吴国都有了块炼铁和白口生铁，楚国还有了块炼渗碳钢。大约在春秋战国之际，楚国又有了韧性铸铁。从此，楚国就奠定了普及铁器的技术基础。已有的考古发现，不能证明先秦的任何其他国家比楚国更早地获得这样的技术基础。

由此可以推想，铁器制造业发展最早的可能就是楚国。联系到楚文化茁长期的铜器制造业为列国之冠的往事，应该说这个推想并非无根据的臆测。黄展岳和华觉明都认为，楚国可能在春秋晚期之前就有冶铁业。①

楚文化鼎盛期的铁器，主要是生产工具。如果用铁来制造礼器，外观就不如青铜礼器华美。如果用铁来制造乐器，结果将有器无乐。用铁来制造兵器自然是很好的，但要有积累经验和改变习惯的一个不短的过渡时期。至于生产工具，器形和工艺都比较简单，用铁来制造是比较容易的。

---

① 黄展岳．试论楚国铁器［C］// 湖南考古辑刊：第二集．长沙：岳麓书社，1984；华觉明．汉魏高强度铸铁的探讨［J］．自然科学史研究，1982，1（1）．

这个时期楚国的铁工具有两大类，一是农器，二是匠器。

农器，以凹字形锄居多，而凹字形臿次之。作凹字形，可以省料。锄还有六角形的，臿还有横长方形的和竖长方形的。此外，还有凹字形耒、勺形耙、锄形耙和镰刀。没有发现犁铧，可见仍未实行牛耕。

匠器，有斧、锛、凿、锤、锥以及削和刮刀。其中，削和刮刀大概是生产、生活两用之器。

铁工具一般不用作随葬品，多数是在墓坑填土中发现的，有些是在废井积土中发现的，可见当时铁工具相当流行，已非罕见之物了。

铁兵器始见于春秋晚期，但在战国早期还很少，到了战国中期才多起来。从现有遗物中所见的铁兵器，只有剑和戈、矛、匕首、镞。当初实有的应较多，只是由于青铜兵器仍占优势，而且尚未形成以铁兵器随葬的风俗，因此出土的数量比青铜兵器少得多。在各类铁兵器中，步兵所用的剑是首要的一类，其次则是步兵和车兵共用的戈和矛。步兵取代车兵成为主要的兵种，约自战国中期后段始，从此，矛就多起来，戈则逐渐淘汰了。铁镞是少见的，后世仍如此。《荀子·议兵篇》说到顷襄王以前的楚国，有“宛钜铁釶，惨如蜂虿”之句。宛在今河南南阳地区。钜是雄戟。这矛可能是用块炼渗碳钢锻造的，特别尖利，所以荀子说它像毒蜂的尾刺。战国时代确实有用块炼渗碳钢做戟的，燕下都 44 号从葬墓出

图4-17　错金银铁带钩（郝勤建提供）

土的戟十二件即如此，时代为战国晚期。

楚人也用铁做带钩。（图 4-17）长台关 1 号墓出土五件，错金嵌玉，精美逾常。望山 1 号墓出土一件，弧长 46.2 厘米，宽 6.5 厘米，厚 0.5 厘米，正面用金丝金片嵌凤纹，背面有错金铜钮两个，钩为龙首形，也嵌有金丝金片。这件带钩不仅精美绝伦，而且是迄今所见的带钩中最大的一件。可见楚人并不贵铜而贱铁，否则他们就不会如此富有创造性地做出形制怪异、纹饰巧丽的特大铁带钩，还把他们最钟爱、最尊崇的凤装饰在上面了。他们看到了铁带来的革命性变化，竭力增多铁器的种类，以期扩大铁器的应用范围，才异想天开地用铁来制造饰物的。

第二节　丝织和刺绣

成语有所谓“卑梁之衅”，说的是楚国的边邑钟离（今安徽凤阳县东北）与吴国的边邑卑梁（今安徽天长县西北）毗连，双方的边民因“小童争桑”而“交怒相攻”，竟至于演成了楚灭卑梁、吴灭钟离的激烈冲突。[①] 如此小题大做，固然与两国的宿怨积愤有关，但也透露了楚人和吴人都重视种桑养蚕以缫丝织帛的信息。

吴人和越人很早就会缫丝织帛了。在浙江湖州钱山漾的新石器时代遗址中，有碳化的丝织品残片出土，应是吴越先民的遗物。在湖南衡东霞流市的春秋时代遗址中，有桑蚕纹铜尊一件出土，应是扬越的遗物。在缫丝织帛方面，与吴越相比，楚国是后来居上。《管子·小匡篇》记楚国“贡丝于周室”，应能说明楚国所产之丝必定较多而且较好。湖北江陵马山 1 号墓所出丝织品（图 4-18）的丝纤维，经上海纺织科学研究院理化分析室鉴定，其各种特性——即显微镜所示纵面投影形态、X- 射线衍射所示第二峰值的 2^{θ} 数值、吸热峰值和氨基酸含量，都与现代湖北桑蚕丝相似或相同，而与柞蚕丝不同。由此可知，这些丝织品是用楚

① 《史记·楚世家》。

图4-18　秋衣
马山1号墓出土
（金陵提供）

图4-19　蟠龙飞凤纹绣浅黄绢面衾
马山1号墓出土
（金陵提供）

国自己出产的桑蚕丝织造的。战国早期和中期的楚国，奄有江南、江东之地，种桑养蚕的规模和缫丝织帛的水平就跃居列国之首了。

先秦的丝织品和刺绣品，已发现的实物多数是楚国的。然而，截至 1981 年末，这些实物都是残件甚至残片，数量既不丰，品种亦无多，令见者有兴奋与遗憾交集之感。

1982 年初，荆州博物馆的工作人员在巡视马山砖瓦厂的取土场时，发现一座已暴露的古墓，随即进行发掘。这是一座战国中期的小型楚墓，类似的楚墓在荆州地区已发掘了数以千计，因此考古工作者对它不抱任何奢望。揭开了椁室的六块盖板之后，便见到一具套着荒帷的普普通通的方棺。一位年轻的考古工作者撬开方棺的盖板，使盖板与墙板之间露出一道窄缝，蹲身向棺内看去，意外的喜悦使他在瞬息之间如同受到了电击。他所看到的，是一幅绚丽的蟠龙飞凤纹绣浅黄绢面衾（图 4-19）和一袭淡雅的素

图4-20　素纱绵袍
马山1号墓出土
（金陵提供）

纱绵袍（图 4-20）。原来，这具长 2 米、宽 67 厘米、高 61 厘米的木棺竟是一个丝绸宝库。

此墓编号为马山 1 号。墓主为女性。遗骸被严严实实地卷在衣衾包裹中，衣衾包裹上面覆盖着上文提到的一幅面衾和一袭绵袍。这些衣衾充塞着棺内的空间，头端离棺口 5 厘米，腹部离棺口 13 厘米，足端离棺口 1 厘米。衣衾包裹由层层相包的十三件衣衾裹成，周围用九道锦带横扎。尸体仅存骨架，从外到里，身穿锦面绵袍一件、绢面绵袍一件、绢面夹衣一件、绢裙一件、绢面绵裤一件，足着绨面麻鞋。

此墓出土衣物共三十五件。其中，握一对以一件计，装在四只竹笥中的丝绸碎片四百五十二片也以一件计。除了麻鞋的底和表层之外，都是丝织品。品种之繁多，工艺之精湛，保存之完好，都是前所未见的。此墓的发掘，对丝织史和刺绣史来说，都有划时代的意义。下文就丝织和刺绣两大类分别予以介绍，资料来源主要是荆州博物馆编写的《江陵马山一号楚墓》。①

一、丝　织

马山 1 号墓所出的丝织品，按其织造方法和组织结构，可分为绢、绨、纱、罗、绮、锦、绦、组八类。

1.绢

绢是较为细薄的平纹织物。经线密度为每厘米 44—164 根不等，纬线密度为每厘米 20—72 根不等。枕套的绢面经纬密度最大，为每平方厘米 164×66 根，超过了长沙马王堆西汉早期墓所出绢的经纬密度。厚度也不等，在 0.04—0.25 毫米间，个别特例（荒帷）达到了 0.41 毫米。幅宽约为 49.0—50.5 厘米。多数绢的经线和纬线都不加捻，少数绢的经线加 S 向弱捻。除一件素纱绵袍的领缘和袖缘用生绢外，其余都是熟绢。将近 15%的绢是经过研光的，毛茸使绢的孔隙缩小了。个别绢经过

① 荆州博物馆．江陵马山一号楚墓［M］．北京：文物出版社，1985．

压光处理，光泽更好。一件绢裙的面有纬向的经畦纹，若干同类的绢片也如此。绢色，以深黄色为最多见，此外还有灰白色、浅黄色、土黄色、深棕色、红棕色、紫红色、深褐色、藕色等。

在出土的衣物中，绢的用量最大。用作衣衾里的绢较为稀疏，用作衣衾面和绣地的绢较为紧密，条分大体均匀。

2.绨

绨的组织结构与绢一致，但比绢厚实。仅见于麻鞋面。经线由双股合成，加 S 向捻。经纬密度为每平方厘米 80×10 根，因此外观有明显的纬向凸条。厚度为 0.7—0.8 毫米。土黄色。光泽特佳。

3.纱

纱都是方孔纱，平纹。经线密度为每平方厘米 17—46 根不等，纬线密度为每平方厘米 12—30 根不等。多为深褐色，也有土黄色和素色。有的方孔纱上涂着一层半透明的胶状物，因而变成圆孔纱。衣物所用的纱一般保存不好。在出土的衣物中，用纱的只有六件，多数是杂品。

按，长沙左家塘 44 号墓和子弹库 1 号墓都是战国楚墓，有绉纱出土，保存尚属良好。在其他地方，至今仍不见有先秦的绉纱出土。[①]

4.罗

罗仅见一件，是用作绣地的素罗，绞经网孔状织物。经线较粗，纬线较细，都加 S 向捻，经纬密度为每平方厘米 40×42 根。左右两根经线交替绞转，每四根相邻的经线构成一个网孔，每织入四根纬线完成一个组织循环。网孔略如菱形，但又像六边形或八边形，殊难名状。（图 4-21：1）

5.绮

绮仅见于一件面衾的上缘和一件单衣的袖缘，两件的色彩和组织结构都相同，经纬密度为每平方厘米 88×19 根。绮是利用组织变化，在平纹地上起斜纹花的织物，商代就有了。[②]绮通常为素色，马山 1 号墓

---

① 熊传新．楚国的丝织业［J］．江汉论坛，1982（8）．

② 陈娟娟．两件有丝织品花纹印痕的商代文物［J］．文物，1979（12）；陈维稷．中国纺织科学技术史［M］．北京：科学出版社，1984．

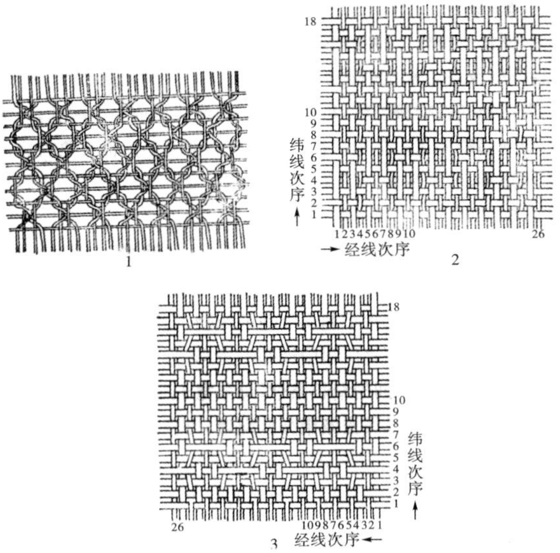

图4-21　素罗和彩条纹绮组织示意图
1.素罗
2.彩条纹绮（正面）
3.彩条纹绮（反面）
（黄凤春据《江陵马山一号楚墓》插图摹绘）

所出的绮却有三彩，外观为经向排列的深红、黑、土黄三色相间的窄长条带，每条宽 1.3—1.5 厘米。不同颜色、不同粗细的经线按条带分区配置：黑色条区只有一种粗经线，其组织点为一上一下；深红色条区和土黄色条区的经线有粗细两种作一比一相间配置。细经线的组织点是一上一下，粗经线则在织物表面有浮长线。相邻的两根粗经线组织点相同，浮线部分为三上一下，其余部分为一上一下。相邻的两组粗经线的浮长线以两根棕色的纬线上下错开，成品字纹。织物反面纬浮线两端的细经线相向靠拢，成正反相接的八字形。（图 4-21：2、3）

6.锦

锦都是平纹地经线提花织物，用量仅次于绢，多用作衣物的面和缘。

按经线配色的不同，可分为二色锦和三色锦两类。二色锦和三色锦都是经二重组织，经线密度为每平方厘米 84—156 根，纬线密度为每平方厘米 24—54 根。经线略粗，纬线略细。幅宽为 45.0—50.5 厘米。

织造二色锦时，以两种不同颜色的经线各一根为一副。按构图的需要，同一根经线时而作花纹经，时而作地纹经，与另一根经线交相表里，组成一个二色的图案。如将若干相同的图案分区配色，则每区虽只有二色，而各区共有三色以上。

织造三色锦时，以三种不同颜色的经线各一根为一副。其中，一根用作地色，两根用以显示花纹，但在织造时两根作地纹经，一根作花纹经。（图 4-22）

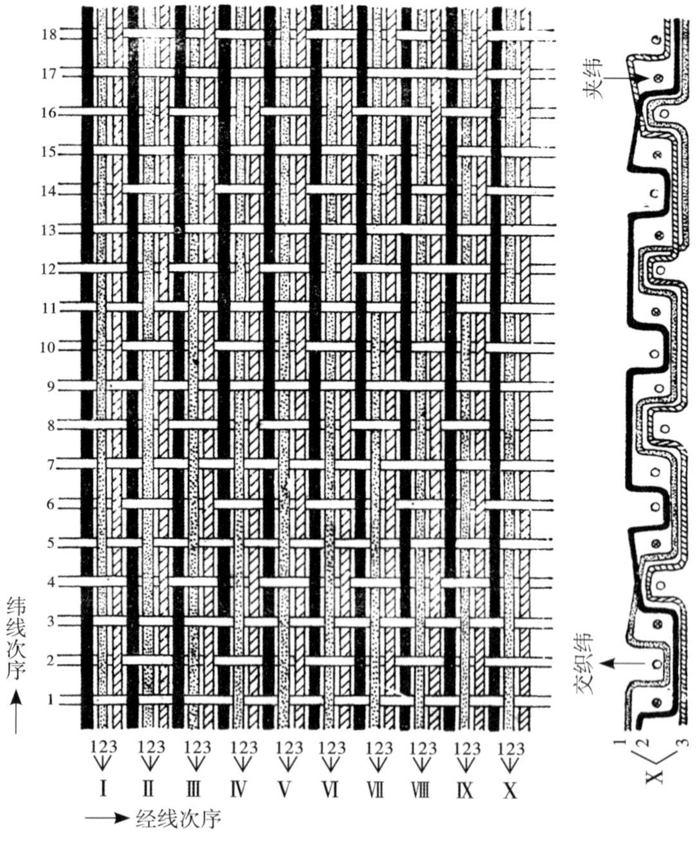

图4-22 三色锦组织示意图
（黄凤春据《江陵马山一号楚墓》插图摹绘）

二色锦较为稀疏，三色锦较为紧密。

7.绦

绦是丝织的窄带，用以装饰衣物。按组织结构的不同可分为纬线起花绦和针织绦两类。

纬线起花绦，共出土七件，都用作袍领。这种绦有两种以上颜色的纬线，其中一种为地纹纬，其他为花纹纬。按花纹纬织入方法的不同，又可分为A、B两型。

A型纬线起花绦采用抛梭法织入花纹纬，即将花纹纬在起花部位织入梭口，在不起花部位则沉悬于织物反面。此型绦仅见一件，幅宽2.3厘米，地组织为一上一下的平纹，经纬密度为每平方厘米48×20根。在起花部位，花纹纬与地纹纬作一比一配置，纬线密度增加一倍。花纹纬组织点的浮长为1—3，即浮线越过1—3根经线。（图4-23：1）

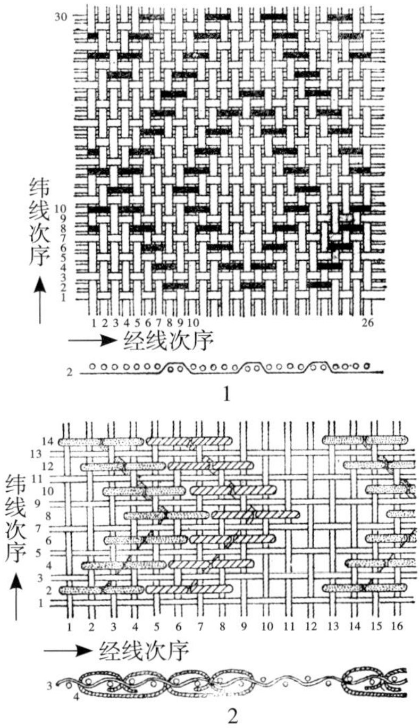

1.A型　2.B型

图4-23　纬线起花绦组织示意图（黄凤春据《江陵马山一号楚墓》插图摹绘）

B型纬线起花绦采用穿绕法织入花纹纬，即在织造前把花纹纬的结头留在织物反面，并织入一根地纹纬压住花纹纬的结头，花纹纬绕在杼上，织造时从花纹纬的起点顺纬向或左或右越过两根经线，从织物反面由经线缝隙中穿过，转入织物正面，又越过两根经线从上向下穿过织物，在花纹的起点转入织物反面，这样就在织物正面形成了跨越两根经线的一个花纹纬组织点。如此反复穿绕，连续织造，织物正面就显示出由若干短浮线相连而成的一条长浮线。（图4-23:2）此型绦较为多见，幅宽为5.6—6.8厘米，适与领高相合。花纹有三种：几何

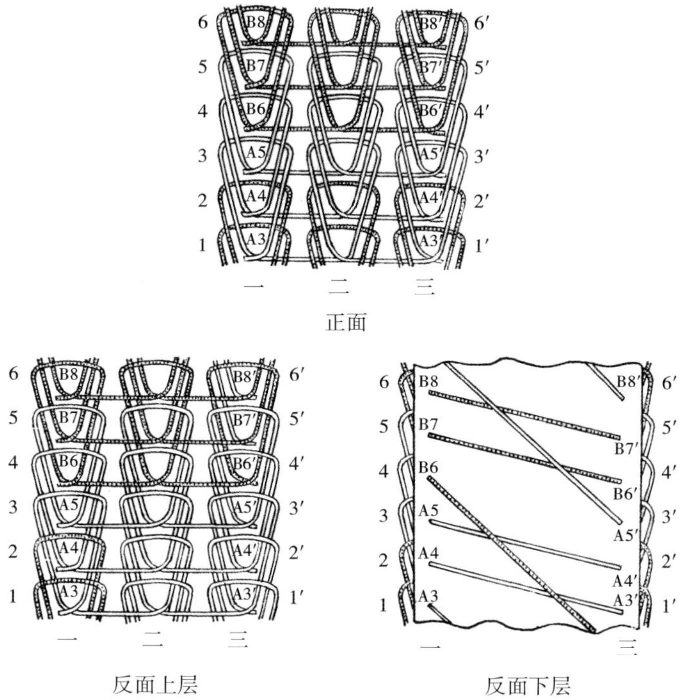

图4-24 横向连接组织绦线圈结构示意图（黄凤春据《江陵马山一号楚墓》插图摹绘）

形纹较为简单，图案无需分区配色，每色花纹纬只需绕在一个杼上便可；田猎纹、龙凤纹之类较为繁复，图案需分区配色，每色花纹纬需分绕在两个甚至更多的杼上方可。

针织绦也出土了七件，用作领缘、袖缘以及衣衾的拼缝。针织绦属于纬编织物，是把丝线弯曲成线圈并串联起来而织成的。它们与现代机械纬编织物有两点区别：其一，是线圈呈“ㄨ”形，即闭口线圈，而现代机械纬编织物的线圈呈“Ω”形，即开口线圈；其二，是构成重套线圈，即在线圈横列中的每个线圈都与两侧的两个线圈互套相连，这是现代机械纬编织物所没有的。针织绦按组织结构的不同，也可分为A、B两型。

A型针织绦是横向连接组织绦，用两色丝线轮流编织而组成线圈横列，正面呈现彩色条纹。丝线为双股合成，单纱为Z向捻，股线为S向捻。有衬绢。编织时丝线作单向成圈运动，通常从右到左。（图4-24）闭口线圈与开口线圈相比，线圈不易脱散，横向为布列在衬绢上的线段所限而拉伸性较差，纵向因圈大弧长而拉伸性较好。

B型针织绦是复合组织绦，由横向连接组织和单面提花组织合成。丝线为双股合成，一如A型所用的丝线，而捻度较强。也有衬绢。其单面提花组织以线圈在织物正面显示花纹，提花部位的每一线圈横列都用两根不同颜色的丝线编织，因而布列在衬绢上的线段异常紧密。（图4-25）与A型相比，绦带较厚实，线圈更牢固，花纹较繁复。

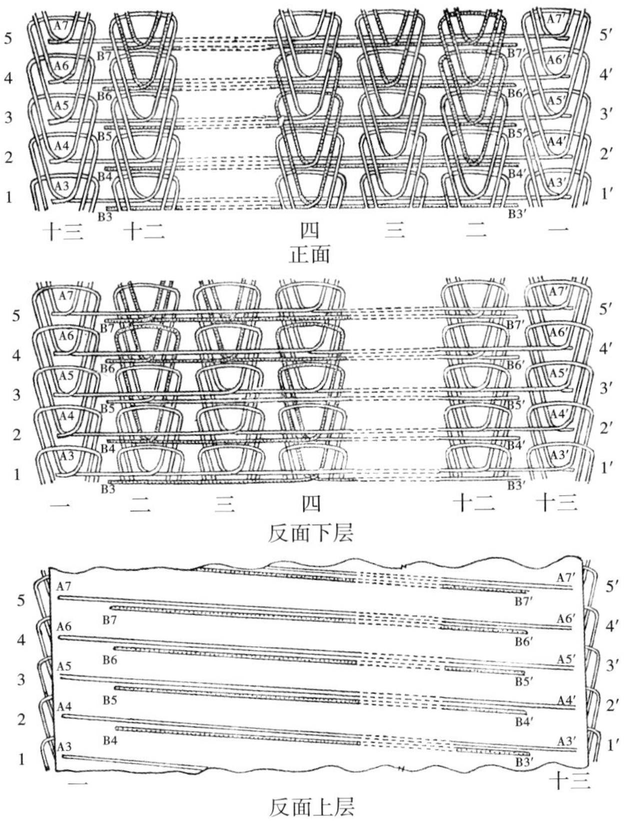

图4-25　复合组织绦线圈结构示意图
（黄凤春据《江陵马山一号楚墓》插图摹绘）

图4-26 马山1号墓龙凤纹绣
（金陵提供）

图4-27　对龙对凤纹
马山1号墓出土
（金陵提供）

马山1号墓所出的针织绦是首次发现的先秦针织绦，在我国针织史上的地位是不言而喻的。

8.组

组是只用经线交叉编织的带状织物，用作带饰或衣衾的领和缘。出土十件，都是双层的，但不能分开成筒状。其中用作帽系的一对有花纹，用紫色和土黄色两种丝线编织出三角纹、横带纹和雷纹。

上列八类丝织品，几乎囊括了先秦的丝织品的所有类别。也有阙遗，但只是个别的。如缂丝，或称克丝和刻丝，是运用通经断纬的特殊工艺，按照绘画的底本，由身怀绝技的织工以累月穷年之功织造的，在马山1号墓中就不见有实物出土。然而，在长台关1号墓和望山2号墓的竹简《遣策》中，都有“缂”字，表明楚国已有缂丝。[①]从马山1号

① 张振林.缂丝史的珍贵资料［J］.中山大学学报，1980（1）.

墓的规格来看，墓主应是属于士这个等级的一位主妇，尽管颇饶资财，终究不能与封君比权量力。封君所能有的，她未必也能有。绛丝这类堪称奇技淫巧的丝织品，即使不是楚王独有的，恐怕也只有楚国的封君这类上等贵族才有享用的资格。未经盗掘的楚国封君墓，已很难找到了。至于未经盗掘的楚王墓，那是更难找到的。先秦绛丝之谜能否揭晓，殊难逆料。也许，马山 1 号墓正因为只是一座小型墓，没有高大的封土，才幸免于秦人盗掘之难的。只要考虑到它是一座小型墓，就不难推知，那些令人炫目的丝织品（图 4-26）是某些下等贵族也能享用的。当初楚国丝织工艺的最高水平,应更在马山 1 号墓所出丝织品的工艺水平之上。

在一件对龙对凤纹绣浅黄绢（图 4-27）面绵袍的灰白绢里上，盖有一方朱印，印文为“[illegible]”。在一件塔形纹锦带上，多处盖有相同的朱印，印文为“[illegible]”。在一件小菱形纹锦面绵袍的深黄绢里上,也盖有一方朱印，印文漫灭不可辨。这使我们联想到：从长沙的一座战国楚墓中曾出土一方“中织室鈢”铜印[①]，“中织室”应是楚国宫廷专管织造的官署；在长沙另外一座楚墓出土的一件纹锦的绢边上有朱印“女[illegible]氏”三字[②]，“女[illegible]氏”似为织绢的女工。马山 1 号墓中的丝织品，大概不是村姑焚膏继晷的成果，而是官办或民办的织造工场的产品。

二、刺　绣

马山 1 号墓所出的刺绣品有二十一件，都用作衣物的面和缘。

绣地，二十件是绢，一件是罗。针法都是锁绣。绣线一般为双股合成，投影宽度在 0.1—0.5 毫米，颜色有棕、红棕、深棕、深红、朱红、橘红、浅黄、金黄、土黄、黄绿、绿黄、钴蓝共十二种。描绘在绣地上的图稿，多数为淡黑色，少数为朱红色。花纹的主体部分通常用多行锁绣将绣地完全覆盖，有些部位则只用单行或数行锁绣排成的稀疏线条。与陕西宝

① 石志廉 . 战国古玺考释十种［J］. 中国历史博物馆馆刊，1980（2）.

② 熊传新 . 长沙新发现的战国丝织物［J］. 文物，1975（2）.

鸡市发现的西周前期仅用单线条或双线条勾勒花纹轮廓的刺绣品印痕相比[①]，显然大有进步。锁扣长0.7—4.0毫米，宽（以最宽处计）0.4—1.5毫米。花纹的大小与衣物的大小相适应：缘上的较小，长度一般在26厘米以下；衣袍上的较大，长度一般在50厘米上下；衾面上的更大，最大的花纹长达1.81米。

图4-28　马山1号墓菱形纹（金陵提供）

有些较大的花纹，不同的部位显示出不同的用针风格，应是不止一人绣成的。二十一件刺绣品，图案主题虽相似，而花纹无一雷同。由此可以推测，这些刺绣品可能像不加刺绣的丝织品那样，也是在专门的工场里有计划、有组织地生产出来的。

三、花纹的风格

楚国的造型艺术在春秋战国之际迅速繁荣起来，在战国中期达到了异彩纷呈的顶峰。丝织、刺绣技术的提高和丝织品、刺绣品的增多，美化了楚人的日常生活，诱发了楚人空前强烈的艺术冲动。就意匠的实现来说，在平面的丝织品上，比在立体的器物上更能达到得心应手的境地。因此，在楚文化的鼎盛期，楚人的艺术情思主要萦绕在丝织品上。凭着鲜丽的经线、纬线和针线，楚国的织工和绣工为中华民族的艺术宝库增添了不少珍品。在马山1号墓所出的某些刺绣品上，淡黑或朱红的图稿尚依稀可辨。有些花纹与图稿稍有出入，说明绣工自有匠心，为使花纹益臻完美而对图案略作修改，可谓能出新意于法度之中了。

图4-29　马山1号墓塔形纹（金陵提供）

要了解鼎盛期楚文化的造型艺术风格，首要的研究对

① 李也贞，张宏源，卢连成，赵承泽．有关西周丝织和刺绣的重要发现［J］．文物，1976（4）．

象就是丝织品和刺绣品的花纹。

见于丝织品和刺绣品的花纹，大致可分为四类：（一）几何形纹，（二）植物纹，（三）动物纹，（四）人物纹。

所谓几何形纹，实为经过抽象处理或变形处理的自然物纹。创始既早，流传既久，代有因革，不免抽象变形愈甚，以致后人很难确切地判定某种几何纹所状的是何种自然物了。日纹、火纹、云纹、雷纹等等，在丝织品上都与几何形纹类同了。

最受楚人偏爱的几何形纹是菱形纹。（图 4-28）菱形纹在铜器上较少见，在陶器上较多见，在丝织品上就成为

图4-30
（黄凤春据《江陵马山一号楚墓》插图摹绘）

图4-31
注：黄凤春据《江陵马山一号楚墓》插图摹绘

占优势地位的主题花纹了。这些菱形纹变化多端，或有曲折，或有断续，或相套，或相错，或呈杯形，或与三角形纹、六角形纹、S 形纹、Z 形纹、十字纹、工字纹、八字纹、圆圈形纹、塔形纹（图 4-29）、弓形纹以及其他不可名状的几何形纹相配，虽奇诡如迷宫，而由菱形统摄，似乎楚人有意要把折线之美表现到无以复加的程度。（图 4-30）在锦和绦上，还有菱形纹与植物纹、动物纹、人物纹相配，并且由菱形纹组成或分隔图案单元。在刺绣品上，菱形纹虽不是主题，但被用作图案边缘的却也往往可见。尤为巧妙的，是利用凤的翅和尾以及花卉组成别致的菱形纹。

一种特殊的几何形纹是在一个七角星纹中有两个同心的圆圈形纹，外面环列着七个小圆圈形纹，与某些陶器盖部的花纹近似，可能代表太阳和列星。（图 4-31）

植物纹多用花卉纹，偶尔也用树木纹。在锦上一无所见。在绦上仅有作主题用的花卉纹和作陪衬用的树木纹各

图4-32　马山1号墓龙凤虎纹绣
（金陵提供）

一例。在刺绣品上有花卉纹，虽也只作陪衬用，但比比皆是。刺绣的花卉纹若非柔枝嫩叶，则必含苞或舒瓣的花朵。它们有三种作用：第一种作用是以细长的花茎分隔或连接图案单元，第二种作用是与凤纹或龙纹搭配，第三种作用是成为凤体或龙体的组成部分或装饰部分。假如说第一种作用和第二种作用尚不足为奇，那么，第三种作用就实在是大胆的创造了。让花卉成为凤体或龙体的装饰部分，这还容易理解，因为楚人本来就喜爱簪花或佩花，推己及凤，推己及龙，就让凤和龙也簪花佩花了。楚人尊凤贬龙，在刺绣图案里，凤几乎无不簪花佩花，龙簪花佩花的却少得可怜了。至于让花卉成为凤体或龙体的组成部分，则是楚国绘画的一大特色。这样合植物、动物为一体，萃现实、幻想于一身，巧夺天工，是只有浪漫主义充胸塞臆的楚人才办得到的。花卉成为凤体的组成部分是通例，成为龙体的组成部分则仅见一例，其原因也在于尊凤贬龙。

动物纹，已见有凤纹、龙纹、虎纹、马纹、鹿纹、犀兕纹、麒麟纹、怪兽纹。（图 4-32）凤纹特多，龙纹次多，虎纹无多，马纹、鹿纹见于两件田猎纹绦，犀兕纹见于一件田猎纹绦和一件龙凤纹绦，麒麟纹仅见于一件舞人动物纹锦，怪兽纹仅见于一件龙凤纹绦。

凤纹，从西周经春秋到战国，不论在何种出土文物上，在中原越来越少见，在楚国恰好相反——越来越多见。

凤是楚人先民的图腾，战国时代的楚人对此仍有朦胧的印象。因此，他们把一切美好的特性和特征都赋予凤了。在刺绣纹样中，凤是无可争议的主角。（图 4-33、图 4-34、图 4-35、图 4-36）

龙的原形，一为蛇，二为鳄，都不招楚人爱。楚人以为蛇是邪恶的，鳄是凶恶的。吴越曾是楚的劲敌，偏偏都以龙为图腾，这就使楚人对龙更添了几分恶感。可是，华夏却对龙有好感。先前正在华夏化的楚人，从华夏的物质文明中接受了作为纹饰的龙，从华夏的精神文明中接受了作为神物的龙。后来越灭吴，楚灭越，及至战国中期，吴越故地已成为楚国的郡县，龙对楚人已失去了威胁的作用。恰当其时，龙巡行天地、管领江河的灵性却在楚人的意识中生了根。于是，楚人对龙就又爱又恨了。在刺绣纹样中，龙也是壮美的，然而通常只能担当陪衬甚至反衬的角色。

已见刺绣纹样十八幅，其中凤与龙俱出的十幅，有凤无龙的七幅，有龙无凤的一幅。在凤与龙俱出的刺绣纹样十幅中，凤与龙互斗的八幅，凤与龙相安的二幅。在凤与

图4-33　凤鸟花卉纹绣纹样
（黄凤春据《江陵马山一号楚墓》插图摹绘）

图4-34　凤鸟花卉纹绣纹样
（黄凤春据《江陵马山一号楚墓》插图摹绘）

图4-35　凤鸟纹绣纹样
（黄凤春据荆州地区博物馆资料摹绘）

龙互斗的刺绣纹样八幅中，凤进龙退、凤胜龙败的五幅，势均力敌的三幅。现在人们都说龙虎斗，其实，在先秦的艺术作品中，龙虎从来没有斗过。在楚人的艺术作品中，凤龙斗却是屡见不鲜的题材。（图 4-37）

虎在楚人心目中的地位比龙更低，以致我们可以说楚人是尊凤贬龙贱虎的。生息在楚国西南的巴人以虎为图腾，与楚人时而交恶、时而交好，由此加重了楚人贱虎的心理。在文学作品中，说到虎，楚人只有坏话，没有好话。在艺术作品中，楚人虽给虎以一席之地，但总是让它们受压挨打。受压的虎见于木雕，挨打的虎见于刺绣。

在一件绣罗单衣上，可以看到由一凤斗二龙一虎为一

图4-36　凤鸟花卉纹绵袍
马山1号墓出土
（金陵提供）

图4-37　凤衔龙尾纹绣纹样
（黄凤春据《江陵马山一号楚墓》插图摹绘）

图4-38　龙凤虎纹绣罗
马山1号墓出土
（金陵提供）

图4-39　凤斗龙虎纹绣纹样（黄凤春据《江陵马山一号楚墓》插图摹绘）

个单元的刺绣纹样。主宰着整个画面的是凤，它的花冠长大而美丽。凤一足后蹬，作腾跃状；另足前伸，方攫下部一龙之颈，此龙逃窜，侧首作痛苦状。凤一翅击中上部一龙之腰，此龙遁走，仰首曲颈张口作哀号状；凤另翅击中前方一虎之腰，此虎亦仰首张口作哀号状。这是一幅绝妙的凤龙虎会战图，在造型艺术史上，降龙伏虎的荣誉首先是属于凤的。

这件刺绣作品的整体布局，是以四个正反倒顺相合的纹样单元，作田字形配置。利用凤的翅和尾构成一个菱形，把四个单元组合成一幅完整的纹样。利用凤的长冠与虎的长尾交错。把纵向排列的纹样单元相连成串。整个画面几乎布满了舞动着的 S 形和 Z 形的忽粗忽细的曲线，每个空隙都有从 S 形和 Z 形上引申出来的弧形附饰填补，这些附饰又都是凤龙虎的肢体，绝无闲笔虚文，意匠的巧妙令人拍案叫绝。（图 4-38、图 4-39）

凤的形态多种多样，在十七幅有凤的刺绣纹样中无一雷同。最奇特而又最华丽的凤在一件绣绢绵袍上，凤首如枭，凤腹近圆，正面而曲腿，双翼齐举，两个翼端都内勾如凤首。由于形态怪异到了神秘的程度，有人名之曰“三头凤”，有人名之曰“猫头鹰”，也有人无以名之，只好称之为“怪鸟”。其实，它还是凤，而且可能是图腾遗痕尤为鲜明的凤。至于它何以怒目如枭，鼓腹近圆，则是已经不把凤当作图腾的今人所难以索解的。（图 4-40）

图4-40　“三头凤”纹绣纹样
（黄凤春据《江陵马山一号楚墓》插图摹绘）

图4-41 舞人动物纹
（金陵提供）

人物纹，已见有三幅。其一是舞人动物纹锦上的一对舞人，长冠垂缨，长袍露足，长袖高拂，作载歌载舞状。其二是田猎纹绦上的四个猎者，一个御马驱车，一个张弓射鹿，两个正在与巨兽恶斗。其三是另外一件田猎纹绦上的一个御者，曲肘持缰，背负弓矢，马作奔驰状。这些人物纹都是图案化的，手法洗练，情趣横溢。它们尽管简单，却为纹样设计开辟了一条崭新的途径，把乐舞、狩猎这类令人沉湎流连的生活场景引进了造型艺术的领域。（图4-41、图4-42）

图4-42 田猎纹
（金陵提供）

第三节　木雕、竹编、漆绘以及料器生产

楚国的木器，凡精工制作的，一概髹漆，而且施以彩绘。竹器，只要也出于精工制作，就也没有不经髹漆的。由此，可以把它们称为漆木器和漆竹器，这就是本节把木雕、竹编和漆绘放在一起介绍的缘由。不过，漆器的胎骨虽以竹、木居多，却还有其他材料，这是不可不留意的。

木器并不都要雕刻，竹器并不都要编织，这里说木雕和竹编，用意是举难以明易。对于未经雕刻的木器和未经编织的竹器，也将酌情予以介绍。

一、木　器

南国多嘉木，楚人充分地利用了丰富的木材资源。鲁国曾经为楚国提高木工技艺做出重要贡献：春秋时，鲁国送木工百人给楚国，当然都是技艺精湛的；战国时，鲁国的巧匠公输班到楚国，使楚国木工的技艺更有所长进。庄子说过一个故事："郢人垩慢其鼻端，若蝇翼，使匠石斫之。匠石运斤成风，听而斫之，尽垩而鼻不伤，郢人立不失容。"[①]这位姓石的木工，可说是神乎其技了。尽管这个故事大概是虚构的，但它托诸郢匠，应是由于郢匠确实以技艺高超驰名于世。

木器的应用，及于楚人生活的各个领域。家具、舟车、葬具都是木制的，农具、工具、兵器、乐器、容器、妆具、饰物、玩物等很多是木制的，房屋也离不开木工。下面所要介绍的，是有突出水平或鲜明特色的器类和器件。先说只需斫削、镟凿的木器，后说需经雕刻的木器。

这个时期的舟车，制作工艺比以前进步了。鄂君启的舟节和车节，表明他有不止一支商船队和不止一支商车队。这些舟车都能长途行驶，其坚固可知。

舟未见实物，形制不明。典籍和金铭所记有艕船和舲船，艕船大，

① 《庄子·徐无鬼》。

足以历风涛；舲船小，便于越滩险。吴越的战船本来是最好的，越国在灭掉吴国之后，舟师更强了。楚国的战船本来不如吴越，这时也改进到足以与越国战船争胜的程度了，而且楚国舟师的装备已超过了越国的舟师。《墨子·鲁问》记："昔者楚人与越人舟战于江，楚人顺流而进，迎流而退，见利而进，见不利则其退难。越人迎流而进，顺流而退，见利而进，见不利则其退速。越人因此若执，亟败楚人。公输子自鲁南游楚焉，始为舟战之器，作为钩强之备，退者钩之，进者强之。量其钩强之长，而制为之兵。楚之兵节，越之兵不节。楚人因此若执，亟败越人。"这个公输子，就是鲁班。

楚国的车，与中原各国的车相比，形制大同小异。楚文化鼎盛期的车发现尚少，我们只能把前一时期的车与后一时期的车作纵向的对比，并且把楚国的车与中原的车作横向的对比，以期做出合乎事理的推论。淅川下寺的楚车马坑，时代为春秋中期与晚期之际；淮阳马鞍冢的楚车马坑，时代为战国晚期：这是发现楚车较多的两个地方。据裴明相研究：二者轨宽相当，但后者的轮径、轴长、厢广、厢深、辕长都超过前者。再把辉县琉璃阁出土的战国魏车与下寺、马鞍冢两处的楚车相比：轨宽出入不大，轮径、厢广、厢深是琉璃阁、马鞍冢两处的车大略相同而超过下寺的车，轴长是琉璃阁的车介乎下寺、马鞍冢两处的车之间，辕长是下寺、琉璃阁两处的车大略相同而短于马鞍冢的车。由此可知，从春秋中期到战国晚期，楚国的车有了明显的进步。战国晚期的楚车，比年代相去不远的魏车略优。至于从春秋战国之交到战国中期的楚车，也应不比中原的车逊色。

裴明相认为：已知的战国楚车，有战车、安车两类：战车结构复杂，造型新颖；安车的车厢分前后两部，成凸字形，御者在前，乘客居后。楚车的这些特点，是中原罕见的。

由于战争规模的扩大，旧式的兵器已经不能充分满足战国时代的军事需要。剑的普及，三棱镞逐渐取代双刃镞，铁用于制作兵器，以及双戈戟和三戈戟的出现，是金属兵器的改进。至于木制的兵器，则有新的品种被发明出来了，其一是弩，其二是云梯。

已发现的上古的弩机，年代最早的属于战国中期与晚期之际，是在长沙扫把塘 138 号墓、长沙左家塘新生砖厂 15 号墓和常德德山 12 号墓出土的，这几座墓都是楚墓。此外，四川成都羊子山 172 号墓、四川涪陵小田溪土坑墓、河南洛阳中州路车马坑和河北易县燕下都等处，也发现了弩机，年代不早于扫把塘出土的弩机。

扫把塘出土的弩机比较完整（图 4-43），弓和弦虽已脱落，但铜制的牙、悬刀、栓塞俱全，无铜郭而有木臂。① 这是一件成熟的弩机，它的原始形态应出现在较早的年代。宋兆麟、何其耀根据某些少数民族地区至今仍有木弩，其弩机为木制或木与骨角合制的事实，认为原始的弩机不是铜制的。② 此说成理。《吴越春秋》卷五记楚国的一位善射

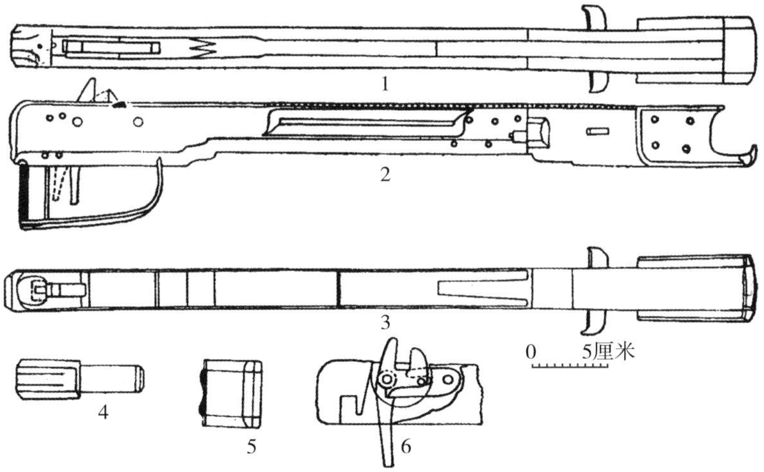

1.正面　2.右侧面　3.底面　4.柄后　5.前面　6.剖面

图4-43　长沙扫把塘138号墓出土的弩机结构图
（黄凤春据高至喜《记长沙、常德出土弩机的战国墓——兼谈有关弩机、弓矢的几个问题》插图摹绘）

① 高至喜．记长沙、常德出土弩机的战国墓——兼谈有关弩机、弓矢的几个问题［J］．文物，1964（6）．

② 宋兆麟，何其耀．从少数民族的木弩看弩的起源［J］．考古，1980（1）．

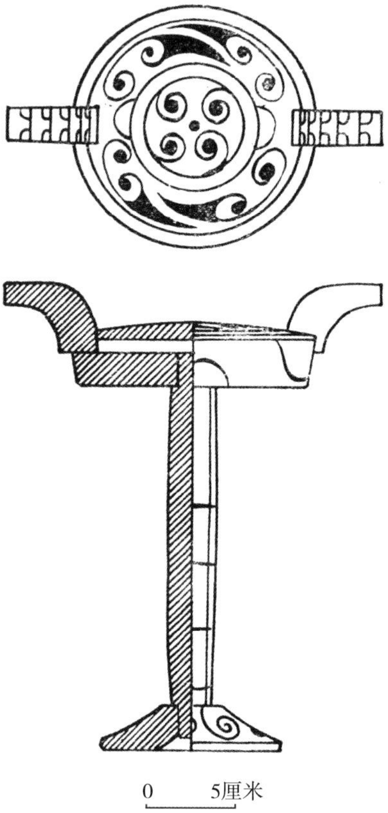

图4-44　木豆示意图
（黄凤春据《江陵雨台山楚墓》插图摹绘）

者说：琴氏“以为弓矢不足以威天下”，于是“横弓着臂，施机设枢”，创造了弩。琴氏精通射艺，是楚国的传说人物。他未必是弩的发明者，但可能是弩的改进者。在战国早期以前的楚墓中，没有发现弩机，这表明楚人原来是不用弩的。楚人的贡献，可能是把楚国南疆少数民族制造和使用木弩的技术学来，用青铜作为制造弩机的材料，使弩成为步兵的利器。

云梯，相传是鲁班发明的。《墨子·公输篇》记：“公输盘为楚造云梯之械成。将以攻宋。……”河南汲县山彪镇出土的水陆攻战纹鉴，时代为战国晚期，在它的图案里可以看到一种底下有轮的巨梯，应即云梯。云梯有轮，与《墨子·经篇上》称之为“车梯”并明确指出有轮的记载相合。按，楚国在春秋中期已有用于实战的楼车，云梯应是在楼车的基础上改作而成的。云梯的出现，增强了攻坚的能力。

上面介绍的是制作时以斫削为主的木器，下面接着介绍制作时以镟凿为主的木器。

需经镟凿的木器，多数是容器。如长柄、侈耳、圆盘的木豆（图4-44），亭立如擎盖，格调清新隽秀，是典型的楚式器。自上而下，有盖、盘、双耳、柄、座共五个部分六个部件，都用榫卯接合，它的盘就是镟凿的。木豆也有方盘的，但极少。

镟凿难度较大的是深腹木杯。在先秦的木器中，它的器型是见所未见的。现有的两件，都出土于荆州砖瓦厂2号墓。

镟凿难度虽不大而造型出人意表的是蛋形木卮（图4-45），初见一件，出土于江陵雨台山 387 号墓。底有三足已残，顶有小盖。实心，显然是明器或玩物。通体髹黄漆，用红、金二色彩绘特殊的云纹。在江陵天星观 1 号墓中，也发现了实用的蛋形木卮。

最常见的镟凿的木器，是耳杯和圆盒。耳杯有圆耳、方耳两种，其中方耳杯是楚国特有的。（图 4-46）耳杯古称羽觞，是酒器。圆盒多为弧壁（图 4-47），也有直壁的。其中的精品，除漆绘外，腹壁两侧还有一对铺首衔环。楚式圆盒腹宽大于身高，秦式圆盒则适得其反。秦式圆盒器型较少，楚式圆盒器型较多。楚式的木盒，除了圆形的，还有方形和矩形的，花样翻新；秦式的木盒，只有圆形一种，新意无多。

楚国木器的上品，是雕刻作品。在主要用斫削方法制作的木器上，偶尔也有某些部件是雕刻的。如天星观 1 号墓出土的龙首车辕（图 4-49），在造型美观的车辕上雕刻了一个龙首，彩漆精绘，华丽有异乎寻常的车辕，而且含有

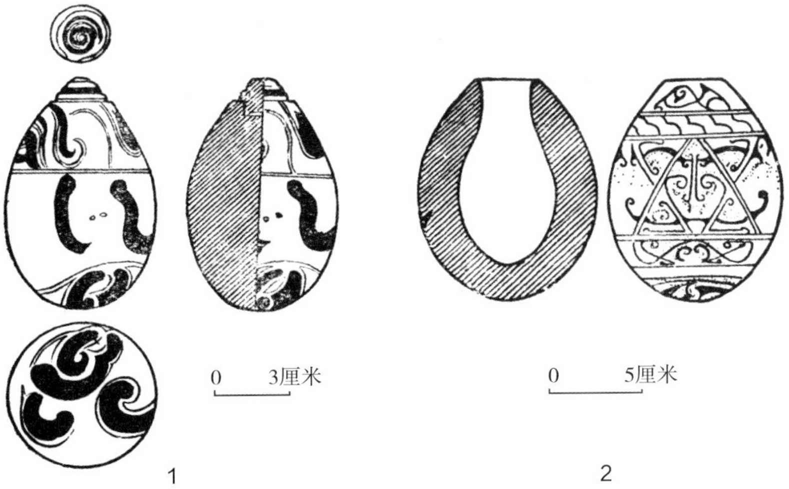

图4-45　蛋形木卮
（1.黄凤春据《江陵雨台山楚墓》插图摹绘
2.黄凤春据《江陵天星观1号楚墓》插图摹绘）

图4-46　方耳杯与圆耳杯
江陵战国楚墓出土
（荆州博物馆提供）

图4-47　圆盒
江陵战国楚墓出土
（荆州博物馆提供）

图4-48　彩漆耳杯
江陵纪南城出土
（郝勤建提供）

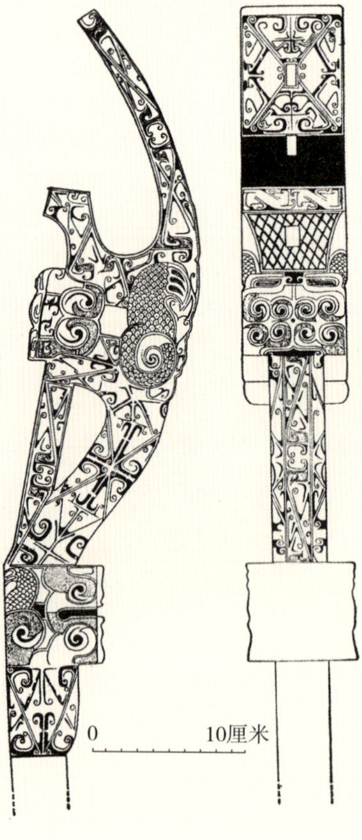

图4-49　龙首车辕摹绘图
（黄凤春据荆州博物馆底本临摹）

楚辞所谓“龙驾”的象征意味。

最能显示楚国木雕艺术水平的，是某些容器、乐器、饰物、玩物和葬具。

擂鼓墩1号墓出土异型木豆一件，口为椭圆形，盘浅，盖隆，耳特大，柄上粗下细，座既大且平。盖顶和耳上有仿铜浮雕蟠龙纹。

雨台山427号墓出土鸳鸯木豆一件，盖和盘合成一只鸳鸯，头、身、翅、足、尾一概雕出，敛翅蜷足，扭颈侧视，用红、黄、金、黑诸色精描，尾部两侧各绘金凤一只，柄和座绘三角云纹和卷云纹。在古代所有彩漆木雕豆中，此器是冠冕群伦的一件。（图4-50）

图4-50　鸳鸯豆
江陵雨台山427号墓出土
（荆州博物馆提供）

图4-51　鸳鸯盒
（郝勤建提供）

擂鼓墩 1 号墓出土鸳鸯木盒一件，鸳鸯的造型与上述鸳鸯木豆不同，奇巧则有过之。颈下有圆柱形榫头插入身中，头可转动。身内雕空，背上有一长方孔，置一长方盖，盖上浮雕夔龙。翅微翘，尾平伸，足双蜷。用红、黑、黄诸色细绘。腹两侧有图，一为撞钟图，一为鼓舞图。（图 4-51）

上述两件鸳鸯形木器，尽管器类、形制、纹饰都相异，但器形的构思和花纹的布局是大致相同的。

雨台山 471 号墓出土的蟠蛇卮一件，“盖顶略凸，平底。器表髹黑漆，器内髹红漆。盖上雕八条相蟠的蛇，四条红蛇头向盖顶正中，四条黄蛇头向盖沿四周。卮身四周雕十二条蟠蛇，其中有四条对称的长黄蛇和长红蛇，八条短粗的黄蛇，相蟠其间”[①]。这件蟠蛇卮的装饰意匠，取法于铜器上的蟠螭纹和蟠虺纹，但是构图更巧，雕刻更精。（图 4-52）

江陵雨台山有七座楚墓各出木鹿一件，鹿卧地侧首，敛足腹下，身首分雕合装，鹿角用榫卯插接在鹿首上。有

① 荆州地区博物馆 . 江陵雨台山楚墓［M］. 北京：文物出版社，1984.

图4-52　蟠蛇漆卮
荆州雨台山出土
（金陵提供）

图4-53　彩漆鹿鼓
（郝勤建提供）

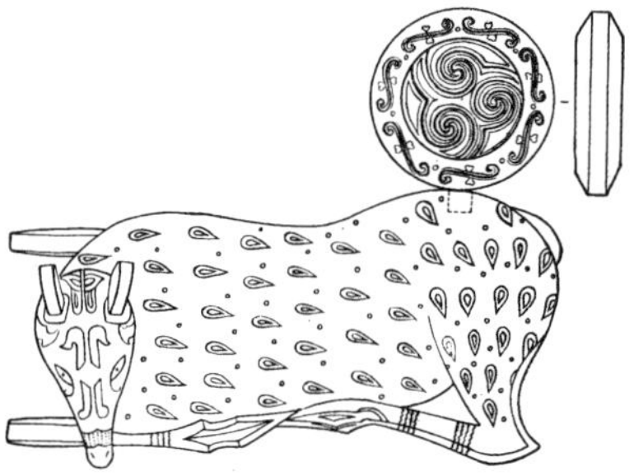

图4-54　木鹿
（黄凤春据《湖北江陵拍马山楚墓发掘简报》插图摹绘）

的木鹿在臀侧插接小鼓一件，应是乐器兼摆饰，虽刀法简洁，而造型生动。有的木鹿蜷首至腰，两前足一前屈、一横屈，两后足平放。木鹿在江陵一带出土较多，在长沙一带出土较少，在其他地方的楚墓中未曾发现。（图4-53、图4-54）

木雕的乐器，以虎座凤架鼓为最精。（图4-55）江陵雨台山有十五座楚墓各出一件，形制大体相同。双虎、双凤皆背向，虎仰首踞状，凤昂首立于虎背。鼓悬于双凤之间，系于凤冠之上。多数未经髹漆，虎和凤通体涂墨，用红、黄、蓝诸色粉彩绘虎的斑纹和凤的羽纹。354号墓所出的一件，鼓面用红彩绘花瓣纹、蝶状卷云纹、凤首纹，鼓边绘斜三角云纹。这类虎座凤架鼓集中出土于江陵一带，湖北境外则仅见于信阳和长沙的楚墓。长沙曾发现龙座凤架鼓，以相蟠的双龙代替背向的双虎。它们的共同特点是：凤高大，虎或龙短小；凤轩昂，虎或龙瑟缩。这应与楚人的民族信仰和民族意识有关。楚人尊凤、贬龙、贱虎，已见前文。江陵一带与崇虎的巴人聚居地区接近，长沙一带的土著则是崇龙（蛇）的越人，所以江陵一带出土的这类鼓委屈了虎，长沙一带出土的这类鼓委屈了龙（蛇）。

江陵望山1号墓出土木雕座屏一件，通高15.0厘米，座高3.0厘米，全长51.8厘米，屏厚3.0厘米，座宽12.0厘米。座上有浮雕的大蛇，屏上有透雕的凤、雀、鹿、蛙和小蛇。整个座屏计有凤四只，雀四只，鹿四头，蛙两

图4-55　虎座凤架鼓
（郝勤建提供）

只，大蛇二十条，小蛇十七条，共五十一个动物。屏上的动物是分别雕刻之后，利用榫卯组接起来的，拆开来是许多圆雕，合拢来是一幅透雕。刀法圆熟精细，形象逼真传神。所有的动物，或追逐，或争斗，或相互虬结，或独自飞奔。凤的形体最大，雀和鹿的形体也较大，蛇的形体都小。凤和雀都在捕食蛇，蛙则躲在凤的腹和尾之下。整幅透雕向人们叙说着一个有趣的民间故事，善是怎样战胜恶的，强者是怎样庇护弱者的，象征吉祥的鹿又是怎样为此而欢跃的。（图 4-56）先秦的细木透雕作品，没有比望山 1 号墓所出的这个座屏更好的了。

江陵天星观 1 号墓出土了座屏五件，也是透雕的，每件雕有连尾龙两条或四条。这五件座屏也都是精品，但与望山 1 号墓出土的一件相比，就远为逊色了。（图 4-57）

图4-56　彩漆木雕小座屏
江陵望山1号墓出土
（郝勤建提供）

图4-57
（黄凤春据《江陵天星观1号楚墓》插图摹绘）

已知的所有透雕座屏，都是在江陵一带的楚墓中发现的。

透雕的木器，较为常见的是作为葬具的笭床。其中，最精的一件是长沙仰天湖战国楚墓出土的龙纹笭床。

最奇的木雕作品，是随葬用的辟邪、镇墓兽和虎座立凤。

木雕辟邪，仅见一件，是江陵马山 1 号墓出土的。全件用一棵树根雕成，虎头，龙身，四足，卷尾。头部的眼、耳、鼻、口、须俱全。口微张，齿稍露，似有所见而欲噬。四腿皆长，雕为竹节状。右侧前腿上雕一蛇蜿蜒而行，右侧后腿上雕一蛇方噬一蛙，左侧前腿上雕一蜥蜴方噬一雀，左侧后腿上雕一蝉。利用树根天然的弯曲形状和四个分枝天然的伸向，显示游走之状。右侧两足俱在前而左侧两足俱在后，当因受分枝朝向的限制，不得不然，但增添了怪异感。这是我国已知年代最早的一件根雕作品，匠心独运，有化腐朽为神奇的效果。（图 4-58）

镇墓兽，据陈跃钧、院文清统计，湖北楚墓已出土近二百件，湖南楚墓仅出土两件，河南楚墓仅出土一件，他处无所见。[①]在襄阳山湾春秋晚期的楚墓中，有类似镇墓兽的木雕和鹿角，惜已残，原貌不可知。已知镇墓兽的年代，上限不过战国早期，下限止于战国晚期，而以战国中期为最多。镇墓兽形态多变，各型镇墓兽的共同特征是：下有方座，中有躯干，上有头部，顶插鹿角。“战国早期的镇墓兽仅具雏形，形制简单，面部无器官，直颈直身，方座梯形面较高。战国中期的镇墓兽，形制复杂，分单头、双头两型，虎首，面部五官俱全，面目狰狞，屈颈屈身，大部直立无肢，个别跪式有肢。战国晚期的镇墓兽，形制也较复杂，有的直颈直身，面部较善，近人面，有的与战国中期近似。从镇墓兽的整个演变情况来看，最大的变化是由头面雏形变为虎首虎面，由直颈直身变为屈颈屈身，身由直立无肢变为跪式四肢俱全，座由梯形面较高变为梯形面较低。”[②]（图 4-59、图 4-60）

---

①② 陈跃钧，院文清．“镇墓兽”略考［J］．江汉考古，1983（3）．

图4-58　辟邪根雕
江陵马山一号墓出土
（金陵提供）

图4-59　镇墓兽
原物为江陵雨台山174号
墓出土，此为复制品
（荆州博物馆提供）

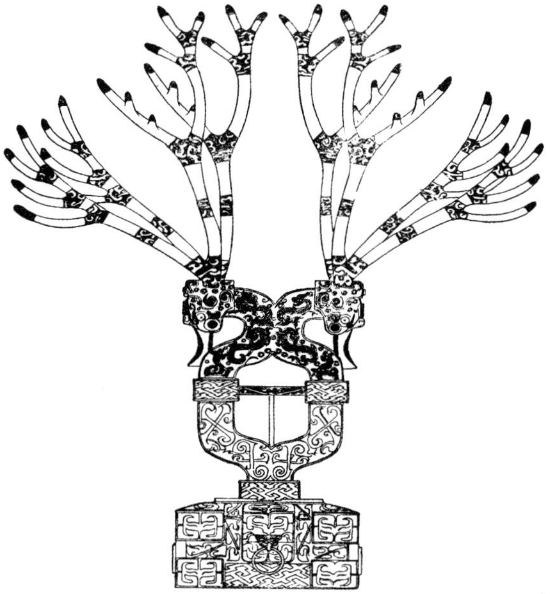

图4-60　双头镇墓兽
（黄凤春据《江陵天星观1号楚墓》插图摹绘）

称“镇墓兽”，是暂拟的，未必确切。镇墓兽究为何物，众见不一。曾有以为即饕餮的，可是，楚人从不称饕餮之名，而且不喜用饕餮之饰，早期的镇墓兽又全无饕餮之形，饕餮一说殊难自圆。还有以为即山神的，可是，镇墓兽的形象与神话中山神的形象不合，与楚辞中山鬼的形象更有妍媸之别，而且，如本书第三章第六节已介绍的，楚人的望祭只祭水不祭山，山神一说也实难成立。陈跃钧、院文清二位以为镇墓兽即土伯，这是可取的。楚人以为，土伯是冥府的君主。《楚辞・招魂》说：“魂兮归来！君无下此幽都些。土伯九约，其角觺觺些。敦脄血拇，逐人駓駓些。参目虎首，其身若牛些。”土伯的形象特征，如弯多、角利、虎首等，都与《招魂》创作年代的镇墓兽相合。“参目”，旧注以为即三目，疑未妥。参或即参宿，为白虎七宿之一，西人称猎户座，亮度较高，在冬夜的天空中异常引人注目。“参目虎首”，宜即虎目虎首，“参”与“虎”相错成文。

还有“其身若牛”，虽与常见的镇墓兽形体不同，但与长台关1号墓的镇墓兽约略近似。战国中期，楚人对天界、人世、冥府已有明确的划分。冥府即《招魂》所谓“幽都”，其君主即性喜“逐人”“甘人”的土伯。很多镇墓兽伸出血腥的长舌，正作见人欲食之状。至于早期的镇墓兽面目不清，应是关于土伯的神话产生不久，楚人对土伯的形象还不大清楚的缘故。“镇墓兽”之名，上古所无。楚墓中的镇墓兽，实可改称木雕土伯像。

虎座立凤，即有关的发掘报告所谓“虎座飞鸟”，仅见于湖北的楚墓，尤以江陵楚墓所出者为多。凤昂首展翅，作欲飞状，两肋有鹿角，即飞廉，[①]飞廉为风伯，其身为凤。虎座立凤像的凤，首、颈、身、足分雕合装，一如虎座凤架鼓的凤；所不同的，是多接了两只翅膀，又多插了两支鹿角，因此，它显示出动态。（图4-61）

图4-61　虎座立凤
原物为江陵雨台山166号墓出土，此为复制品
（荆州博物馆提供）

① 张正明，滕壬生，张胜琳．凤斗龙虎图像考释［J］．江汉考古，1984(1)．

辟邪的形象，神秘而古怪；镇墓兽的形象，神秘而凶险；虎座立凤的形象，神秘而壮美。楚国的木雕作品，就壮美而论，莫过于虎座立凤了。

这个时期的楚人，希望死后精魂不要沦入冥府，而能飞登天界。随葬镇墓兽，意在抚慰土伯，让他不要捕食死者。随葬虎座立凤，意在招致风伯，让他接引死者登天。至于那只辟邪，则可能是墓主生前的玩物，并非专为随葬而制作，所以在众多楚墓中没有发现。

用土伯像和风伯像随葬，尽管是迷信，却使楚人萌发了异样的创作冲动，又给楚人开通了异样的意匠源泉，从而为后世留下了异样美好的木雕作品。

二、竹　器

竹器的类别，比木器的类别要少些。楚人日常所用的竹器，很难留存到今天。现在我们所能见到的楚国竹器，都是在楚墓中发现的，一般都堪称精品，而且是漆器。

按制造方法来区分，竹器有三类。

第一类竹器是斫削而成的，已知实物有竹筒、竹片、竹筷、竹枕、竹弓、竹柲、乐器等。竹筒是容器，常见而惯用，制作不必讲究。竹片主要是竹简，供书写用，只见于中型以上的楚墓，制作也容易。令人瞩目的是湖北宜昌博物馆保存的一双竹筷，出土于春秋战国之际的楚墓，长短、粗细以及上方下圆的特征都与现代的竹筷无异，说不上精致，但它是我国现知年代最早的一双筷子，在食具发展史上当有一席之地。竹枕，江陵马山 1 号墓和湘乡牛形山 1 号墓各出一件，是我国已知年代最早的两个竹枕。枕面所用的竹片，前者素面，后者有方形镂孔，镶鸟形刻纹，黑漆作地，饰红黄二色云雷纹。竹弓，已见实物较多。如江陵天星观 1 号墓出土五件，都用三条竹片叠合，用丝线紧缠，中间较宽且厚，两端较窄且薄，通体髹黑漆。其标本 218 号原长约 90 厘米，残长约 72 厘米。又如长沙浏城桥 1 号墓出土三件，各长 1.25—1.30 米，中部宽 2.7 厘米，中部厚 2.0 厘米。有些竹弓，脱水不变形，与其他竹器脱水即变形有异，似曾作特殊加工处理。楚国的竹弓，每件所用的竹片，也有少至两根或多至四根的。

柲是戈、矛、戟的柄，用材有木、竹、藤三样。藤柲罕见，木柲、竹柲常见。最好的是积竹柲。积竹之器，始见于《周礼·冬官·考工记》，其名为“庐”。积竹之名，始见于《说文解字》。郭沫若考证：“庐器以积竹为之。揣其制当取竹之青皮而去其黄，细撕而再加以胶合，则较木强韧而有弹性，高贵者戈戟之柲恐均以庐器为之，惟戈戟之柲自亦可以用木，不必尽庐器耳。”[①] 长沙浏城桥1号墓出土积竹柲七件，都是中间有木棒，外裹宽约0.3厘米的青竹篾十六根至十八根，用丝线密绕紧缠，通体髹黑漆或红漆或红黑相间漆。木棒多数是圆的，直径约2厘米；但也有方的，粗细与圆的相近。江陵天星观1号墓出土的积竹柲有二十余件，都是在木棒外裹两层青竹篾，外层五根，内层三十八根，用丝绸密裹紧缠，通体髹黑漆或红黑相间漆，有的在黑漆地色上加饰金色三角云纹。浏城桥墓所出积竹柲较短，全长自1.9米至3.1米不等。天星观墓所出积竹柲较长，多数超过3.0米，最长的3.5米略有余。郭沫若关于积竹柲的考证大致正确，需要补充的主要是中心有木棒。这类积竹柲似为楚国所特有，他处未有所见。

竹制的乐器，主要是笙、笛和排箫，以随州擂鼓墩1号墓所出者为最佳。

第二类竹器是雕刻而成的，已知的实物只有竹卮。江陵拍马山有3座楚墓各出竹卮一件，都用竹节制作，有身有盖。19号墓所出的一件雕刻较精，盖和口沿两侧凸出成耳，有三只兽蹄足，髹黑漆。11号墓所出的一件为黑底红彩，饰涡纹、菱形纹、连弧纹。2号墓所出的一件，全器用红漆绘卷云纹。

第三类竹器是编织而成的，包括竹席、竹笥、竹箱、竹盒、竹筐、竹篮、竹扇等。竹席为寝坐所必需，也用作葬具。竹笥、竹箱通常作衣箱用。

---

① 郭沫若.殷周青铜器铭文研究［M］.北京：科学出版社，1961.

图4-62　竹扇
马山1号墓出土
（荆州博物馆提供）

竹盒用以放置果品之类。竹筐、竹篮用以放置杂物。

篾丝粗细不等。江陵雨台山楚墓出土竹笥的篾丝，宽 0.12—0.20 厘米。江陵马山 1 号墓出土竹扇的篾丝，宽仅 0.10 厘米。

从出土的竹器精品来看，编织的手艺是异常出色的。江陵沙塚 1 号墓出土彩漆编花竹席一件，长 51 厘米，宽 24 厘米，虽不大，但很精，篾丝髹红漆和黑漆，编织出工细的图案。江陵马山 1 号墓出土的彩漆编花竹扇一件，编织手艺可谓出类拔萃，至今鲜丽完好，宛如新制。（图 4-62）这件竹扇，是我国已知年代最早的竹扇中制作最精、保存最好的一件。按，楚国还有羽扇，天星观 1 号墓出土一件，柄长过人，竹制的扇骨呈心形，扇面用羽毛。

竹编的花纹，由简到繁，为人字纹、回字纹、十字纹、矩形纹。此外，还有与素罗花纹类似的透空菱形纹。

三、漆器的生产工艺

春秋战国时代，楚国的西部有连片成林的漆树生长，是当时产漆最多的地方。[①] 当地气候温润，使生漆成膜时不易干裂，而且能得到较好的光泽和硬度。

先秦的漆器，出土最多的是楚国。楚国的漆器，类别极繁，应用极广。家具有床、几（图 4-63）、禁、案、俎（图 4-64）等，容器有笥、箱、盒（图 4-65）、

① 曹金柱.中国古代的漆树地理分布[J].陕西生漆，1979(3)；后德俊.漆源之乡话楚漆[J].春秋，1985(5).

图4-63　漆木凭几
（郝勤建提供）

图4-64　漆俎
（郝勤建提供）

图4-65　漆木圆盒
（郝勤建提供）

奁、匣、豆、樽、壶（图 4-66）、钫、耳杯（羽觞）、杯（图 4-67、图 4-68、图 4-69）、卮等，卧具有枕、席，妆具（图 4-70）有梳、笄、簪等，饰物有木鱼、木球、木璧等，玩物有座屏、木鹿、辟邪、博具等，乐器有瑟、琴、笙、笛、排箫、鼓、鼓槌、钟架、磬架、钟杖等，兵器有甲、盾、弓、弩、剑鞘、剑匣、矢箙、箭杆、柲等，葬具有棺、笭床、木俑、镇墓兽、虎座立凤等，杂器有匕、勺、绕线棒、手杖、虎子等。此外，建筑上和舟车上都有髹漆的构件，许多陶器和有些铜器也是髹漆的。

漆器的胎骨，有木、竹、夹纻、积竹、革、藤。髹漆的陶器和铜器，漆膜只是它们的附饰，似不宜将陶和铜视为胎骨。

木胎的制法，有斫削、镟凿、卷接、雕刻四种。斫削的，如家具和木盾、木甲之类。镟凿的，如耳杯、小杯、小盒等。卷接的，如圆形直壁的盒、樽、奁等，是用长条形薄木板，两端削成斜角，卷成一个圆筒，用漆液把斜角接缝黏合，再装上底板或底座。雕刻的，主要是雕像，其次有禁、笭床、车辕（图 4-71）等。

所谓竹胎，就是竹器。竹器一经髹漆，就成为漆器了。

夹纻胎的制法，是在模具上先刮漆灰，在漆灰上贴麻布，在麻布上又刮漆灰，脱去模具，磨光表面，即成胎骨。夹纻胎的优点，一是器身轻巧，二是器型稳定。现知属于先秦的夹纻胎漆器，主要是楚国的，出土于湖北、湖南的楚墓中，总数尚少。“夹纻胎”是后世的称呼，楚国的夹纻胎所用的织物是否麻布，尚待鉴定。

积竹胎与一般竹胎不同的，是胎上有丝线加固。与积竹胎类似的，是在木胎上用丝线加固。湖北黄冈国儿冲楚墓出土的一件剑鞘，经后德俊鉴定，是用两条薄木条削成所需的形状，黏合之后，在表面上刮漆灰，用丝线密绕紧缠，再髹黑漆一层，加髹棕漆一层。

革胎，已知实物有革盾和革甲，所用的是牛皮，文献所记的犀皮和鳄（鲛）皮未曾发现。革盾制胎时，应作整形处理，以求平整。革甲是用许多髹漆的小方块革片缀合而成的，呈鳞状。江陵藤店 1 号墓出土的革甲用双层牛皮制作，即所谓“合甲”。用革做盾和甲，有坚韧而轻便

图4-66　漆木方壶
（郝勤建提供）

图4-67　漆木匜形杯俯视
（郝勤建提供）

图4-68　漆木匜形杯
（郝勤建提供）

图4-69　对凤纹耳杯
马山1号墓出土
（金陵提供）

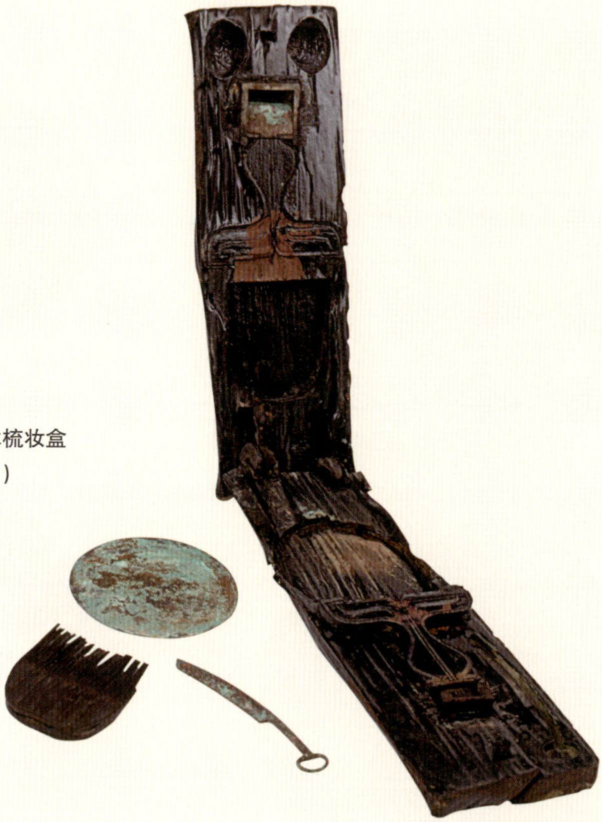

图4-70　漆木梳妆盒
（郝勤建提供）

图4-71　车辕
马山1号墓出土
（金陵提供）

的优点，而缺点是怕受潮，受了潮就容易被击穿。髹漆之后，怕受潮的缺点就消除了。革甲有漆无彩，革盾则多有漆绘花纹。

藤胎，仅见于长沙出土的矛柲。

在陶器上髹漆，是求美观。从常德地区和荆州地区的楚墓中，出土了一些漆陶器。湖北云梦珍珠坡1号墓出土的遗物，没有铜礼器，却有一组仿铜髹漆陶礼器。后德俊认为，这些漆陶器是中层以下的楚人使用的，可见当时生漆售价并不昂贵。陶器上的漆膜容易脱落，因此出土漆陶器上的花纹都是残缺的。

在铜器上髹漆，实物有长台关楚墓出土的铜镜和擂鼓墩曾墓出土的铜人和虎状铜挂钩。后德俊认为，其作用有两个，一是使铜器的外观由单色变为多彩，二是防锈。擂鼓墩曾墓出土的虎状挂钩，有漆绘的斑纹，比未经髹漆时更为逼真。（图4-72、图4-73、图4-74）

图4-72　编钟托举铜人（郝勤建提供）

楚人所用的漆，除黑漆外，还有红、黄、白、紫、褐、绿、蓝、金、银等各色油漆。其中，最难制造的是金、银两色颜料。在长台关楚墓出土的漆案上，就用了金银两色颜料。在同墓出土的漆瑟上，有细小的金彩。在擂鼓墩曾墓和长沙仰天湖楚墓出土的漆器上，也有金色图案。这些漆器，证明楚人已会制造金、银两色颜料，从而在我国髹饰史上写下了重要的一页。（图4-75、图4-76）

漆绘所用工具，应是毛笔。在有些漆器的花纹上可看到枯笔，毫锋毕露，这是使用毛笔的证据。

图4-73　编钟铜人
（郝勤建提供）

图4-74　曾钟钟架虎状挂钩
（郝勤建提供）

图4-75　彩漆木案
（郝勤建提供）

图4-76　猪形漆盒
（郝勤建提供）

四、漆器的装饰艺术

楚国的漆器，通常以黑漆为地，以红漆和其他各色漆描花。黑色的颜料是烟炱，红色的颜料主要是丹砂。黑漆和红漆最耐久，对比最鲜明，色调最典雅。

漆绘的纹饰大致有以下三类：

第一类是几何纹，抽象性较高，装饰性较纯。以直线和折线表现的有菱形纹、方块纹等，以点画来表现的有点纹、目纹等。其中以菱形纹较有楚地的特色，但不如在陶器上用得多。以曲线来表现的有云纹、雷纹、涡纹、绹纹、斑纹、鳞纹、花瓣纹、S 形纹等。其中云纹是常见的主题纹饰，而且形态变化繁多，有卷云纹、流云纹、三角云纹、勾连云纹、蝶状云纹、花瓣云纹以及多种云纹在一幅图案上的交错组合。（图 4-77）

图4-77　漆器云纹示例
（黄凤春据《江陵雨台山楚墓》插图摹绘）

楚国的匠师因材施纹，在织锦上利用经线和纬线达到了菱形纹的极致，在漆绘上利用挥洒自如的毛笔和油彩达到了云纹的极致，而且穷力追新，体现了奔放的风格。

第二类是凤纹和龙纹。过去在铜器上多得数不胜数的蟠螭纹和蟠虺纹，在漆器上是罕见的，偶或有之，也多是变形的、简化的。描绘在漆器上的凤纹和龙纹，又可分为两种，一种是写“实”的，一种是变形的。写“实”的少，变形的多，这也与施纹的材料和对象有关。在刺绣上，可以把写“实”的凤和龙表现得活灵活现；在漆器上，这是不易讨好的。尽管在漆

图4-78　漆器变形凤纹示例之一（黄凤春据《江陵雨台山楚墓》插图摹绘）

器上也能见到近乎写“实”的凤纹和龙纹，但很少。变形的凤纹和龙纹，撷取主要的形体特征，运用S形纹或卷云纹、流云纹、花枝纹的构图手法，唤起观赏者的想象力和联想力，别具意趣。凤纹比龙纹多，这是出于楚人的信仰和习尚。变形的凤纹，有时达到了支离破碎得仅剩一首或兼有一尾、一羽、一爪的程度，但与卷云纹、流云纹、三角云纹或花枝纹配合，也耐人寻味。一斑既可窥全豹，一首也是可窥全凤的。（图4-78、图4-79）

这一类纹饰，在个别器物上使用了针刻手法。已知的实物有长沙黄土岭楚墓出土的一件漆奁，尚属孤例。在这件漆奁上，有用针尖或刀尖刻出的凤纹，线条细如游丝，又施以彩绘，别具一格。[①]

第三类可称为漆画，又分为两种：其一，以神为主角，有大量纹饰陪衬，如擂鼓墩1号墓主棺上的图画。其二，以人为主角，表现狩猎、乐舞、宴饮等日常生活场景，但也有少量纹饰

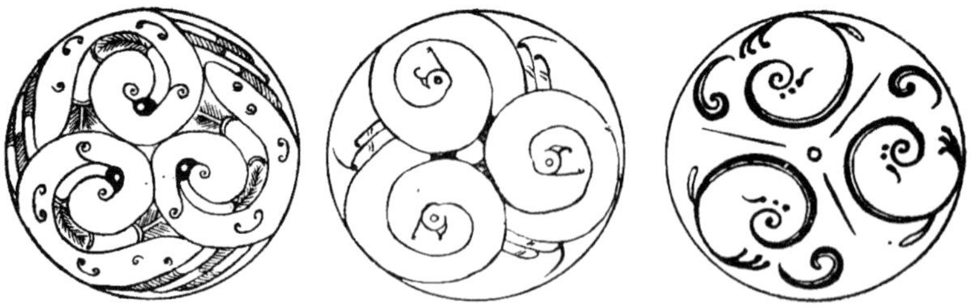

图4-79　漆器变形凤纹示例之二（黄凤春据周世荣底本摹绘）

① 沈福文．中国髹漆工艺美术简史［M］．北京：人民美术出版社，1964．

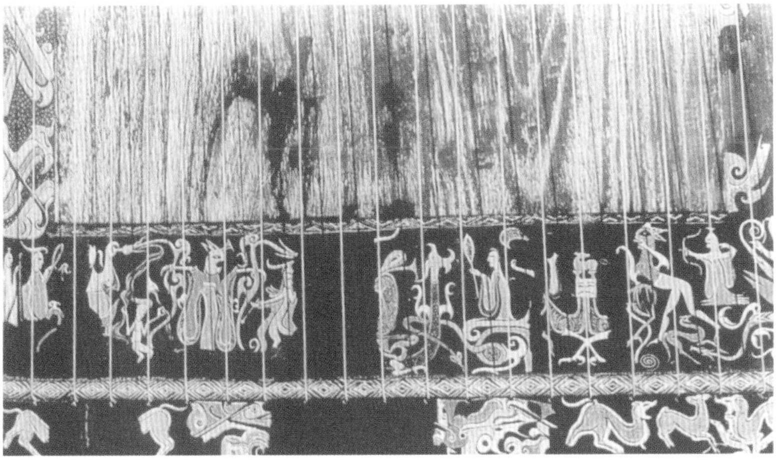

图4-80　锦瑟图画
信阳长台关1号墓出土
（河南省文物研究所提供）

和神、巫、鬼、怪作陪衬，如长台关 1 号墓出土的一件漆瑟上的图画，虽已残，仍有天风海雨的气势。（图 4-80）

先前见于襄阳山湾春秋晚期楚墓遗物的贴金工艺，在楚文化的鼎盛期反而不见踪影，或许是虽有实物而未曾出土吧？

五、料器生产

料器不像珠玉那样珍贵，它是平民化的装饰品。长江以北冠盖相望，饰珠佩玉者不计其数，对料器不免有鄙夷之意。因此，尽管中原在西周时代已能制造料器，那里的料器生产却长期处在奄奄一息的境地。长江以南与中原相对而言是落后的，不以料器之贱而弃之。后来居上，在战国时代料器生产有了空前的发展。

据高至喜 1980 年统计，战国时代的料器，出自湖南楚墓的最多，而且主要是出自长沙的楚墓。长沙地区出土料器的楚墓已有一百一十多座，其中，有八十多座墓出土的料器为璧八十多件、瑗一件、环二件，有三十多座墓出土珠和管一百三十多件，此外还发现了剑首三件、剑珥二件、印一件。①

料器原称琉璃，是早期的玻璃。从现有的考古资料来看，生产料器最早的是西亚。上古之世，东方与西方尚少经济联系，西周时代中原的料器生产工艺应是独自发明的。经有关专家研究，西方的料器是钠钙玻璃，中国的料器是铅钡玻璃，分别自成体系。湖南省地质局实验室曾应湖南省博物馆之请，用显微激光光谱分析方法，检验了当地楚墓所出土的墨绿、浅绿、朱黄三种不同颜色的玻璃璧，结果证明也是铅钡琉璃。（图 4-81、图 4-82）

上述判断，并不排除西方的料器有传到东方的可能性。令人发生兴趣的是，西方和东方都有“蜻蜓眼式”的琉璃珠。所谓“蜻蜓眼式”，即琉璃珠上有蓝色和白色的圆圈，或大小套合，或大小邻接。这样的纹饰风格，与中国的纹饰风

图4-81　琉璃珠
（湖南省博物馆提供）

① 高至喜．从长沙楚墓看春秋战国时期当地经济文化的发展［C］// 中国考古学会第二次年会论文集．北京：文物出版社，1982．

图4-82　琉璃器
（湖南省博物馆提供）

格全不相类，而与西亚、南亚的琉璃珠纹饰风格异常相像。楚国腹地江陵一带，也发现过“蜻蜓眼式”的琉璃珠，但很少。在湖南战国楚墓所出的琉璃管上，也有这样的花纹。比较合理的解释是，西方的琉璃珠曾几经转手传到中国南部来，恰好遇上喜爱新奇的楚人，楚人就利用自己原有的技术来仿造西方的琉璃珠了。

“蜻蜓眼式”的琉璃珠给人以斑驳陆离之感，无怪乎有的学者认为“陆离”就是琉璃。“陆离”一词起于楚国，“琉璃”一词则在楚辞、楚竹简、楚帛书以及先秦文献中一无所见，“陆离”与“琉璃”于声至近，表明它们确实可能同为一物。

关于湖南楚墓所出的大量料器的生产地点，高至喜认为：璧、瑗、环、剑首、剑珥都是我国传统的器形，这些琉璃上的云纹、谷粒纹、龙纹是我国传统的纹饰，琉璃印上的文字是我国特有的文字，这些琉璃含铅钡甚多又与西方的琉璃不同，“由此四点均可以肯定这些琉璃是我国自己制造的”[①]。高至喜的这个意见，是令人信服的。

楚国的料器，在继承和发展中国传统工艺并创造楚国地方特色的同时，竟成为先秦东方与西方文化交流的重要物证，其中包含的意义，自然就出乎平民化的装饰品之外了。

第四节　城市和商业

战国中期，大国有七个，而秦楚最强。就版图、财富而言，秦不如楚；就甲士、兵器而言，秦楚相侔。《战国策·楚策》记江乙对楚宣王说：“今王之地，方五千里，带甲百万……”同书又记苏秦对宣王子威王说：“楚地西有黔中、巫郡，东有夏州、海阳，南有洞庭、苍梧，北有汾陉之塞、郇阳。地方五千里，带甲百万，车千乘，骑万匹，粟支十年，此

① 高至喜．从长沙楚墓看春秋战国时期当地经济文化的发展［C］// 中国考古学会第二次年会论文集．北京：文物出版社，1982．

霸王之资也。”同书又记张仪问威王子怀王：“王无求于晋国乎？”怀王说：“黄金、珠玑、犀象出于楚，寡人无求于晋国。”怀王的话，表明他深信天下莫富于楚。

一、城市和建筑

辽阔的疆域，肥沃的土地，丰富的资源，不断提高的百工技艺，以及逐渐膨胀的官僚机构，促使楚国的城市繁荣起来；而战争的加剧，兵器的改进，以及内线作战频率的增高，又迫使楚人为城市筑了高墙、凿了深池。

在纵横捭阖的外交活动中，楚王屡次许诺把“五城”或“六城”割让给邻国。这些城市，都是不大的边城。楚国的大城，首先是郢都，此外有鄢（今湖北宜城县）、宛（今河南南阳市）、城阳（在今河南信阳地区）、陈（今河南淮阳县）、上蔡（今河南上蔡县）、下蔡（即寿春，今安徽寿县）、吴（今江苏苏州市）等。鄢是楚国的故都，汉水中游的枢纽。宛是汉水与方城之间的要冲，有发达的冶铁业。城阳是淮水上游的咽喉，军事作用大于经济作用。陈、上蔡、下蔡、吴是陈、蔡、吴三国的旧都，各以繁华见称。

从城区规模和市政设施来看，郢都是名副其实的首都。其地“西通巫、巴，东有云梦之饶”①。后世称郢都为纪南城，其遗址犹存。湖北省博物馆在20世纪60年代进行了普探、试掘和测绘，在20世纪70年代与若干有关单位配合进行了普查、钻探和更多的试掘，随即撰写了《楚都纪南城的勘查与发掘》②，使我们对这个上古名城的基本面貌有了概略的认识。

郢都故城在今江陵县城北约5千米处（图4-83），地势大体平坦，虽有少量土丘而起伏不大，城址海拔34米上下。夯筑的城垣大部仍凸

---

① 《史记·货殖列传》。

② 湖北省博物馆.楚都纪南城的勘查与发掘［J］.考古学报，1982（3-4）.

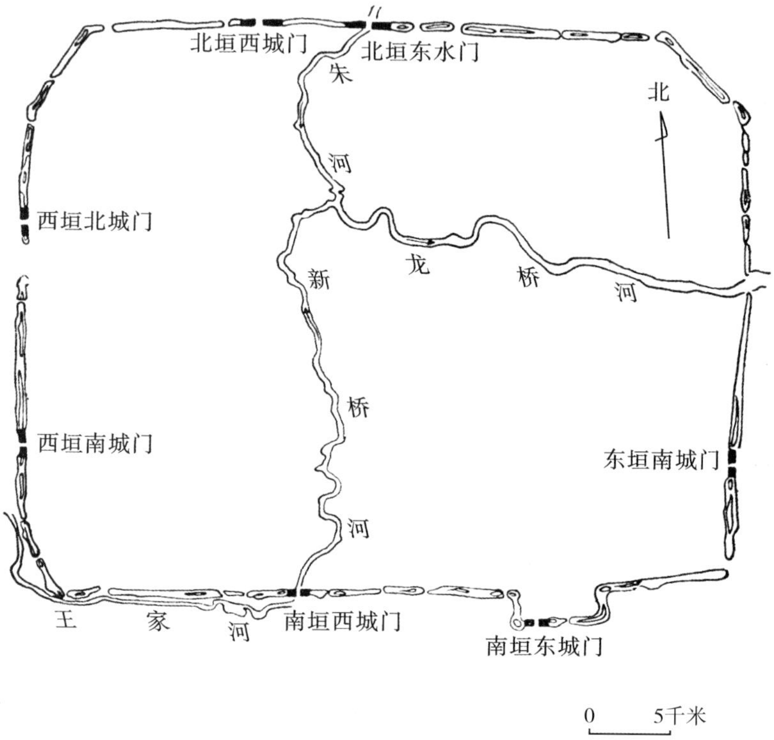

图4-83 纪南城略图
（黄凤春据湖北省博物馆提供资料绘制）

现在地面上，只有二十八处豁口。一般残高 4—8 米，底宽 30—40 米，上宽 10—20 米。夯土每层厚约 10 厘米。墙身与护坡有明显的分界。外护坡底宽约 6 米，内护坡底宽约 10 米。全城大致为方形，东西较南北稍宽，东北、西北、西南三隅都成切角，切线长 500 余米至 700 余米不等，东南一隅近似直角，南垣偏东有“凹”形突出部分。城垣周长为 15 506 米。城址面积约 16 平方千米。已知有七座城门，北垣二门，西垣二门，南垣二门，东垣一门。其中，北垣东门和南垣西门为水门，有古河道贯穿，今仍通水。又，东垣中部偏北经钻探也有古河道横穿，估计也有水门，但仅见豁口，原址因水流冲刷和修筑公路，已严重扰乱，无从查明了。绕城的低洼地带，应是护城河的遗迹。

城垣的建筑年代，根据夹杂在墙身和护坡中以及叠压在城门下的遗物推断，不可能早于春秋末战国初。

此城南有长江，逾江而南可经洞庭湖溯湘水至苍梧，溯江而上可通巴蜀，沿江而下可通吴越；西有漳水，通蛮濮聚居的山地；北有大道，经鄀、邓、宛可出方城。东有湖泊，曲折相通，联结着长江和汉水。楚昭王把郢都迁到这里，从宏观的方位来看，无疑是正确的决策。

城址位于东南两面的江湖与西北两面的丘陵之间，高低适度，既有水道自北向南、自西向东纵横贯穿，又不致为洪水所淹没。筑城垣时，遇到一个高地，就外突包进。在拐角处，遇到几个洼地，就斜切回避。它的整体结构，从微观的地形来看，在齐整中有变化，在严谨中见灵活，不拘成法，讲求实效，这高明的设计思想也体现了楚人的传统作风。至于它后来被秦人一举攻破，推究其原因，城非不高也，池非不深也，弊在当时楚国的君臣见识不高，谋略不深。

1972 年至 1975 年，发掘了西垣北门和南垣水门，从而查明了郢都两种城门的不同形制。

西垣北门有三个门道，用两座夯筑的隔墙分开。中门道基宽 7.8 米，北门道和南门道的宽度都是中门道宽度的一半，两座隔墙各宽 3.6 米，长 10.1 米。门道内和隔墙上都没有发现柱洞之类的建筑痕迹。中门道内，有两个探方的第二层以下发现一层深褐色土，东西走向，南北宽约 8 米，中间较高，两旁稍低，平面略有弧度，可能是当初的路面。南门道内，路土呈灰黑色，有两条东西走向的凹槽，大致平行，相距 1.8 米左右，填土呈黄色，可能是当初的车辙。北门道内，路土曾经破坏，不可辨识。城门内，南北两旁各有门房基址一座。

南垣水门是一座木构建筑，遗迹有南北走向的六排木柱和两排挡板。中间的四排木柱，自东向西为第二排至第五排木柱，连同两排挡板，构成门道。木柱方圆不同，长短不等，粗细不一。一般为圆柱，长 2.20—2.88 米，底径 20—36 厘米，前端削尖。每排植木柱十根，但已有朽尽的，实际发现四排共柱洞三十八个，板础三十七块，木柱三十根。门道长 11.5 米左右，第二、三排木柱之间的东门道和第三、四排木柱之间的中门道各宽 3.5 米，第四、五排木柱之间的西门道宽 3.7 米。第二排木柱东侧和第五排木柱西侧设挡板，每排挡板分为三段，每段有木板三块或两块，南北相连，上下相接，东挡板高 60 厘米，西挡板高 50 余厘米。第一排和第六排木柱应为附属建筑而设，都是圆木柱，一般长 0.47—1.20 米，底径 20—32 厘米，前端也削尖。第一排距第二排 1.75 米，第六排距第五排 2.20 米。每排也应有木柱各十根，实际发现两排仅剩柱洞八个，木柱五根，不用板础，埋在河底生土下约 20 厘米，出水高度比门道的木柱略低。

发掘的结果证明：都城一门三道的制度，最迟在春秋战国之交已经出现了。一门三道的水门，迄今独见于郢都，无疑是楚人的创造。当初郢都的水陆交通都相当便利，舲船衔尾进出于水门，马车振铃进出于陆门，郢都城内，桥下的咿呀声，桥上的叮当声，交汇成一曲乐章，这情调在其他地方怕是很难有的。

郢都城内的发掘工作还做得很少，但已提供了一些重要的线索。

尽管现在城内到处都是农田和村落，但在东南部和东北部仍可看到许多夯土台基。东南部由一条南北走向的古河道分成两半部，西半部的夯土台基尤为密集。西半部的东边和北边有夯土墙的遗迹，当初大概是围墙。1975 年至 1976 年发掘的松 30 号台基，呈长方形，长 80 米，宽 54 米，残高 1.2—1.5 米，年代为战国早期至中期。其墙基用“筑基”方法筑造，先在地面筑出宽约 3 米的基础，在基础上加筑宽约 1 米的墙基，而后在墙基上加筑墙壁。墙基内外两侧有紧贴的长方形柱穴，柱穴伸入墙基 15 厘米，内侧穴窝转角处为直角，外侧穴窝转角处呈弧形，这种柱穴应是“明暗柱”伸入地下的部分。房基长 63 米，宽 14 米，中有一道隔墙，分为东西两室。北墙基外 12 米处和南墙基外 14 米处各有一排磉墩，磉墩外侧为散水。可见，原有的建筑是两面坡式的。在北墙基与北磉墩之间，发现若干柱洞，柱洞分为三排，应是用立柱支撑屋檐的遗迹。类似的柱洞，在南墙基与南磉墩之间也有，但已发现的很少。东西两室内各发现柱洞一个，应是用立柱支撑房梁的遗迹，当初实有的立柱必定还不少。在南北散水中，发现残存的二十一节排水陶管，每节长66.5厘米，直径19.0厘米，壁厚1.0—1.5厘米。这处建筑遗迹，从它的基址规模和营造制度来看，可能是宫殿建筑或官署建筑。它的发掘报告，见《楚都纪南城的勘查与发掘》一文之“肆”，是目前为研究楚都建筑所能利用的一份仅有的珍贵资料。郢都东南部的西半部，当初应是宫殿区。

郢都的东南角和东北部的中心地带，也有较多的夯土台基，当初可能是邸宅区。

郢都居民的生活用水，看来主要是井水。在城址内，已发现了许多水井。水井密集的地带，在城址的中部偏北。1975年至1976年，在那里长约1000米、宽约60米的范围内，发现了水井二百五十六座、窑址六座。这批水井可分为四类：第一类井是土井，七十一座。第二类井是陶圈井，一百七十六座，井身上部有陶井圈。一般的陶井圈，每节长度和直径各约80厘米，上下口厚约3厘米，中壁厚约1.5厘米。每座井所用的陶井圈一般为二至五节。在最靠下的一节陶井圈下，有木架承托。木架为“二”字形或“十”字形或“井”字形，都不用榫卯。井身下部为土壁，偶尔有竹编或苇编的井圈一节，似为防淤而设。第三类井是木圈井，初次发现，仅见三座。木井圈用材是两截大树干，分别凿出弧形槽沟，两槽合拢为椭圆形，架在两根平行的托木上，两个木槽的两条接缝的旁边各贴衬一根木柱，井圈下端有两根平行的支撑木榫合在圈壁上。其中一座的木井圈直径为70—82厘米，壁厚2—6厘米，残高1.80米。另有一座的木井圈，外面套有竹井圈。第四类井是竹圈井，五座。井圈用竹子和柳条编织，以其中一座为例，直径85厘米，壁厚3—6厘米，残高70厘米。[①] 窑址附近的水井，一般较浅，似为供生产用水而凿。

---

① 四类井数相加为二百五十五座，比《楚都纪南城的勘查与发掘》所记总数二百五十六座少一座，应有微误。

建筑台基周围的水井，普遍较深，而且构筑较精，应为供生活用水而凿。另有一种水井，井内遗物不见汲水的小瓮，而有贮物的大瓮，似为冷藏而凿。郢都中部偏北的水井密集地带，可能是制陶作坊区。

郢都的西南部，残存夯土台基不多，但发现了前文已述及的炼炉遗址，可能有铸造作坊区。

郢都的西北部，夯土台基更少，情况不明。

已在城址内发现的砖瓦，有空心砖和板瓦、筒瓦、半瓦当、圆瓦当。空心砖有拍印的花纹，板瓦、筒瓦、瓦当饰绳纹。

郢都城内的道路、闾里、市场和民宅等，已有的资料还很少，尚待今后继续发掘。

桓谭《新论》说："楚之郢都，车毂击，民肩摩，市路相排突，号为朝衣新而暮衣弊。"[①] 桓谭的根据，大概是战国纵横家的话。纵横家为了驰其说、骋其辩，总要夸张几分，但必有事实作张本。他们所描写的郢都，是一个人口稠密、市面繁华的大城市。证之于郢都故址，可知其言不谬。

二、商业和货币

《孟子·滕文公上》记："有为神农之言者许行，自楚之滕，踵门而告文公曰:'远方之人，闻君行仁政，愿受一廛而为氓。'文公与之处。其徒数十人，皆衣褐，捆屦，织席以为食。陈良之徒陈相，与其弟辛，负耒耜而自宋之滕，曰:'闻君行圣人之政，是亦圣人也，愿为圣人氓。'陈相见许行而大悦，尽弃其学而学焉。陈相见孟子，道许行之言曰：'滕君则诚贤君也，虽然，未闻道也。贤者与民并耕而食，饔飧而治。今也滕有仓廪府库，则是厉民而以自养也，恶得贤？'孟子曰：'许子必种粟而后食乎？'曰：'然。''许子必织布而后衣乎？'曰：'否，许子衣褐。''许子冠乎？'曰：'冠。'曰：'奚冠？'曰：'冠素。'曰：'自织

① 引自《北堂书钞》卷一二九。

之与？’曰：‘否，以粟易之。’曰：‘许子奚为不自织？’曰：‘害于耕。’曰：‘许子以釜甑爨，以铁耕乎？’曰：‘然。’‘自为之与？’曰：‘否，以粟易之。’‘以粟易械器者，不为厉陶冶；陶冶亦以其械器易粟者，岂为厉农夫哉！且许子何不为陶冶，舍皆取诸其宫中而用之！何为纷纷然与百工交易，何许子之不惮烦？’曰：‘百工之事，固不可耕且为也。’‘然则治天下独可耕且为与？有大人之事，有小人之事。且一人之身而百工之所为备，如必自为而后用之，是率天下而路也。’”许行是楚人，陈良和陈相也是楚人。在他们生存的战国中期，社会分工的发展已达到“一人之身而百工之所为备”的程度。许行力求自给自足，但他所戴的冠和所用的陶器、铁器却是用粟换来的。

其实，许行并不反对一般的商品经济。他和弟子捆屦、织席，所生产的就是商品。许行的要求，是一切商品都应像他生产的粟那样，定价只需要根据商品的量，不需要顾及商品的质。《孟子·滕文公上》又记陈相说：“从许子之道，则市贾不贰，国中无伪，虽使五尺之童适市，莫之或欺。布帛长短同，则贾相若；麻缕丝絮轻重同，则贾相若；五谷多寡同，则贾相若；屦大小同，则贾相若。”许行的主张是行不通的，孟子驳斥许行说：“夫物之不齐，物之情也。或相倍蓰，或相什百，或相千万。子比而同之，是乱天下也。巨屦、小屦同贾，人岂为之哉？从许子之道，相率而为伪者也，恶能治国家？”

许行所代表的是只求温饱的楚国农民，他们对市场的需求是不多的。《史记·货殖列传》记“楚越之地”“不待贾而足”，是专就“饶食”而言的。民以食为天，与饶食相比，其他都是次要的。商品只求合用，价格只求平稳，精粗美恶在所不计。而且，一般的农民未必拥有货币。他们所进行的商品交换，通常就像许行那样，只是以物易物。在楚国的农村，商品经济只是自然经济的补充。

然而，楚国的城市却是频繁的商业活动的枢纽。在国内市场上，大宗的物资是谷粟、食盐、布帛、丝絮、麻缕、冠履、衣袍、竹木、漆器、陶器、铜器、铁器、牲畜、皮革等等，贵重的物品有珠玑、犀角、象齿、丹砂、黄金等等。这些货物，除金属和箭杆外，都可以进入国际市场。春秋时代，郑是南北物资交流的主要中转站。战国初期，楚灭陈。战国中期，韩灭郑。从此，“在楚、夏之交”① 的陈就取代郑而成为南北物资交流的主要中转站了。在楚国的江河、道路上，商队往来，百货通流。这就出现了一些豪商巨贾，其尤豪尤巨者是身为封君、享有特权的官商。1957 年和 1960 年发现的鄂君启节，提供了一个令人震惊的官商例证。

鄂君启节共五枚，计舟节二枚、车节三枚，都发现于安徽寿县的丘家花园。五枚形制俱同，都是以青铜仿竹节而造，自铭为“金节”。舟节长 31 厘米，车节长 29 厘米有余，弧长一律 8 厘米。根据弧度、弧长以及铭刻在节端两侧的并合序数，可以推定舟节和车节原各有五枚，五枚相合恰成一个圆筒。节面有错金铭文。已发现的舟节二枚铭文相同，已发现的车节三枚也如此。（图 4-84）铭文开头是这样陈述的：“大司马邵鄢败晋师于襄陸之岁，夏㐰之月，乙亥之日，王居于陸郢之游宫，大攻尹陸以王命二集尹陸糌、裁尹逆、裁令阢，为鄂君启之𢊁赓铸金节。”邵鄢，即昭阳。襄陸，即襄陵。②《史记·楚世家》记：怀王六年，“楚使柱国昭阳将兵而攻魏，破之于襄陵，得八邑”。由此可知，鄂君启节造于怀王六年（前 323）。

启封于鄂（今湖北鄂州市），因称鄂君。其舟节记:“屯三舟为一舿，五十舿，岁赢返。”其车节记：“车五十乘，岁赢返。”舟节和车节既各有五枚，则鄂君启可拥有五支商船队和五支商车队。五支商船队合计，至多可有大船二百五十艘或小船七百五十艘。五支商车队合计，至多可有车二百五十乘。但这只是表示鄂君启有如此之大的特权，不能说明他实实在在有如此之多的舟车。舟节和车节都规定:“𥃩其金节则母政”,“不𥃩其金节则政”。“𥃩”字，郭沫若、殷涤非释为“见”，张政烺、于省吾释为“得”，可存疑，总之是要查看、验合的意思。“母”同“毋”,“政”

① 《史记·货殖列传》。

② 于省吾释陸为陲，且言襄陵本应作襄陲，见于省吾．“鄂君启节”考释［J］．考古，1963（8）．

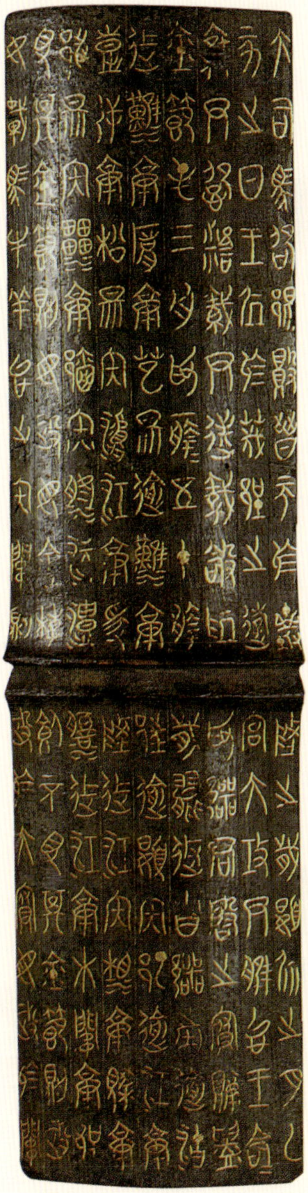

舟节

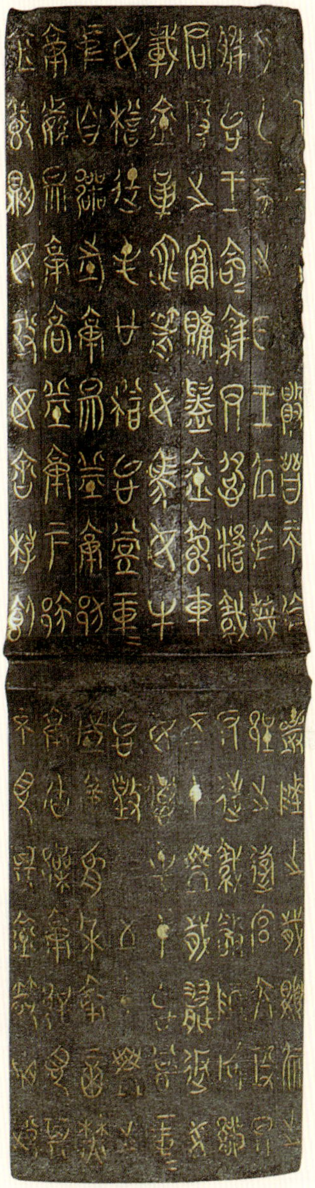

车节

图4-84　鄂君启节

图4-85　鸟首形车饰
（郝勤建提供）

同“征”。持有金节可免予征税，这就是鄂君启的特权。

鄂邑是长江中游通往长江下游的门户，又是红铜集散的中心，自熊渠以来，一向为楚国所重视，始则封立鄂王，继而封置鄂君。鄂君启享有的免税经商特权，表明他可能是当时屈指可数的特大官商之一。

舟节和车节分别规定了准许鄂君启的商船和商车行经的路线和到达的地点。商船从鄂出发，经由汉水、夏水、长江和湘、资、沅、澧诸水，最南可到今湖南南部。商车从鄂出发，北上又东下，最北可到今河南南部，最东可到今安徽西部和南部。大致以汉水为界线，商船队管南面，商车队管北面。

有些货物是禁止私人贩运的。车节规定：“母载金、革、黾、箭。”“黾”字，于省吾以为借作“篃”，《山海经·中山经》“求山多篃”的“篃”即《管子·地员篇》“竹箭求黾”的“黾”，是箭竹，其说可从。“金、革、黾、箭”“都是军用物资，故在禁运之例。独于车节言之者，因为陆行北通上国，意在防其资敌谋反”。[①]还有些货物虽准许贩运，但不得免税。舟节规定：“女载马牛羊以出内閵，则政于大廥，毋政于閵。”“閵”即关，“廥”同府。关是地方机关，大府是中央机关。南方马牛羊比北方少，把北方的马牛羊贩卖到南方去，当可获厚利。楚国在南方征收的商税，可能有一个不小的比例是马牛羊税。楚怀王对鄂君启尽管待遇优渥，还是舍不得把马牛羊税也免掉。至于规定马牛羊税由大府征收，则应是为了调节中央和地方的财政收入。舟节不禁运金、革、黾、箭，可见楚国对南方的统治相当稳固。

车节规定：马和牛每十头当一车看待，挑夫每二十担当一车看待，都要从五十乘的总数里扣除。舟节和车节都规定：地方政府不负责给鄂君启的商队供应伙食。舟节和车节还规定：鄂君启的商队，无论用舟、用车，每做完一次长途贩运的生意，都要到郢都去。以上种种，足以说明楚国的商法是很严密的。节铭中首先记录铸节的年月日以及有关官员的职和名，则又表明楚国对待立法工作是很郑重的。

---

① 于省吾．“鄂君启节”考释［J］．考古，1963（8）．

货币的发行量与商品的流通量相适应。楚国的货币，这时以海贝为主，也有少量铜贝。铜贝虽小，但楚人觉得它方便，因此行用的时间很长，流布的范围很广。先前楚庄王一度把小铜贝改为大铜贝，“百姓不便，皆去其业”。孙叔敖说服楚庄王，仍用小铜贝，“下令三日而市复如故”[①]。铜贝轻重不等，最轻的每个只有 0.6 克，最重的每个也不过 5.5—5.6 克。但在同地同时流通的铜贝，重量却相差不大。赵德馨认为，铜贝是以等量货币形态出现的。[②]

铜贝，后世谓之蚁鼻钱。何以得此怪名，至今尚难论定。铜贝有文，都是铸出的阴文。每个铜贝虽仅有一字，但总计在铜贝上发现的字已近十个。其中最常见的是“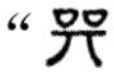”（“”），此字奇僻，释者甚多而莫衷一是。铸有此字的铜贝，又称“鬼脸钱”。（图 4-86）

除铜币外，楚国还有金币和银币。已知的先秦金银币都是楚国的，然而，现有的先秦金银币的铸造年代可能都属于战国晚期，至少我们没有充足的理由说其中有属于战国中期以前的。在湖北境内，楚国的金银币只发现过两件，一件出于宜昌的汉墓[③]，一件出于江陵的汉郢城故址[④]，虽都是金郢爰，但只是汉人保藏的楚人旧物。在湖南境内，20 世纪 30 年代曾发现银郢爰[⑤]，但这是非科学出土之物，年代无从判定。此外，在湖南境内不曾有其他楚国金银币出土。要追溯楚国制造金银币的历史，现有唯一的线索是江陵望山 1 号墓出土了一些包有金箔或银箔的铅饼，应是冥币。[⑥] 望山 1 号墓是战国中期的楚墓，根据其中出土的冥币，可以做出两点推测：其一是战国中期的楚国已有金银币，其二是饼形的金银币可能比包括郢爰在内的版形金银币早出。不过，在战国中期，楚

---

① 《史记 · 循吏列传》。

② 赵德馨 . 楚国金属货币币形［J］. 江汉论坛，1983（5）.

③ 湖北省博物馆 . 宜昌前坪战国两汉墓［J］. 考古学报，1976（2）.

④ 荆州地区博物馆 . 湖北江陵首次发现郢爰［J］. 考古，1972（3）.

⑤ 参考商承祚《长沙古物闻见记 · 陈序》，金陵大学中国文化研究所，1939.

⑥ 湖北省文物局文物工作队 . 湖北江陵三座楚墓出土大批重要文物［J］. 文物，1966（5）.

图4-86　“蚁鼻钱”、钱范
（武汉博物馆提供）

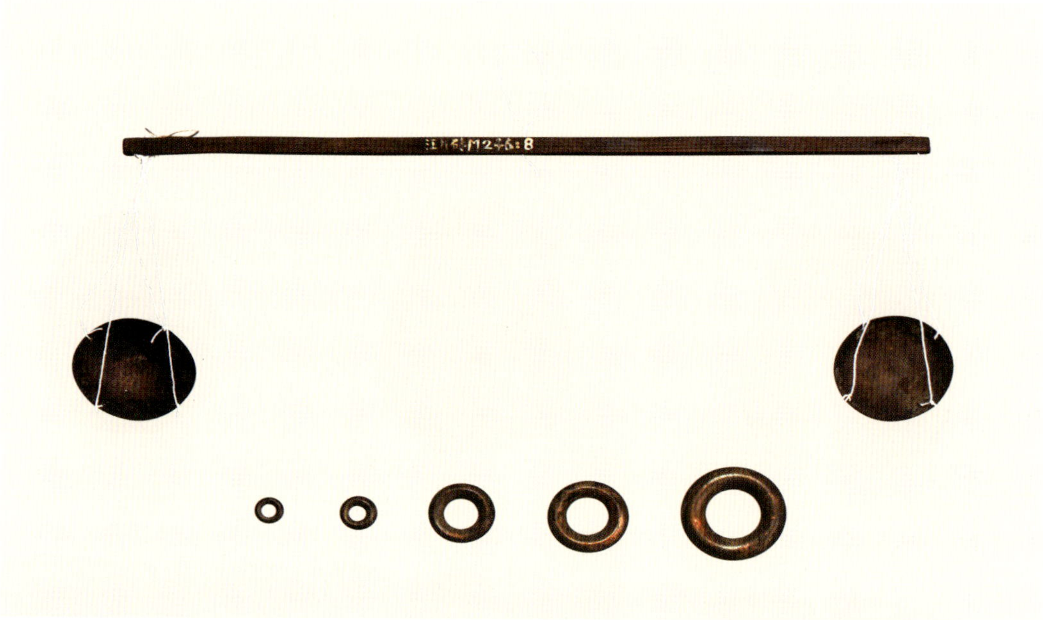

图4-87　天平、砝码
（湖南省博物馆提供）

国的金银币大概还不多，所以金银币在商品交换中所起的作用还不大。

天平和砝码的出现，应与金银成为商品有关，年代要比金银成为通货早些。已知属于先秦的天平和砝码，也都是楚国的。出土于湖南、湖北、安徽等省的楚墓。其中湖南最多，据高至喜 1972 年统计，出土有天平和砝码的楚墓已达 101 座，长沙独占 85 座。[①]（图 4-87）

已知最早的砝码出自江陵雨台山 410 号战国初期的楚墓，已残，仅剩四枚。楚国的砝码是一组从小到大的铜环，完整的每组应有十枚。年代较早而且保存较好的砝码出自江陵雨台山 419 号墓和长沙左家公山 15 号墓，都是战国中期的，前者实测数据见表 4-1，后者实测数据见表 4-2。十

① 高至喜 . 湖南楚墓中出土的天平与砝码［J］. 考古，1972（4）.

图4-88　郢爰
（郝勤建提供）

图4-89　钧益
（湖南省博物馆提供）

枚俱全的砝码只有 1945 年长沙近郊出土的一组，有铭文“钧益”二字，是否是战国中期的遗物尚难断定，实测数据见表 4-3。

表4-1

序号	一	二	三	四	五	六	七	八
重量（克）	125	62	30.8	15.77	7.75	7.25	3.8	1.98
外径（厘米）	4.91	3.74	3.12	2.36	2.15	2.02	1.64	1.21

表4-2

序号	一	二	三	四	五	六	七	八	九
重量（克）	125	61.8	31.1	15.6	8	4.6	2.1	1.2	0.6
外径（厘米）	4.95	3.82	2.96	2.36	1.7	1.4	1.03	0.88	0.72

表4-3

序号	一	二	三	四	五	六	七	八	九	十
重量（克）	251.3	124.4	61.6	30.3	15.5	8	3.9	1.9	1.3	0.69
外径（厘米）	6.06	4.91	3.51	3	2.3	1.75	1.38	11	0.9	0.75

资料来源：
表 4-1：《江陵雨台山楚墓》
表 4-2、表 4-3：丘光明《试论战国衡制》

雨台山 419 号砝码和左家公山 15 号砝码都应是半斤权，钧益砝码则是一斤权。楚国的斤，铭文为“忻”，见战国晚期楚国布形金币的铸文。斤的实重，据上列三组砝码，约 250 克，恰与一整版郢爰的实重相合。丘光明认为，楚国斤的实重与秦国斤的实重基本相等，比燕国斤的实重多出约 2 克，比赵国斤的实重多出约 33 克。[①]（图 4-88、图 4-89）

① 丘光明 . 试论战国衡制［J］. 考古，1982（5）.

每件天平有木杆一支，铜盘两只。左家公山 15 号墓所出的天平最为完整：木杆作扁条形，长 27 厘米，正中有孔，孔内穿丝线为提纽；木杆两端内侧不足 1 厘米处各有一穿孔，两穿孔内都有长各约 9 厘米的丝线四根；铜盘直径为 4 厘米，底略圜，边缘有四个对称的小孔，八根丝线即分系着两只铜盘的八个小孔。

这些天平和砝码，连同钱币、舟节、车节之类，以无声而有力的语言，向后世昭示了楚国商业繁荣的信息。

湖南战国楚墓出土的琉璃珠，多有蓝白色圆圈纹，即所谓“蜻蜓眼式”，酷肖西亚和南亚的琉璃珠，而全无楚风。我们不禁联想到庄跅引兵击夜郎，复前行至滇池，或许是为了打通国际商路。汉代西南地区与南亚之间，则确实有商旅往来。由此可推测，楚国与南亚已有间接的通商关系。这是一个很有意义的课题，希望今后发现更多的线索，足以引导我们走出迷津。

第五节　天文和历法

生活在传说时代的楚人先民，曾经对原始的天文学和历法学做出值得后人追念的贡献。随着祝融集团的瓦解，他们在科学领域里变得默默无闻了。直到楚文化的茁长期，楚人才又显示出观象授历方面的素养和才气。至于他们重新以自己的发现推动天文学和历法学的进步，则是在楚文化的鼎盛期。

古人将日月和五大行星运行路线附近的恒星分为二十八片，称之为二十八宿。这个恒星区划体系的建立，对天文学和历法学的发展有重大的意义。二十八宿，不仅中国有，古代的印度、埃及、伊朗等国也有。国际天文学界公认，中国和印度的二十八宿体系出现较早，而且是同源的。

据《史记·天官书》和《汉书·天文志》，创立二十八宿体系的，是战国时代的甘公和石申夫。甘公名德，《史记·天官书》和《后汉书·天文志》说他是齐人，《汉书·艺文志》和《史记·天官书》张守节《正义》引萧梁阮孝绪《七录》说他是楚人，《史记·天官书》裴骃《集解》引徐广说他是鲁人。可能甘公到过鲁、齐、楚诸国，是当时的一位国际天文学家。石申夫是魏人，史无异辞。《史记·天官书》把甘、石二人与楚唐昧并举，可见他们都生活在战国中期。

二十八宿的全部星名，最早见于《吕氏春秋·有始览》，即：角、亢、氐、房、心、尾、箕、斗、牛、女、虚、危、室、壁、奎、娄、胃、昴、毕、觜、参、井、鬼、柳、星、张、翼、轸。对照《汉书·天文志》所记的《甘氏》二十八宿星名和《石氏》二十八宿星名，前者与《有始览》所记不无出入，后者与《有始览》所记无一不合。

1978 年，湖北随州市擂鼓墩 1 号墓出土了一件漆箱，箱盖上按星空的方位写着二十八宿的星名。（图 4-90）此墓是战国早期的曾侯乙墓，可知二十八宿体系在甘、石二人之前就有了。甘、石二人的贡献，或许是做了进一步的观测和整理。

漆箱的二十八宿星名，与《甘氏》星名出入较多，与《石氏》星名出入较少。联系到石申夫为魏人以及《有始览》采用《石氏》体系，可知中原、关中以及姬姓的曾国通行的二十八宿星名属于《石氏》体系。

屈原在《九歌·东君》中写道："青云衣兮白霓裳，举长矢兮射天狼。操余弧兮反沦降，援北斗兮酌桂浆。""天狼"和"弧"见于《甘氏》星名，而为《石氏》星名和漆箱星名所无，可知楚国的二十八宿星名应属于《甘氏》体系。同时，这也说明了甘公为楚人的可能性大，为齐人或鲁人的可能性小。下面是《甘氏》《石氏》和漆箱三套二十八宿星名的对照表[①]：

① "甘氏"栏内和"石氏"栏内的星名及顺序见《汉书·天文志》。"漆箱"栏内的星名按顺时针方向排列，顺序悉如原图。

甘氏	石氏	漆箱	甘氏	石氏	漆箱
角	角	角	奎	奎	圭
亢	亢	阬	娄	娄	娄女
氐	氐	氐	胃	胃	胃
房	房	方	昴	昴	矛
心	心	心	毕	毕	绊
尾	尾	尾	参	觜觿	此隹
箕	箕	箕	罚	参	参
建星	斗	斗	狼	东井	东井
牵牛	牵牛	牵牛	弧	舆鬼	与鬼
婺女	婺女	婺（？）女	注	柳	酉
虚	虚	虚	张	七星	七星
危	危	危（？）	七星	张	张（？）
营室	营室	西萦	翼	翼	翼
东壁	东壁	东萦	轸	轸	车

夏鼐认为："二十八宿体系在中国创立的年代，就文献记载而言，最早是战国中期（公元前 4 世纪），但可以根据天文现象推算到公元前 8 至 6 世纪（620±100 B.C.）。"[①] 漆箱的二十八宿星名，恰好是从天文现象到文献记载的一个中间环节，从而为二十八宿体系可能创立于公元前 8 至 6 世纪增添了科学推测的依据。

① 夏鼐．从宣化辽墓的星图论二十八宿和黄道十二宫［J］．考古学报，1976（2）．

漆箱二十八宿星名的两侧，分别画着青龙和白虎，青龙在东，白虎在西，这是四象中的东西二象。（图 4-90）参照《楚辞·九辩》中说“左朱雀之茇茇兮”,《远游》中说“召玄武而奔属”，可知最迟在战国早期或中期，至少楚国和曾国已有完整的四象，四象创立的年代可能不比二十八宿晚。四象又称四宫或四陆，与二十八宿联结，每宫有七宿。在文献中,四象与二十八宿相连的完整体系最早见于《周礼·冬官·考工记》和《史记·天官书》，二者都是西汉的作品。漆箱的出土，把四象创立的时代也向前推了。

过去有许多学者指出，中国的二十八宿体系是与北斗等拱极星连在一起的。漆箱的二十八宿星名，绕成一圈，中间正有一个巨大的“斗”字赫然在目。中国古代的天文学重视北斗，《史记·天官书》说：“斗为帝车，运于中央，临制四乡。分阴阳，建四时，均五行，移节度，定诸纪，皆系于斗。”当时的北斗，比现在更接近北天极。对中原地区来说，北斗七星都在恒显圈内。把北斗画在二十八宿包

图4-90　漆箱二十八宿图
随州擂鼓墩1号墓出土
（湖北省博物馆提供
摄影　潘炳元）

围之中，是相当准确的。北斗的斗柄，指向角宿；北斗第五星为“衡”，对着南斗；北斗第一至四星为“魁”，枕于参宿之首。只要观测了北斗，就可以知道隐在地平线下各宿的位置。楚人对北斗格外尊崇，还有一个重要的原因是可以凭斗柄的指向来区分四季。约在战国中期至后期之际，楚国有一位号为鹖冠子的道家学者，对天文和历法颇有造诣。《鹖冠子》一书的《环流》说：“斗柄东指，天下皆春；斗柄南指，天下皆夏；斗柄西指，天下皆秋；斗柄北指，天下皆冬。”斗柄的指向与十二月建也有关系，所以十二月建又称“斗建”。

画在上述漆箱上的天图，不仅是楚国及其附庸曾国的珍贵天文学资料，而且是与东周列国都有关的珍贵天文学资料。

对五大行星的运行特点，甘公和石申夫已有较为精细的观测记录。《史记·天官书》说：“故甘、石历五星法，唯独荧惑有反逆行。”《汉书·天文志》说：“古历五星之推，亡逆行者。至甘氏、石氏经，以荧惑、太白为有逆行。”荧惑、太白，即火星、金星，它们顺行与逆行的交替比较明显。水星、土星、木星也有逆行现象，但水星不易观测，土星、木星的逆行现象则不大明显。战国中期的甘公和石申夫，已指出火星和金星有逆行现象，是难能可贵的。

甘公还发现了木星的第三号卫星。《开元占经》卷二十三记：“《甘氏》曰：单阏之岁，摄提格在卯，岁星在子，与虚、危晨出夕入，其状甚大有光。若有小赤星附于其侧，是谓同盟。”席泽宗认为：那颗小赤星就是木星的第三号卫星，因是橙色的四等星，当其与木星的角距大于5角分时，肉眼可见。甘氏发现这颗小赤星的年代，应在公元前400年至公元前360年之间，而以公元前364年的夏天可能性最大，因为那时木星正在宝瓶座运行，而女宿一、虚宿二、危宿一都在宝瓶座内，恰如《开元占经》所云，岁星“与虚、危晨出夕入”。在国际天文学史上，甘公是第一个发现木卫三的人。[①]

---

① 科学史上的一个错案应予纠正——我国战国时期天文学家甘德已发现木星的三号卫星，比伽利略和麦依耳的发现早出近两千年［N］. 光明日报，1981-04-07.

对彗星，甘公也有观测的记录。《开元占经》卷八十五记："《甘氏》曰：'扫星见东北，名曰天棓。'"称彗星为天棓，当因其状似甘。子弹库帛书有《四时》《天象》《月忌》三篇，其《天象》篇有"天棓将作伤"句，对彗星的称呼正与《甘氏》相合。[①]

在战国时代的天文学家中，甘公无疑是成就最大的一位。

战国时代的楚人还用诗歌和神话记录了太阳黑子和极光。

屈原在《天问》中写道："羿焉弹日？乌焉解羽？"这是关于日中有乌的最早记载。日中之乌，剥去神话的外衣，即太阳黑子。中原把太阳黑子说成是日中见斗、日中见沫或日中有立人之象，都是客观的描述。至于羿射日中之乌，则是由客观而生的主观，由观测而生的想象。早期的科学思维，是不免与神话相联系的。对于太阳黑子的认识，也表现出南北文化的差异。

屈原在《远游》中写道："集重阳入帝宫兮，造旬始而观清都。"《史记·天官书》说："旬始，出于北斗旁，状如雄鸡。其怒，青黑，象伏鳖。"这种发光现象，非极光莫属。关于极光，最早的资料是《竹书纪年》记周昭王末年夜空所见，次早的资料便是《远游》。身在楚国，大概看不到极光。或许是屈原听到北方关于极光的描述，觉得奇异，把它写进自己的作品里去了。

楚人的宇宙论和天象观，集中地反映在《天问》和子弹库帛书中。如《天问》所描写的，楚人以为宇宙原是混沌一片，不分上下明暗，由于阴阳二气的作用，才分出了天和地、昼和夜，天如圆盖，有八根柱子立地顶天。楚人对宇宙生成的认识，是在天真的猜测和想象中加进了道家的思想。他们对宇宙结构的认识，是盖天说。相传为宋玉所作的《大言赋》写道："方地为车，圆天为盖。"这便是典型的盖天说。

楚国的历法，在春秋战国之际，曾改弦更张。

对照《春秋》《左传》和《史记·楚世家》所记楚事的月日，可知

---

① 李学勤.论楚帛书中的天象［C］//湖南考古辑刊：第一集.长沙：岳麓书社，1982.

春秋时代楚国的历法用天正建子，同于周室和鲁、郑、卫诸国。但这并不表明楚人只是被动地奉行周室所颁之历。公元前541年，楚郏敖死，《史记·楚世家》系于十二月己酉,《春秋》和《左传》系于十一月己酉，而是年十二月无己酉，应是楚历上年失闰，以致《史记》误书。公元前506年，吴师入郢都,《春秋》和《左传》系于十一月庚辰,《史记·楚世家》仅言冬庚辰，而是年十一月无庚辰，应是鲁历上年不应闰而闰，以致《春秋》《左传》俱误。上举二事，说详何幼琦《论楚国之历》[①]，足证楚国自己也在推步制历。楚武王时，已有“荆尸”这个特殊的楚历月名，而荆尸相当于夏历正月（详下文），也可证楚人在历法方面对周历并不总是依样画葫芦的。

战国时代，楚国的历法改用人正建寅，同于晋、齐、秦诸国。屈原的作品，为此提供了确切的证据。《离骚》中说：“摄提贞于孟陬兮，惟庚寅吾以降。”两句，说到了年、月、日三者。其中，能表明楚历类别的是“孟陬”这个月份。陬为夏历正月，适值孟春，故称孟陬。《怀沙》中说：“滔滔孟夏兮，草木莽莽。”《抽思》中说：“望孟夏之短夜兮……”《九歌》中说：“春兰兮秋菊……”这些，都只能与夏历相合。

1975年,湖北云梦县睡虎地出土了一批秦简,其中《日书》甲种《岁》篇有四枚竹简是秦楚月名对照表，秦历从正月到十二月，相对应的楚历月名是刑夷、夏夷、纺月、七月、八月、九月、十月、爂月、献马、冬夕、屈夕、援夕。按，秦国采用的颛顼历是夏历的变种，初以立春为岁首，以建寅为年始，后虽改以建亥（十月）为年始，而岁首为立春和正月为建寅仍同于夏历。曾宪通《楚月名新探》[②]考证楚历荆尸（刑夷）对应于夏历正月，夏楚（夏夷）对应于夏历二月，依次类推，这是正确的。问题在于，楚国既用夏历，则对照表中的七至十月应改称四至七月方合。或许可以设想，称七至十月是秦人强加或妄拟的。可是，天星观1号墓

① 何幼琦．论楚国之历［J］．江汉论坛，1985（10）．

② 曾宪通．楚月名新探［J］．中山大学学报：哲学社会科学版，1980（1）．

出土竹简卜筮记录有云："秦客公孙纨闻（问）王于莪郢之岁，十月，丙戌之日，……"显然，楚历十月确实没有"刑夷""夏尿"之类的别名，本来就称十月，而七月、八月、九月也应如此，并非出于秦人代庖。只有在楚历以建亥为年始的条件下，这七、八、九、十月的序数才说得通。而以建亥为年始（正月），比秦颛顼历更进一步，或可称之为楚颛顼历。

楚国改用颛顼历的原因，可能是春秋晚期以后楚人已与华夏认同[①]，把自己的始祖与华夏至高无上的天帝颛顼生拉硬扯在一起，说祝融是颛顼的裔孙。这种利用神话谱系攀亲的手法，是中国古代民族惯用的，不独楚人为然。[②] 到了战国中期，在楚人心目中，祝融的始祖地位已被颛顼取代了。屈原的《离骚》，起句为"帝高阳之苗裔兮"，高阳就是颛顼。出于民族认同的良好愿望，楚人数典而忘祖了。他们为了表明自己是颛顼的正统裔嗣，不惜比秦人走得更远，连正月也改从建亥了。

尽管如此，由于夏历切合生产和生活的实际需要，楚人既没有改动刑夷、夏尿等月名与夏历正月、二月等月份的对应关系，也没有改动春、夏、秋、冬与夏历四季的对应关系。时移则事异，先前采用周历而兼顾夏历，荆尸相当于"王春三月"和夏历正月；此时改用颛顼历而兼顾夏历，荆尸便相当于楚历四月和夏历正月了。楚人惯于实行不拘一格的多元化体制以适应多元化需要，在历法上也是这样的。

楚国有一种以大事纪年的独特习惯，据已知的资料，这正是在楚文化的鼎盛期创始和推行的。如鄂君启节铭文云："大司马卲阳败晋师于襄陸之岁……"上举的天星观1号墓竹简云："秦客公孙纨闻（问）王于莪郢之岁……"长台关楚墓出土的编钟铭文，以及望山楚墓出土的竹简，也有类似的纪年方式。楚人好标新立异，这又是一例。

---

① 张正明．先秦的民族结构、民族关系和民族思想——兼论楚人在其中的地位和作用［J］．民族研究，1983（5）．

② 张正明．荆楚族源通议［J］．中南民族学院学报，1984（1）．

第六节　哲学

东周的文化，作为一个大系统，是由北方文化和南方文化这两个子系统耦合而成的。就哲学而言，北方以儒家为代表，南方的代表则是道家。

道家的正式形成，约在春秋战国之际。然而，楚人以为道家的起源早在楚人得国之前。这有三个原因：其一是道家思想的发端确实比道家体系的定型早得多，说滔滔巨流来自涓涓细流，本来就未为不可；其二是楚国转弱为强的经历恰好印证了道家学说的积极方面，这就容易使楚人把自己的先王看成道家的先驱；其三是楚人奉祀鬻熊，而且以为鬻熊是政治家兼思想家。由此，鬻熊就俨然成为道家了。于是，就有人摭拾传闻，作为文章，而代鬻熊立言了。《汉书·艺文志》记“道三十七家，九百九十三篇”，其中最早的四家是：“《伊尹》五十一篇”“《太公》二百三十七篇”“《辛甲》二十九篇”“《鬻子》二十二篇”。鬻子其人，就是鬻熊。《鬻子》其书，虽属伪作，却是探寻道家思想的渊源所不可置之不论的。《文心雕龙·诸子篇》说：“篇述者，盖上古遗语，而战代所记者也。至鬻熊知道，而文王咨询，余文遗事，录为《鬻子》。子目肇始，莫先于兹。”现在研究《鬻子》，当然只能把它看成道家之言的传说阶段。我们把《鬻子》放在本章里介绍，缘由就在于它是传说，不应而且也不必把它的作者当成先世确曾有其人的鬻熊。在介绍了鬻子哲学之后，再介绍老子哲学和庄子哲学、屈子哲学。

一、鬻子哲学

——关于楚国早期道家的传说

《鬻子》的班固著录本久佚，唐永徽间（650—655）出现逢行珪注本，清光绪十八年（1892）又有叶德辉校辑本。叶氏在《校辑〈鬻子〉序》中说：“余见日本刻《群书治要》，多引唐以前经史子部，乃知今世［《鬻子》］传本，即由其中抄撮而成。其强分章名，则沿道藏本之陋。”他将辑自《群书治要》者，删去逄注，保存逄本的章名，编为卷一；将辑自贾谊《新书》《列子》者编为卷二。现在只引用叶本的卷一，涉及卷二者径引《新书》《列子》。

透过这些资料看鬻子哲学，正如透过《楚辞》《山海经》《淮南子》《列子》等书中的资料看神话。神话出于洪荒远古，只凭口传，要研究它，只有利用后世的记录。后世记录，与当初口传，一般地说，会有繁简之别。所以将所记的还原为简单形态，大概就近乎当初的面貌了。这个道理和方法，可以运用于研究鬻子哲学。当初《鬻子》也只是口传“本”。由于口传，在语言上，便是后世记录者所用的语文，不复佶屈聱牙；在思想上，难免有后世记录者加以“现代化”之处，需要还原简化。

鬻子哲学基本上是政治哲学。为了证成其政治哲学，他也涉及宇宙生成论，而没有明确提出本体论。

鬻熊说：“禹之治天下也”，得皋陶等“七大夫以佐其身，以治天下，而天下治”。又说：“汤之治天下也”，得伊尹等“七大夫佐，以治天下，而天下治”。可见治天下，天下治，在于用贤。他说：“圣人在上，贤士百里而有一人，则犹无有也。王道衰微，暴乱在上，贤士千里而有一人，则犹比肩也。”[①] 这里讲的是贤士的绝对密度（百里一人，千里一人）与相对密度（无有，比肩）问题。比肩，是人多拥挤的样子。圣人在上，贤士再多，也嫌少；暴乱在上，贤士再少，也嫌多。在上的圣人，总是拼命地求贤，贤士再多，他也嫌少。举例来说：“禹尝据一馈而七起，日中而不暇饱食，曰：吾犹恐四海之士，留于道路。是以四海之士皆至。”[②] 四海之士皆至，就有一个如何区别贤、不肖的问题。这个问题具有认识论的意义。鬻熊提出从两方面区别。一个方面是“见于行”，“见于言”：“不肖者，不自谓不肖也，而不肖见于行。虽自谓贤人，犹谓之不肖也。”“愚者不自谓愚，而愚见于言。虽自谓智，人犹谓之愚也。”另一方面是“察吏于民”：“明主撰吏焉，必使民兴焉。士民与之，明上举之；士民苦之，

①② 《鬻子》叶德辉本卷一。

明上去之。故王者取吏不忘，必使民唱，然后和。民者，吏之程也。察吏于民，然后随。政曰：民者，至卑也。而使之取吏焉，必取所爱。故十人爱之，则十人之吏也；百人爱之，则百人之吏也……故万人之吏，撰卿相矣。”[①]原则很简单：民爱谁，王就选谁。这也就是《老子》说的：“圣人恒无心，以百姓之心为心。”[②]如此选用的吏，就是贤士。这样做，有个君吏民三位一体说作为根据：“昔之帝王，所以为明者，以其吏也。昔之君子，所以为功者，以其民也。力生于民，而功最于吏，福归于君。”[③]最，聚也。民出力，吏得功，君享福。在此三位一体中，民是最下的基础，力量的源泉。这与《尚书》伪古文《五子之歌》的“民为邦本，本固邦宁”之说是一致的。

贾谊《新书》的《修政语下》也讨论了贤与不肖之类的区别问题，其言曰：“周成王曰：‘寡人闻之：有上人者，有下人者；有贤人者，有不肖人者；有智人者，有愚人者。敢问：上下之人，何以为异？’鬻子对曰：‘唯。拟请以上世之《政》，诏于君王。《政》曰：凡人者，若贱若贵，若幼若老，闻道志而藏之，知道善而行之，上人矣。闻道而弗取藏也，知道而弗取行也，则谓之下人也。故夫行者善，则谓之贤人矣；行者恶，则谓之不肖矣。故夫言者善，则谓之智矣；言者不善，则谓之愚矣。故智愚之人，有其辞矣；贤不肖之人，别其行矣；上下之人，等其志矣。’周成王曰：‘受命矣。’”其中的“政”字，前人虽已注意及之，而未得其解。如黄震《黄氏日抄》云：“未知自称‘政曰’者为谁。”宋濂《诸子辨》云：“盖非［鬻］熊自著，或者其徒名‘政’者之所记欤？”今按：这样用的“政”字在《修政语下》中凡十三见，在《鬻子》叶本卷一正文中凡五见，都是指更古的典籍，与《志》[④]《记》[⑤]类似。此段所强调的区别在于是否

①③《鬻子》叶德辉本卷一。

②《老子》傅奕本第四十九章。

④ 如《左传·襄公二十五年》：“《志》有之：……”杜预注：“《志》，古书也。”

⑤ 如《庄子·天地篇》：“《记》曰：……”陆德明释文：“记，书名也。”

行道。《老子》云："上士闻道，勤能行之。"又说中士、下士如何如何。[①]其上中下的区别亦在于是否行道，与此一致。

鬻熊之道，是"治国之道""兴国之道"，[②]并无形上学的意义。《鬻子》卷一云："发政施令为天下福者，谓之道；上下相亲，谓之和。""和与道，帝王之器。"器，就是工具。关于道与和，还有如下具体的阐述。

关于道，《鬻子》卷一云："有天然后有地，有地然后有别，有别然后有义，有义然后有教，有教然后有道。"这是一个先后序列，不是因果序列，也不是生成序列。所以天只是序列的起点，不是生成的本体。"有教然后有道"，则此道是教化大行而实现的治国之道，不是形上的道。《老子》提出"道生一，一生二，二生三，三生万物"[③]的生成序列，以道为起点和生成的本体。这才是形上的道，所以"天法道"。[④]

关于和，《修政语下》云："周武王问于鬻子曰：'寡人愿守而必存，攻而必得，战而必胜，则吾为此奈何？'鬻子曰：'唯。攻守而胜乎同器，而和与严其备也。故曰：和可以守，而严可以守，而严不若和之固也。和可以攻，而严可以攻，而严不若和之得也。和可以战，而严可以战，而严不若和之胜也。则唯由和而可也。……而由此，守而不存，攻而不得，战而不胜者，自古而至于今，自天地之辟也，未之尝闻也。君王欲守而必存，攻而必得，战而必胜，则唯由此也为可也。'周武王曰：'受命矣。'"攻、守、战都可以用和与严的方法，而"严不若和"。严不若和，就是刚不若柔。

《列子·黄帝》引《鬻子》曰："欲刚，必以柔守之；欲强，必以弱保之。积于柔必刚，积于弱必强。观其所积，以知祸福之乡。强胜不若己，至于若己者，刚。[⑤]柔胜出于己者，其力不可量。"目的是欲刚、欲强，方

① 《老子》傅奕本第四十一章。
② 《新书·修政语下》。
③ 《老子》傅奕本第四十二章。
④ 《老子》傅奕本第二十五章。
⑤ 张湛注："必有折也。"

法是为刚而柔，为强而弱。不是为柔而柔、为弱而弱。

“积于柔必刚，积于弱必强”，说的是量变到质变，向对方转化的辩证法。不是静待转化，而是通过“积”的努力。

强，可胜不如己者。若碰到亦如己者，刚两强必有一折，可能是对方折，也可能是自己折，所以不是“常胜之道”[①]。柔，则可胜超出自己者，当然亦可胜不如自己者。换言之，刚可胜弱敌，柔可胜强敌。所以柔是“常胜之道”。

这个常胜之道，就是西周兴国之道。太王去邠、事獯鬻，文王事昆夷、服事殷，都是积于柔弱的阶段，也是武王翦商灭纣的预备。这个常胜之道，也是楚人兴国之道。熊绎跋涉山川以事天子，熊渠得江汉间民和，都是积于柔弱的阶段，也是庄王争霸中原、问鼎周室的预备。

楚人从自己治国、兴国的经验中，悟出了柔弱转化为刚强的辩证法。

这样的辩证法，其前提，必然认定宇宙是运动的、变化的。《列子·天瑞》引《鬻子》曰：“运转亡已，天地密移：畴觉之哉？”寥寥数语，显示了他的宇宙论，暗示了他的本体论。天地密移运转不已，乃有万物生成变化。《鬻子》卷一云：“天地辟而万物生，万物生而人为政焉。”说的就是宇宙由自然到社会的发展。这种发展，是“自生、自死、自厚、自薄”，如《列子·力命》所说。《力命》还说：“鬻熊语文王曰：‘自长非所增，自短非所损，算之所亡若何。’”算是算计，属于人力。《列子》引此语，是为了帮助论证“力”无如“命”何的思想。其实此语本意是说，万物自长，非他力所增；万物自短，非他力所损：都不以人的意志为转移。

鬻熊的力命观，即对于力与命的关系的看法，可以从《新书·修政语下》的一段记录中看出来：“周成王曰：‘寡人闻之，圣王在上位，使民富且寿，云：若夫富，则可为也。若夫寿，不在天乎？’鬻子曰：‘唯。拟请以上世之《政》，诏于君王。《政》曰：圣王在上位，则天下不死军兵之事。……则民免于一死而得一生矣。圣王在上，……则民无冻馁矣。……

① “常胜之道”为《列子·力命》语。

则民免于二死而得二生矣。圣王在上，……民无夭遏之诛。……则民免于三死得三生矣。圣王在上，则使民有时，而用之有节，则民无厉疾。……则民免于四死而得四生矣。故圣王在上，……贤人必用，而不肖人不作，则已得其命矣。故夫富且寿者，圣王之功也。’周成王曰：‘受命矣。’”

鬻熊认为，圣王在上，民可免四死而得四生。这就是认为力能胜命。他满怀力能胜命的信心，千载之下，犹觉虎虎有生气。此鬻熊之所以成为开创楚国基业的先驱，此鬻子之所以为《鬻子》。

二、老子哲学

楚国哲学的精华，萃于《老子》一书。此书的作者老子其人，或谓即周守藏室之史李耳，或谓即老莱子，或谓即周太史儋，三说不知孰是，《史记·老子韩非列传》并存之。

李耳与老莱子，至少有五点相同或相似之处，其一，都是楚人。“老子者，楚苦县厉乡曲仁里人也。”“或曰，老莱子亦楚人也。”[①] 其二，都号为老子。其三，相传都是春秋晚期人。孔子曾“问礼于老子”，老莱子“与孔子同时”。[②] 其四，都是孔子之所严事。史称：“孔子之所严事，于周，则老子；……于楚，老莱子。”[③]其五，都著有道家之书。老子“著书上下篇，言道德之意五千余言”；老莱子“著书十五篇，言道家之用”。[④]

李耳与儋，也有相同或相似之处不下四点：其一，显然同名。李耳字聃，“聃”与“儋”音义俱同。其二，可能同官。李耳为周守藏室之史，儋为周太史，藏室之史即掌典籍之史，太史也有掌典籍之责，二职似为一职。其三，可能都生于战国早期。文献记太史儋之事，在孔子死后一百二十九年[⑤]，可见儋为战国早期人。苦县原属陈国，公元前478年楚国灭陈国，苦县才并入楚国，事在孔子死后一年。司马迁说李耳是

---

①② 《史记·老子韩非列传》。

③④ 《史记·仲尼弟子列传》。

⑤ 《史记·老子韩非列传》裴骃《集解》引徐广曰：“实百一十九年。”

“楚苦县”人，如其言不误，则李耳生于战国早期，不得见孔子；如李耳确曾见孔子,则不得称“楚苦县”人。其四,都曾出关。李耳去周出关，儋见秦献公也一定要西行出关，其事俱见《史记·老子韩非列传》。

看来，传说中的三个人，实际上也许只是两个人：一个是春秋晚期的老子，别称老莱子，楚人，乡贯不明，著书十五篇，言道家之用；还有一个是战国早期的老子，姓李，名耳，字聃（儋），曾仕于周为太史或守藏室之史，将老莱子的遗著改写为上下两篇，言道德之意。清人汪中有鉴于此，在所著《老子考异》中断言：“言道德之意五千余言者，儋也。……或曰儋即老子，其言尠矣。”①

说《老子》是楚国的哲学著作，主要是因为它导源于楚人的思想传统。至于著者的国籍，则尚在其次，可以存疑或不论。

《庄子·天下》说：“以本为精，以物为粗，以有积为不足，澹然独与神明居，古之道术有在于是者。关尹、老聃闻其风而悦之，建之以常无有，主之以太一。”这个太一，是从楚人崇奉的太一脱胎而来的。楚人崇奉的太一，即《楚辞·九歌》所谓“东皇太一”，是全天的尊神。老子所做的工作，是把太一抽象化、理念化，把它当作宇宙的本体了。

从社会内容来看，《老子》一书较多地反映了楚国县民的处境和愿望。县民原非楚人，是在其故国沦亡并改为楚国的县邑之后才成为楚人的，老子也是这样的县民。县民之中，既有贵族，也有平民。他们怀着黍离之悲，对福与祸、兴与废的转化有真切的体验，对鬼神的信仰则比较容易破灭。他们希望楚国的统治少触动他们原有的社会秩序，少打乱他们原有的生活方式。《老子》一书所考察的社会问题，主要是君与民的关系以及大国与小国的关系。作者为民和小国执言，但也为君和大国着想，在刚与柔、上与下、动与静、有为与无为的对立统一关系问题上，自然是要强调柔、强调下、强调静、强调无为的。

从西汉早期算起，对老子哲学的研究已积有两千多年之功了。假使

① 汪中《述学·补遗》。

在本书中对老子哲学做全面的评论，那是既不可能也无必要的。下面所要介绍的，是从南北文化耦合的角度看老子哲学的基本特征。讲老子哲学，现在以长沙马王堆3号汉墓出土的帛书本《老子》为基本资料，为了便于指明出处，仍然沿用与帛书本最接近的傅奕本的章次。

就哲学的特征而言，儒家在于其肯定性，道家在于其否定性。儒家讲肯定，也讲否定，主要是讲肯定。道家讲否定，也讲肯定，主要是讲否定。这样肯定性与否定性的耦合，既构成中国哲学的稳定与和谐，又推动中国哲学的发展与进步。

作为南方文化表率的楚文化，其哲学否定性的特征，于传说的鬻子哲学中已见其滥觞，于老子哲学中自成其系统。

帛书本《老子》是《德》篇在前，《道》篇在后，与传世本的次序相倒。其开宗明义的首章相当于傅奕本第三十八章，此章曰："上德不德，是以有德。下德不失德，是以无德。上德无为，而无以为；下德无为，而有以为。上仁为之，而无以为；上义为之，而有以为。上礼为之，而莫之应，则攘臂而扔之。故失道而后德，失德而后仁，失仁而后义，失义而后礼。夫礼者，忠信之薄，而乱之首也。前识者，道之华也，而愚之始也。是以大夫处其厚而不处其薄，处其实而不居其华。故去彼而取此。"

此章阐明了《老子》系统的五个要素及它们之间的关系：道→德→仁→义→礼，在《老子》书中都还有进一步的阐述。

《老子》的道，不是其系统中普普通通的一个要素，而是指宇宙最根本的本体。《老子》的贡献并不在于在中国哲学史上第一个提出本体论的概念，而在于在中国哲学史上第一个用否定性的概念描述宇宙本体。他认为"恒道"不可道[①]，就是认为不可用肯定性的概念来描述，而只能用否定性的概念如"无"[②]"无形"[③]"无物"[④]"无状"[⑤]来描述。这是因

① 《老子》傅奕本第一章。
② 《老子》傅奕本第四十章。
③ 《老子》傅奕本第四十一章。
④⑤ 《老子》傅奕本第十四章。

为，道生万物，道就不能是万物中之一物；如果道是万物中之一物，道就不能是生成万物的本体。是万物中之一物，则在语言中有其名；不是万物中之一物,则在语言中无其名。所以“道恒无名”[①],是一句大实话，毫无神秘之处。用否定性的概念描述宇宙本体，是中国哲学，是世界哲学、人类认识进展的重要里程碑。在西方，只有阿那克西曼德的“无限”与此相当。黑格尔在论述阿那克西曼德时说：“把原则规定为‘无限’，所造成的进步，在于绝对本质不再是一个单纯的东西，而是一个否定的东西、普遍性，一种对有限者的否定。”[②] 讲的就是这种意义。

道生万物，则各物必有所得于道，各物之所得于道者，便是各物的德。道与德的关系，用宋儒的话，便是“理一分殊”，即一与多的关系。各物的存在，靠其德维持，所以说“道生之，德畜之”。[③]

仁、义、礼，本是构成儒家系统的要素，各有儒家的肯定性的解释。对于这种肯定性的仁、义、礼,《老子》一概否定之,主张“绝仁弃义”[④],认为礼是“忠信之薄,而乱之首也”[⑤]。但是否定之而又包含之。包含在《老子》系统中的仁、义、礼，就是否定性的，不是肯定性的。兹以仁为例说明之。

《老子》说：“圣人不仁，以百姓为刍狗。[⑥]”照《庄子·天运》所形容的，“已陈刍狗”则弃之，可见弃之为不仁。《老子》又说：“圣人恒善救人，而无弃人。”[⑦] 更说:“人之不善，何弃之有！”[⑧] 连不善之人也不弃，真可以说是仁到极点了。

问题在于圣人救人是怎样救法。第二十七章说：“善行者无辙迹，

---

① 《老子》傅奕本第三十二章。
② 黑格尔.哲学史讲演录：卷一［M］.北京：商务印书馆，1983：195.
③ 《老子》傅奕本第五十一章。
④ 《老子》傅奕本第十九章。
⑤ 《老子》傅奕本第三十八章。
⑥ 《老子》傅奕本第五章。
⑦ 《老子》傅奕本第二十七章。
⑧ 《老子》傅奕本第六十二章。

善言者无瑕谪，善数者不以筹策，善闭者无关籥而不可启也，善结者无绳约而不可解也。是以圣人恒善救人，而无弃人；……”吴澄的《道德经注》释之曰：“善行者以不行为行，故无辙迹；善言者以不言为言，故无瑕谪；善计者以不计为计，故不用筹策。……”公式是“以不甲为甲”，应用于救人，就是以不救为救。以不救为救，就是人人自救。人人自救而得救，就是圣人的无为之仁。可见《老子》否定的是有为之仁，包含的是无为之仁。无为之仁，就是否定性的仁。

同样，《老子》否定的是有为之义、有为之礼，包含的义、礼也是否定性的。

否定性的系统，只有与肯定性的系统耦合时，才有意义。反之亦然。所以我们主张，从孔老的耦合中去认识孔老，从儒道的耦合中去认识儒道。我们以上所说的，若起一点“引端”的作用，便于愿足矣。至于《老子》系统的全部意蕴，岂本节之所能尽言，只有奉行“不言之教”[①]了。

三、庄子哲学和屈子哲学

老子学派的发展有两个趋向：其一是发展为庄子哲学，其二是发展为稷下精气说。稷下精气说在南方的代表是屈子哲学。

庄子，名周，宋人，战国中期近晚期之时在世，生年和卒年都不可确考。庄周无意仕进，只在不长的时间里做过管漆园的小官。其著作即《庄子》，据《汉书·艺文志》所记原有五十二篇，今存三十三篇。（图 4-91）

屈子，名平，字原，大致与庄周同时而晚生晚卒，楚人。屈原曾先后任左徒和三闾大夫，锐意革新，终因不得志而自沉。其著作据《汉书·艺文志》所记有二十五篇，今所见者都出于刘向辑集的《楚辞》。

庄周是一位颇具文采的哲学家，屈原则是一位不乏哲理的文学家。庄周被后世认为是老子哲学的继承者和发展者，因而得与老子连称——即所谓“老庄”。屈子哲学为屈原所作楚辞的盛名所掩，未受后世重视。

① 《老子》傅奕本第四十三章。

对庄子哲学和屈子哲学，我们像对老子哲学那样，也准备只就基本特征作简要介绍。

《庄子》系统的哲学特征也是否定性，这与《老子》系统是相同的。但它又与《老子》系统不同：《老子》系统是相对的否定性，《庄子》系统是绝对的否定性。绝对的否定性所持的绝对主义，发展为自己的反面，即发展为相对主义，而且是绝对的相对主义。

《老子》系统的否定性，是与肯定性相对的，所以是相对的否定性。《庄子》系统的否定性，不仅否定了肯定性，而且否定了否定性，没有什么与之相对，所以是绝对的否定性。用《庄子》的话来说，肯定、肯定性都是“有”，否定、否定性都是“无”，否定了肯定性是“无有”，否定了否定性是“无无”。“无无”虽仅于《知北游》篇一见，却最足以表现绝对的否定性。

《庄子》的《逍遥游》篇是讲绝对的自由，《齐物论》篇是讲绝对的平等。

《逍遥游》描述了大鹏、小鸟、列子的飞行，认为都是相对的自由，因为都是“有所待”，即都是有待于风的。若没有风，就都不能飞。“若夫乘天地之正，而御六气之变，以游无穷者，彼且恶乎待哉？”这是“至人”“神人”“圣人”的逍遥游，毫无所待，绝对的自由。或可问：“乘天地之正，而御六气之变”，不也是有所待吗？不是的。因为照道家所说，天地之正，六气之变，都是精气，人用“心斋”[①] 的方法接纳精气，积之既久，凭自己内部的精气便可飞升，

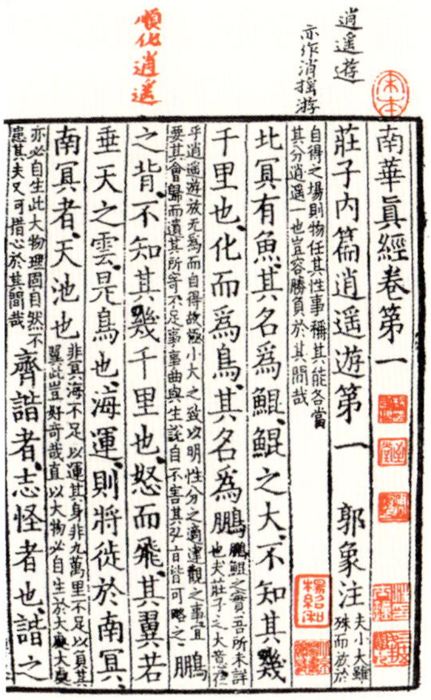
南華眞經卷第一
莊子內篇逍遙遊第一　郭象注　夫小大雖殊而放於
自得之場則物任其性事稱其能各當其分逍遙一也豈容勝負於其間哉
北冥有魚其名爲鯤鯤之大不知其幾
千里也化而爲鳥其名爲鵬　鵬鯤之實吾所未詳也夫莊子之大意在
乎逍遙遊放無爲而自得故極小大之致以明性分之適達觀之士宜要其會歸而遺其所寄不足事事曲與生說自不害其弘旨皆可略之
之背不知其幾千里也怒而飛其翼若
垂天之雲是鳥也海運則將徙於南冥
南冥者天池也　非冥海不足以運其身非九萬里不足以負其翼此豈好奇哉直以大物必自生於大處大處
亦必自生此大物理固自然不患其失又何措心於其間哉
齊諧者志怪者也諧之

图4-91　《庄子》书影

① 《庄子·人间世》。

而无待于外部的风之类的条件。所谓“乘天地之正，而御六气之变”，不过是乘、御自己内部的精气，无所待于外部的条件。但是到目前为止，还没有真的见到如此飞升的人，这种逍遥游还只是精神活动，激励人们进行文学、艺术、哲学乃至科学技术的创造。

《齐物论》说：“莛（草茎）与楹（木柱），厉（丑人）与西施（美人），恢恑憰怪，道通为一。”又说：“天下莫大于秋毫之末，而泰山为小；莫寿乎殇子，而彭祖为夭。天地与我并生，而万物与我为一。”这是从道的观点，即绝对的观点，看天地万物。这样看，便看出万物“为一”。“一”是统一的共性。就共性而言，则大小、美丑、寿夭的差别均可不计，而达到绝对的平等，就是“齐”。这是最彻底地贯彻绝对主义。可是正由于最彻底地贯彻绝对主义，就不计对立的差别，以至于否认是非的差别，于是变成相对主义，而且是绝对的相对主义。《齐物论》有一段著名的议论，译成现代汉语就是：“假使我跟你辩，你胜了我，我不胜你，这就能证明你的意见一定正确吗？我胜了你，你不胜我，这就能证明我的意见一定正确吗？或者你我中间，有一个人的意见是正确的，或者都是正确的，或者都是不正确的，我跟你都不能决定。叫谁决定呢？叫跟你的意见相同的人来决定，既然跟你的意见相同，怎么能决定？叫跟我的意见相同的人来决定，既然跟我的意见相同，怎么能决定？叫跟你我的意见都不同的人来决定，既然跟你我的意见都不同，怎么能决定？叫跟你我的意见都同的人来决定，既然跟你我的意见都同，怎么能决定？”这就是《墨经》批评的“辩无胜”。这可以说是绝对的相对主义了，对我们有没有什么启发呢？

有的。《齐物论》描写了各种风声，称为“地籁”；又描写各种人“言”，称为“人籁”。人籁与地籁不同，其“言”由人说出的时候，有肯定，有否定，都有局限性。人们往往不知道自己意见的局限性，总是以自己意见为是，以他人意见为非，“故有儒墨之是非，以是其所非，而非其所是”。上引的“辩无胜”之说，就启发我们要从更高的层次看问题。例如，只从儒家的观点看，就是否定道家。只从道家的观点看，就是否定儒家。

若从更高的层次看，即从中国文化总体的观点看，则儒家、道家都要肯定。在《庄子》系统中，最高的层次就是道，最高的观点就是道的观点。

《庄子》还启发我们看到，不仅人的意见有局限性，而且人的语言也有局限性，人的理性也有局限性。这些问题，在西方，到近代现代，才有康德、叔本华、维特根斯坦等人进行了讨论。深入研究《庄子》关于这些问题的论述，对于理解和改进中华民族的思维模式，会很有帮助。中华民族的创造才能，历来受到《庄子》思维模式的激发，受到儒家思维模式的束缚，这个历史事实仍然发人深省。

屈原继吴起之后在楚国主张变法，他在《九章》的《惜往日》中说："惜往日之曾信兮，受命诏以昭时。奉先功以照下兮，明法度之嫌疑。国富强而法立兮，属贞臣而日娭。"所说的就是《史记·屈原贾生列传》所记楚怀王使他"造为宪令"那段经历。"属贞臣而日娭"，是说法立起来了，君主就可以任使臣下，替他依法办事，而自己无为，这正是法家的要义。《惜往日》接着说，怀王信了谗言，疏远了他："君含怒而待臣兮，不清澈其然否。蔽晦君之聪明兮，虚惑误又以欺。弗参验以考实兮，远迁臣而弗思。"法家主张，君主对于臣下的话，不可轻信，要从各方面比较考察才不受蒙蔽。这里要用参验的办法以考察实际，也是法家思想。《惜往日》还说："乘骐骥而驰骋兮，无辔衔而自载。乘泛泭以下流兮，无舟楫而自备。背法度而心治兮，辟与此其无异！"没有法度，专凭个人意见治国，就是"心治"而不是"法治"。心治的危险，就同没有辔头、马嚼子而骑马，没有船、桨而过河，是一样的。

他还在《九章》的《悲回风》中，对于反对变法的邪风，表示十分悲痛。在《九歌》的《国殇》中，对于符合法家强兵思想的武勇刚强精神，加以热烈歌颂。

屈原的不朽代表作《离骚》，也包含着《惜往日》《悲回风》中的思想。《离骚》的结语"乱曰"："已矣哉！国无人莫我知兮，又何怀乎故都？既莫足与为美政兮，吾将从彭咸之所居！"所说的"美政"就是富国强兵的法家政治。

政治思想属于法家的屈原，其形上学属于稷下道家的精气说。

稷下道家的精气说，见于《管子》中的《心术上》《心术下》《白心》《内业》等篇，合称“《管子》四篇”。屈原作品所包含的形上学，与之完全一致。

《离骚》中说：“跪敷衽以陈辞兮，耿吾既得此中正。驷玉虬以乘鹥兮，溘埃风余上征。”“得此中正”，才能“上征”。“中正”是什么呢？就是“纷吾既有此内美兮”句中的“内美”。《管子》四篇说：“气者，身之充也”，“充不美，则心不得”。充而美，就是“内得”，又叫“内德”“中得”，都可以说是内美，也都是精气。“中正”也就是精气，得此精气，故能“上征”。

中正，也就是正气，《远游》中就是作“正气”：为什么没有了正气，而要“求”它呢？《远游》是这样说明的：“遭沈浊而污秽兮，独郁结其谁语？夜耿耿而不寐兮，魂营营而至曙。惟天地之无穷兮，哀人生之长勤。往者余弗及兮，来者吾不闻。步徙倚而遥思兮，怊惝怳而乖怀。意荒忽而流荡兮，心愁凄而增悲。神倏忽而不反兮，形枯槁而独留。内惟省以端操兮，求正气之所由。”这说明两点：一，外面的精气，由于“污秽”，不愿进来。《内业》说：“敬除其舍，精将自来。”《心术上》说：“神者，至贵也，故馆不辟除，则贵人不舍焉。”必须如《内业》说的，“虚其欲”，把心中的污秽清除掉，精气才会自来。二，里面原有的精气，由于如此悲哀，都跑掉了，不回来了。《内业》说：“凡人之生也，必以平正。所以失之，必以喜怒忧患。”《心术下》也如此说。精气旧的失去，新的不来，所以“形枯槁而独留”，只有再“求”正气，即精气。经过清除污秽，化掉悲哀，果然“精气入而粗秽除”，终于“掩浮云而上征”。

《远游》还借王乔之口讲了“神仙之要诀”（朱熹《楚辞集注》语），这段话的每一句，都可以在“《管子》四篇”中找到相应的话：

“道可受兮，而不可传。”相应于《心术上》：“大道可安（即可受）而不可说（即不可传）。”

“其小无内兮，其大无垠。”相应于《心术上》：“道在天地之间也，其大无外，其小无内。”

“无滑而魂兮，彼将自然。”相应于《内业》:“勿烦勿乱，和乃自成。”滑，乱也。无滑，即勿烦勿乱。《内业》又云：“所以失之，以躁为害。心能执静，道将自定。”亦此意。“道将自定”即“彼将自然”。

“一气孔神兮，于中夜存。”按，《心术下》云“一气能变曰精”，则一气即精气。“孔神”即“甚灵”。《孟子·告子上》云:“夜气不足以存，则其违禽兽不远矣。”也认为中夜是聚气的好时候，而夜气最值得保存。可见此说影响之广。

“虚以待之兮，无为之先。”按，《心术上》云:“虚其欲，神将入舍。”又：“恬愉无为，去智与故。”用智，故意，都是有心，亦即有为，都应当去掉，不可以先有人为做作，要等待精气自然而然地来。

“庶类以成兮，此德之门。”相应于《内业》：“凡道，无根无茎，无叶无荣，万物以生，万物以成。”“此德之门”是总括和结语，隐然以为是“众眇之门”①。

屈原曾两度出使齐国，正值稷下学宫兴盛之时，接受了稷下道家精气说，是可以理解的。这正是南北文化交融的一项成果。

第七节　文学

先秦的文学也由南北二元耦合而成，这与哲学是相像的。

战国时代，北方散文大盛而诗歌浸衰，南方则散文与诗歌俱兴。

代表南方散文的是《庄子》，代表南方诗歌的是《离骚》和屈原的其他作品。两家合称，便是所谓“庄骚”。

简单说来，北方文学风格的基本特征是严谨，南方文学风格的基本特征是活泼。

关于先秦文学何以有南北之分，前人已做过种种解释或揣测。清末

---

① 《老子》傅奕本第一章。

民初的刘师培，著有《南北文学不同论》，以为："大抵北方之地，土厚水深，民生其间，多尚实际。南方之地，水势浩洋，民生其际，多尚虚无。民崇实际，故所著之文，不外记事、析理二端。民尚虚无，故所作之文，或为言志、抒情之体。"刘师培指出北崇实际而南尚虚无，可谓得其精神。换言之，北方文学基本上是现实主义的，南方文学基本上是浪漫主义的。浪漫主义的虚无，并不都是真虚真无，也可能寓实于虚、寄有于无。至于何以有崇实际与尚虚无的区别，刘师培归因于水土，是肯定了刘勰的意见："若乃山林皋壤，实文思之奥府。……然屈平所以能洞鉴《风》《骚》之情者，抑亦江山之助乎？"[①] 这也有道理，可是只见其一，不见其二。养成一种文学风格的因素，不止有自然性的，也还有社会性的，后者所起的作用往往大于前者。南方既是山川相缪之区，又是夷夏交接之域，在楚国强盛起来以后，从典章制度到风土人情，无不参差斑驳。蒙昧与文明，自由与专制，乃至神与人，都奇妙地组合在一起，社会色彩比北方丰富，生活节奏比北方欢快，思想作风比北方开放，加上天造地设的山川逶迤之态和风物灵秀之气，就形成了活泼奔放的风格，而活泼奔放的极点便是怪诞以至虚无。

南北文化的分界因时而异。宋和陈一带，在战国中期是南方文化与北方文化的交接地段。

对庄周和屈原的作品，从形式到内容作透彻的研究，这不是我们所能胜任的。下面所要介绍的，只是他们的作品所具有的鲜明的南方风格。次于庄周的有列御寇，次于屈原的有宋玉，姑且略而不论。

一、庄周与散文

《庄子》三十三篇，不全是庄周所撰。然而，细玩各篇，至少可以说："情与貌，略相似。"因此，在讨论其散文风格之时，没有必要把庄门弟子的附骥之作剔出。

---

① 《文心雕龙·物色》。

《庄子》的散文，其实很有诗歌味。这诗歌味不在于韵律，而在于想象和意境。

《内篇·逍遥游》写鲲鹏，为后人所激赏，其文曰："北冥有鱼，其名为鲲。鲲之大，不知其几千里也。化而为鸟，其名为鹏。鹏之背，不知其几千里也。怒而飞，其翼若垂天之云。……鹏之徙于南冥也，水击三千里，抟扶摇而上者九万里，去以六月息者也。……天之苍苍，其正色邪？其远而无所至极邪？其视下也，亦若是则已矣。"这形象的雄奇，境界的壮阔，韵味的深长，后人虽欲效之，而终莫及。说它是好诗，也不算过分。

《内篇·齐物论》写风，也有声有色，其文曰："夫大块噫气，其名为风。是唯无作，作则万窍怒呺。而独不闻之翏翏乎？山林之畏佳，大木百围之窍穴，似鼻，似口，似耳，似枅，似圈，似臼，似洼者，似污者；激者，謞者，叱者，吸者，叫者，譹者，宎者，咬者，前者唱于而随者唱喁。泠风则小和，飘风则大和，厉风济则众窍为虚。而独不见之调调、之刁刁〔刀刀〕乎？"与相传是宋玉所作的《风赋》相比，可谓各有千秋。

先秦诸子的散文,就想象的奇特而言,只有疑为伪作的《列子》与《庄子》差可比肩。

对此，王国维曾有中肯的评论："南人想象力之伟大丰富，胜于北人远甚。被等巧于比类，而善于滑稽。故言大则有若北冥之鱼，语小则有若蜗角之国，语久则大椿冥灵，语短则蟪蛄朝菌；至于襄城之野，七圣皆迷;汾水之阳，四子独往。此种想象，决不能于北方文学中发见之。故《庄》《列》书中之某分，即谓之散文诗，无不可也。"①

《庄子》中层出不穷的绝妙意境，是由几个因素构成的。其中，思想的敏锐、深刻、机巧且不说，只就文学来论文学，起决定作用的因素是千奇百怪的寓言，起辅助作用的是变幻莫测的章法和精彩纷呈的文

① 王国维.静庵文集续编·屈子文学之精神［M］.

辞。这里，我们只介绍最能表现南方风格的寓言。

寓言，用《杂篇·寓言》的自白来说，有“寓言”与“重言”之分，“寓言”纯属虚幻，“重言”也有不少是子虚、乌有之类，我们可统称之为寓言。北方诸子也有喜用寓言的，但他们的寓言都以实事的扮相出现，不涉神怪，一本正经讲道理。《庄子》的寓言则多涉神怪，以实事扮相出现的也情节特异而夸饰特甚，往往寄哲理于谐趣之中。

《外篇·秋水》写河伯，是驱遣神怪的寓言，其文曰：“秋水时至，百川灌河，泾流之大，两涘渚崖之间，不辩牛马。于是焉河伯欣然自喜，以天下之美为尽在己。顺流而东行，至于北海，东面而视，不见水端，于是焉河伯始旋其面目，望洋向若而叹，曰：‘野语有之曰“闻道百，以为莫己若”者，我之谓也。且夫我尝闻少仲尼之闻而轻伯夷之义者，始吾弗信，今我睹子之难穷也，吾非至于子之门则殆矣，吾长见笑于大方之家。’北海若曰：‘井蛙不可以语于海者，拘于虚也；夏虫不可以语于冰者，笃于时也；曲士不可以语于道者，束于教也。……’”这里写河伯的自鸣得意之状和爽然若失之情，极为传神。庄周说神话，目的在于让神来说人话。

郢匠运斤的故事，出自《杂篇·徐无鬼》，是以实事扮相出现的寓言，本章第三节引用时掐了头、去了尾，全文曰：“庄子送葬，过惠子之墓，顾谓从者曰，‘郢人垩慢其鼻端，若蝇翼，使匠石斫之。匠石运斤成风，听而斫之，尽垩而鼻不伤，郢人立不失容。宋元君闻之，召匠石曰：尝试为寡人为之。匠石曰：臣则尝能斫之。虽然，臣之质死久矣。自夫子之死也，吾无以为质矣，吾无与言之矣。’”生动而巧妙的比喻，表达了抱憾终身的感情，而且包含着耐人咀嚼的哲理。诸如此类的寓言，看似信手拈来，实则煞费苦心，其功力是北方诸子所不逮的。

鲁迅说：《庄子》的文章“汪洋辟阖，仪态万方，晚周诸子之作，莫能先也”。[①]

① 鲁迅.汉文学史纲要［M］//鲁迅.鲁迅全集：第九卷.北京：人民文学出版社，2005.

宋、陈两国是近邻。宋的公室为子姓，陈的公室为妫姓。虽忝居诸夏之列，但与诸夏的正宗姬、姜二姓有别。就风俗而言，宋、陈是夏之近于楚者。楚灭陈之后，宋与楚就也成了近邻。庄周的出生地蒙邑与老聃的出生地苦县，前者在北，后者在南，相距只有六十千米左右。庄周虽不是楚人，但久沐楚风。他的作品，不但贯串着南方哲学的思想，表现出南方文学的气韵，而且言多楚事，无论“寓言”“重言”，一概如此。《内篇》为庄周自撰，已成定论。就把上文提到的《内篇》之一《逍遥游》和《内篇》之二《齐物论》作为例子，看其中说到多少楚事。

《逍遥游》落笔就写到鲲化为鹏，鹏就是凤。楚人崇凤，异于他族，庄周也极写凤的伟大神奇，此其一。下文写到“冥灵”，“以五百岁为春，五百岁为秋”，明言在“楚之南”，此其二。写到“彭祖乃今以久特闻”，彭祖也属于祝融集团，与楚人的先民有传说的亲缘关系，此其三。写到“接舆”，是楚国佯狂不仕的隐者，此其四。写到“神人”“乘云气，御飞龙，而游乎四海之外”，与楚辞《离骚》和《远游》中所写的巡天之游如出一辙，此其五。

《齐物论》起句是“南郭子綦隐机而坐”，南郭子綦，注家以为即楚昭王庶弟子期，此其一。下文写到“颜成子游”，注家以为是子綦的弟子，此其二。写到“昭氏之鼓琴”，昭氏是楚昭王的后人，楚国三大姓之一，此其三。写到“莫寿于殇子，而彭祖为夭”，上文已指出，彭祖属于祝融集团，此其四。

两篇合计，楚事九见。庄周虽也写到他国之事，但较楚事为少。说《庄子》代表南方的文学流派，非独指风格，其叙事用典也未尝不然。

二、屈原与诗歌

传世的先秦诗歌，在楚辞之前，有《诗经》三百零五篇以及《诗经》未收的若干散篇。就总体而言，《诗经》是北方文学的代表。其中的《周南》十一篇和《召南》十四篇，是南国的诗歌。二南之地，如《韩诗外传》所云，在南阳、南郡之间。南阳，今名仍旧；南郡，在今荆州一带。南阳、南郡之间，即“安州六器”铭文所谓“南国”。二南之诗，好用比兴，多缀虚词，与黄河流域诸国之风颇异。春秋时代，楚国蚕食了二南之地，自然会受到二南之诗的影响。程千帆认为：“二南之诗，则《诗》《骚》之骑驿，亦楚辞之先驱也。”①

与二南同类的歌，可信的有《沧浪歌》，见《孟子·离娄上》；未必可信的有《南风歌》，见《孔子家语·辨乐解》。这两首歌，比二南之诗更接近楚辞。

最接近楚辞的是《越人歌》，见《说苑·善说》。《沧浪歌》和《南风歌》是北人仿作南歌，与地道的南歌终究还隔着一层。《越人歌》却是南人自作南歌，精神和体裁都与北歌迥异。

《越人歌》是鄂邑的榜枻越人为鄂君子皙所唱的，经越译楚说和文人整理，后来刘向兼收并蓄其记音和译意，它才有幸流传下来。壮族韦庆稳把记音的《越人歌》按壮语求解，用汉语转译，结果竟与译意的《越人歌》大致相同。②今壮侗语族的各族是古越人的遗裔，其中壮族是最大的一族，古壮语实即古越语。韦庆稳所做的工作，可以证明楚人为《越人歌》所记的音相当准确，而且译作是忠于原作的。刘向将《越人歌》采入《说苑》之时，显然也未经改窜，其词云：“今夕何夕兮，搴舟中流。今日何日兮，得与王子同舟。蒙羞被好兮，不訾诟耻。心几顽而不绝兮，得知王子。山有木兮木有枝，心悦君兮君不知。”

古今论诗者，对《越人歌》无不交口赞誉，以为其艺术水平不在《风》《骚》之下。屈原《九歌·湘夫人》中有这样两句：“沅有芷兮澧有兰，思公子兮未敢言。”朱熹注曰：“其起兴之例，正犹越人之歌，所谓‘山有木兮木有枝，心悦君兮君不知’。”③楚辞较《越人歌》晚出，留意民间

① 程千帆.先唐文学源流论略·诗三百篇与楚词第一［J］.湖北大学学报：哲学社会科学版，1981（1）.

② 韦庆稳.试论百越民族的语言［C］// 百越民族史论集.北京：中国社会科学出版社，1982.

③ 朱熹《楚辞集注·〈九歌·湘夫人〉》。

歌谣的屈原，为优美的《越人歌》所吸引，从而在自己的作品中采用《越人歌》的比兴之法，自是情理中事。《九歌》句中用“兮”字，恰与《越人歌》相同。《九歌》偶尔有隔句用韵之例，即腰韵、脚韵并用，如上引《湘夫人》两句以茝叶子，以兰叶言，又与今壮族民歌“欢”和“伦”中常见的一种韵式相同。在楚辞产生和发展的过程中，越人之歌无疑曾起到促进的作用。

屈原的《九歌》，从若干迹象来看，应是在越人之地仿越人之歌而作的。理由之一，便是上文所讲的，《九歌》的比兴和句式、韵式与越人之歌相像。理由之二，如王逸所云，《九歌》作于“沅、湘之间”①，而“沅、湘之间”正是越人聚居之地。理由之三，是《九歌》中有越人之神。《九歌》诸神，可分楚、夏、越三类，楚人之神最多，夏人之神有河伯，越人之神有湘君和湘夫人。本书前文曾指出，湘水流域的土著是越人，楚人到达湘水下游的年代约在春秋战国之际。《九歌》作于战国中期，这时的湘水之神只能是土著越人之神，绝不会是客户楚人之神。理由之四，是《九歌》中有越人之俗。越地多舟而少车，主祭者为了去迎接湘君，乘的是桂舟，这正是越人的习惯。不妨与河伯做一个比较：河伯在北方，北方多车而少舟，主祭者为了偕河伯出游，乘的是水车。《九歌》所描写的祭仪，越俗多于楚俗。“楚人鬼而越人禨”②，楚俗和越俗都好淫祀。但越巫的神通比楚巫广大，能“见鬼”。汉武帝时，越人勇之说:“粤人俗鬼，而其祠皆见鬼，数有效。”③《九歌》中的神和鬼，除太一外，都是可见的，而且与人声息相通，情意交融。司命是太一的僚佐，道地的楚神，其音虽可闻，其容不可见，直到汉代，楚人出身的君臣仍作如是观。④　但在《九歌》里，司命是可见的，而且在人群中盘

① 《楚辞章句·〈九歌〉》。

② 《列子·说符》。按,《吕氏春秋·异宝》所记为“荆人畏鬼而越人信机”(毕沅校本改“机”为“禨”),《淮南子·人间训》所记为“荆人鬼，越人禨”。

③ 《汉书·郊祀志下》。

④ 《汉书·郊祀志上》。

桓周旋，“满堂兮美人，忽独与余兮目成。”显然，屈原是按照越人祀神见神、祀鬼见鬼的情景来写《少司命》的。理由之五，是《九歌》中无楚人崇奉的凤而多越人崇奉的龙。在屈原的作品中[①]，凤出现了十四次，如果把凤的变种飞廉和鹫鸟也算进去，则有十七次，而无一见于《九歌》；龙出现了十七次，如果把龙的同类虬、螭、蛟也算进去，则有二十三次，而《九歌》独占九次。所以如此，应是屈原有意遵从越人的风尚，揣摩越人的心理。他成功了！《湘君》和《湘夫人》，是从越人之俗，写越人之神，形式与内容的结合可谓天衣无缝，是《九歌》中在神与神以及神与人的关系方面写得格外委婉动人的两篇。

从体裁的成长过程来看，《九章》中以四字句为主的《橘颂》近乎二南之诗，可能是屈原传世作品中写作年代最早的一篇；《九歌》近乎越人之歌，可能是屈原早期的作品。楚辞，正像楚文化的总体那样，也是夷夏交变的成果，质言之，即越人之歌与二南之诗交变的成果。

楚人自己的民歌，在夷夏诗歌交变的过程中，仅就体裁而言，所起的作用似乎并不大。春秋战国之际，可信的楚歌只有《接舆歌》一首，见《论语·微子》，其词曰：“凤兮，凤兮！何德之衰！往者不可谏也，来者犹可追也。已而，已而！今之从政者殆而！”这是接舆故意唱给孔子听的即兴之作，句式和韵式与后来的楚辞相距尚远。

楚人在楚辞创制过程中所起的作用，除了做媒介物和催化剂之外，主要不在体裁方面，而在精神方面。是什么精神呢？就是浪漫主义精神。屈原所作的贡献，在文学史上有划时代的意义。

屈原以高洁的情操，巧丽的才思，博洽的见闻，无拘无束的想象，以及不懈不怠的革新精神，像庄周驱使着寓言那样，调遣着许许多多的神话、传说、史事，以及天地、日月、风云、雷电、雨雪、山川、神鬼、龙凤、贤士美人、佳花芳草等等，构造出独特的境界，山奔海立不足以

① 包括《离骚》《九歌》《九章》《天问》《远游》《招魂》《大招》，其中可能有不是屈原自撰的篇章。

喻其壮，鬼使神差不足以喻其怪，国色天香不足以喻其美。叙事纪游，抒情言志，无不开合多变，跌宕生姿，令读者反复咏叹。试看他在《离骚》中所写的：

驷玉虬以乘鹥兮，溘埃风余上征。
朝发轫于苍梧兮，夕余至乎县圃。
欲少留此灵琐兮，日忽忽其将暮。
吾令羲和弭节兮，望崦嵫而勿迫。
路漫漫其修远兮，吾将上下而求索。
饮余马于咸池兮，总余辔乎扶桑。
折若木以拂日兮，聊逍遥以相羊。
前望舒使先驱兮，后飞廉使奔属。
鸾皇为余先戒兮，雷师告余以未具。
吾令凤鸟飞腾兮，继之以日夜。
飘风屯其相离兮，帅云霓而来御。
纷总总其离合兮，斑陆离其上下。
吾令帝阍开关兮，倚阊阖而望予。
时暧暧其将罢兮，结幽兰而延伫。
世溷浊而不分兮，好蔽美而嫉妒。
朝吾将济于白水兮，登阆风而绁马。
忽反顾以流涕兮，哀高丘之无女。

《天问》是一篇奇特的诗，从中可看出屈原的渊博知识、批判态度和开创精神。作者从“遂古之初”问起，一直问到楚国令尹子文的事迹，总共一百七十多个问题，没有一个答案，极耐寻味。

当时南方的笃学深思之士，对宇宙之秘表现出浓厚的兴趣。庄周曾说：“南方有倚人焉，曰黄缭，问天地所以不坠不陷、风雨雷霆之故。……”[①] 类似的问题，到了屈原的笔下，就妙趣横生了：

① 《庄子·天下》。

圜则九重，孰营度之？
惟兹何功，孰初作之？
斡维焉系？天极焉加？
八柱何当？东南何亏？
九天之际，安放安属？
隅隈多有，谁知其数？
天何所沓？十二焉分？
日月安属？列星安陈？
出自汤谷，次于蒙汜，
自明及晦，所行几里？
夜光何德，死则又育？
厥利维何，而顾菟在腹？

《天问》是一座文史宝库，其中收藏着关于天文、地理、神话、历史、民族、民俗的珍贵资料。

南方的少数民族，尤其是苗族，至今仍有与《天问》相似的民歌。如苗族的《古歌》，内容是有关天地开辟、人类起源、民族迁徙的神话和传说，可唱几天几夜。经文艺工作者记录、整理、汰芜存菁，仍超过八千行。《古歌》与《天问》不同的，是有问有答。这种民间文学体裁可能肇源于上古的“南夷”，屈原或许曾在“南夷”中采风，受到启发，才写了《天问》。

《文心雕龙·神思》有云：“寂然凝虑，思接千载；悄焉动容，视通万里。”《文赋》有云：“精骛八极，心游万仞。……观古今于须臾，抚四海于一瞬。”说的都是文学作品的构思。对屈原来说，不止构思如此，而且假想如此。在自己的作品中，他是千载之人，万里之客，亲历八极，身登万仞，可以向古帝陈词，可以同厉神说话。东方的浪漫主义之花，盛开在屈原的作品中，无美不备。

《文心雕龙·辨骚》评楚辞，言多中肯，摘举一段如下：“楚辞者，体宪于三代，而风杂于战国，乃雅颂之博徒，而词赋之英杰也。观其骨鲠所树，肌肤所附，虽取熔经旨，亦自铸伟辞。故《骚经》《九章》，朗丽以哀志；《九歌》《九辨》，靡妙以伤情；《远游》《天问》，瑰诡而慧巧；《招魂》《大招》，耀艳而采华；《卜居》标放言之旨，《渔父》寄独往之才。故能气往轹古，辞来切今，惊采绝艳，难与并能矣。”①

屈原以楚国的兴亡为己任，正道直行，竭忠尽智，死而后已。无论作为文学家的屈原和作为爱国者的屈原，我们都赞同太史公为他立传时所写下的：“虽与日月争光可也。”②

第八节　字和画

文献记载，毛笔是秦代的蒙恬创造的。直到20世纪的40年代，才发现这个传统的说法并不正确。1942年长沙子弹库1号墓出土的帛书一件，无疑是用毛笔书写的，此墓是战国中期的楚墓，可见在蒙恬之前就有毛笔了。但这是间接的证据，还不足以从根本上动摇传统的说法。1953年长沙仰天湖25号墓出土的竹简四十三枚，也无疑是用毛笔书写的，此墓也是战国中期的楚墓。1954年长沙左家公山15号墓出土了毛笔实物，此墓又是战国中期的楚墓，其毛笔是用上好的兔毛制作的。从此，蒙恬始造毛笔的传统说法就不攻自破了。1957年信阳长台关1号墓出土文具匣一件，装有毛笔和小铜锯、小铜凿、小铜刀，此墓的年代又是战国中期。上列文具四样，可称之为先秦的“文房四宝”。

毛笔的出现，引来了一场书写革命。在未有毛笔之时，书写的工具是刀，字得用刀刻在甲骨上，或者先刻在泥范上再浇铸成铭文，后来又刻在木片和竹片上，以至用坚硬而尖利的铁刀刻在铜器上，总之，都很费力。一旦有了毛笔，就可以用它蘸墨汁，把字写在竹片上——这就叫竹简，或者写在丝绸上——这就叫帛书，当然也可以写在其他东西上，

① “宪”“杂”“经旨”“九辨”“靡妙”“慧巧”“大招”“采华”，均从孙蜀丞所校唐人残写本，参考范文澜《〈文心雕龙〉注》，人民文学出版社，1958年。

② 《史记·屈原贾生列传》。

总之，很省力了。用毛笔写字，可粗可细，可方可圆，十分灵便，由此推动了字体的演进。

毛笔的出现，还引来了一场艺术革命。在未有毛笔之时，雕刻虽多而绘画绝少。古代中国的绘画用具，与古代欧洲的绘画用具不同，主要就是毛笔。漆器的图案，都是用毛笔蘸彩漆或彩粉，连描带涂而构成的。壁画的工具，也是毛笔。至于帛画，更是非用毛笔不可。

根据现有的资料，毛笔的创造也许应归功于楚人。

一、字　体

已发现的战国文字，就数量而言，居首位的是楚文字。已发现的战国楚文字，累计已超过二万字，其中绝大多数产生于楚文化的鼎盛期。

这时仍有铭文，而且铭文的应用范围扩大了，除加之于礼器、乐器、兵器外，也加之于其他青铜器如符节、货币、玺印和量器等。战国早期铭文的字体，承袭了前一时期修长多波曲的作风。入战国中期后，铭文字体趋向方正，与帛书、竹简的字体接近了。竹简的字体则趋向扁平，笔画或简或繁。试举数例，以示战国早期至中期字体变异之一斑：

	战国早期	战国中期
阳	（见楚王酓章钟）	（见鄂君启节）
惟	（同　上）	（见子弹库帛书）
自	（同　上）	（同　上）
之	（同　上）	（同　上）
西	（同　上）	（同　上）

先秦文字多异形。不仅有因国而异的，一国这中，也往往因时而异，因地而异，甚至因人而异，楚国尤其如此。

楚国有一些独创的字。如“”字，见于蚁鼻钱；如“敚”字，见于江陵望山楚简；如“坴”字，见于帛书和金铭；如“戠”字，在竹简中多有所见，在铭文中也偶有所见。此类字不见于他国，也不见于先代

或后世，颇难释读。如子弹库帛书有“九州不坓”一句，因“坓”字不识，多年不得其解。直到擂鼓墩1号墓的钟磬铭文中也发现了此字，经古文字学家反复考究，才确认为“坪”字，可读为“平”。

楚字的笔画往往与中原字大相径庭，举数例如下：

	中原字	楚　字
金		
室		
集		
乘		

楚字的结构也有不少与中原字异趣，也举数例如下：

	中原字	楚　字
平		
岁		
关		

利用同音字作为假借字，这在东周列国都屡见不鲜。积久成习，有些字虽有其本字而罕用，倒让同音字喧宾夺主了。假借字的流行，以楚简最为明显。[①]楚字的假借之例，有些是中原所不见的，如：

胃　帛书和竹简都有此字，借作“谓”字或“畏”字。

⿱口亏　竹简有此字，借作“盂”字。

𢦏　竹简有此字，借作“灾”字。

⿱成土　竹简有此字，即“城”字，借作“成”字。

楚字常不守中原成规，或简化，或繁化。如“贞”字，中原铭文作“貞”，楚器铭文作“鼑”——繁化了，楚简作“⿱卜目”——简化了。楚简的文字通常是趋向简化的，如“其”字写为“亓”；但也有繁化的，

① 马国权. 战国楚竹简文字略说［C］// 古文字研究：第三辑. 北京：中华书局，1980.

如“丙辰”写为“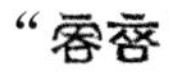”。

出土于不同地区的楚简，其字形往往有某些明显的差别。例如：

	长沙	江陵	信阳
马			
玉			
四			
衣			
黄			
鐶			

这些，是字体因地而异。其尤异者，是形符和声符都不同。如“簠”字，信阳楚简写为“笑”，从竹夫声；江陵楚简写为“匿”，从匚古声。可见，在一国之中，也不免有言语异声、文字异形的现象存在。

出土于同一地区的楚简，其字形也不是全无变化的，往往一个字有两个甚至三个异体字。例如：

长				（江陵楚简）
炎				（江陵楚简）
无				（同　　上）
智				（长沙楚简）
也				（信阳楚简）
是				（同　　上）

这些，就因人而异了。

尽管字体有种种变异，楚国的文字与中原的文字还是属于一个系统的。

隶书，按传统的说法，创行于秦朝。然而，考古资料证明，战国时代已有古隶，秦隶和汉隶正是由古隶发展而成的。特别值得注意的，是隶书的形格架势、波势挑法，在战国楚简的文字中已孕育了雏形。如江陵楚简的“乙”字写为“”,末笔已有明显的波势;“月”字写为“”,右下一笔为挑法;“内”字写为“”,其最后两笔，波势挑法俱已粗备。郭沫若认为，战国楚帛书的文字，“体式简略，形态扁平，接近于后代的隶书”[①]。

二、帛画和壁画

楚国的绘画，不止帛画和壁画，还有木器上和竹器上的彩漆画和彩粉画。然而，木器上和竹器上的画都是附加的装饰，以图案居多，本章第三节已作简要介绍。真正可以说是后世水墨画的滥觞形态的，还是帛画和壁画。

先秦的帛画，已知的实物只有楚国的两幅。先秦的壁画，据文献记载，也是楚国的。

帛画两幅：第一幅是人物龙凤帛画，1949 年 2 月出土于长沙陈家大山的一座楚墓；第二幅是人物御龙帛画，1973 年 5 月出土于长沙子弹库 1 号墓——曾于 1942 年出土帛书的楚墓。这两座墓的时代，都是战国中期。

人物龙凤帛画（图 4-92），以画边完整者为准，长 31.0 厘米，宽 22.5 厘米。下部正中偏右画一妇人，侧立，高髻细腰，广袖宽裾，合掌作祈祷状。上部正中画一凤，左侧画一龙，作争逐状。[②] 人物御龙帛画，以绢地为准，长 37.5 厘米，宽 28.0 厘米。正中画一男子，侧立，危冠束发，博袍佩剑，持缰御一龙。龙奋首卷尾，略如“乙”字形龙舟状。人上方有华盖一重。龙后腹下有足状物，龙前腹下有游鱼一尾，龙尾上有立鹤一只方昂首作长唳状。[③]

子弹库 1 号墓的墓主，经检验尸骨，为中年男性，与帛画中的男子

① 郭沫若 . 古代文字之辩证的发展［J］. 考古，1972（3）.

② 熊传新 . 对照新旧摹本谈楚国人物龙凤帛画［J］. 江汉论坛，1981（1）.

③ 湖南省博物馆 . 新发现的长沙战国楚墓帛画［J］. 文物，1973（7）；长沙楚墓帛画［M］. 北京：文物出版社，1973.

图4-92　人物龙凤帛画
长沙陈家大山战国楚墓出土
（湖南省博物馆提供）

形象相合。陈家大山楚墓的墓主，由墓中不见兵器随葬来推测，应是女子。两座墓都是一棺一椁，可知墓主都是士一级的贵族。两幅帛画的性质，不像是仅仅用以表明死者身份的铭旌。它们的主题，看来并不相同。人物龙凤帛画中的龙与凤，有显而易见的争斗之状，似有祈求善而美的凤战胜恶而丑的龙，保护墓主在冥府平安生活之意。在人物御龙帛画中，华盖虽可能象征天，游鱼虽可能指代地，但人在龙背立，龙在水上行，也看不出有升天之势，大概只是用以表示墓主在冥府仍可像在人世一样安宁逸乐。

帛画以白描为主，个别部位也有平涂的。表现手法虽有原始绘画追求各自形象的完整，所画各物互不相掩，以及不甚讲求比例的特点，但比铜器上的刻纹和漆器上的彩绘有显著的进步。线条流畅，细部往往有传神之笔，画女子则神态娴雅，画男子则气度从容，可见画师颇具功力。至于构思谲怪，立意新奇，则是楚国艺术的传统风格。可以说，这两幅帛画是早期国画的双璧。

据王逸说，楚国有壁画。王逸在《楚辞章句·〈天问〉》中写道："《天问》者，屈原之所作也。……屈原放逐，忧心愁悴。彷徨山泽，经历陵陆。嗟号昊旻，仰天叹息。见楚有先王之庙及公卿祠堂，图画天地、山川、神灵，琦玮僪佹，及古贤圣怪物行事。周流罢倦，休息其下。仰见图画，因书其壁，何而问之，以渫愤懑，舒泻愁思。楚人哀惜屈原，因共论述，故其文义不次序云尔。"王逸的说法，应是有根据的。但到现在为止，还不曾发现楚国先王之庙及公卿祠堂的断垣残壁，因此，对上述大型的壁画也就无从深究了。

小型的壁画倒发现过，如天星观 1 号墓就有壁画，画面作"田"字形构图，用五种色彩画着菱形纹、卷云纹和三角形花瓣状云纹，所画的是门。在另外的楚墓中，曾发现木制的假门，结构恰为"田"字形，有的假门还装着一对铺首衔环。天星观 1 号墓有七室，各室本不相通，画上门去，以示可通。墓主是一位封君，死后如设祠堂，里面或许就会有千奇百怪的大型壁画了。

第九节　乐舞

屈原的《九歌》，描写了民间祀神的情景，散发出馥郁的南楚乡土气息。祀神的仪式，从头到尾，都是在乐队的伴奏下载歌载舞。当年的楚国，每逢佳节盛典，从城市到乡村，乐舞竞作，气氛的热烈是可想而知的。那些大大小小、男男女女的巫，其中必有色艺俱佳者，这时就成为他们献技的良机了。

民间祀神所用的乐器，据《九歌》所记，以鼓为主。盛装登场的巫，合着忽徐忽疾的鼓点，舒喉而歌，拂袖而舞。将终场时，兴犹未尽，如《九歌》的尾声《礼魂》所描写的："成礼兮会鼓，传芭兮代舞，姱女倡兮容与。"

其他乐器，据《九歌》所记，有钟、磬、瑟、竽、篪、排箫（参差）。这是小乐队，排场当然不能跟宫廷的大乐队相比，然而五音繁会，也足以使神和人都心满意足了。

南音轻浅，有异于北音重浊。楚人作歌，或许浑厚不足而清亮有余。民间喜唱俗曲，而俗曲多有地方性和民族性的差别。《文选》录宋玉《对楚王问》云："客有歌于郢中者，其始曰《下里》《巴人》，国中属而和者数千人。"《下里》疑为郢都的楚歌，《巴人》应是传入郢都的巴歌。说"国中属而和者数千人"，或许夸大了些，但楚俗必喜歌，否则宋玉是不会以歌设譬的。

巫的舞姿作何等模样，很难说准。照《九歌》的描写，是"偃蹇"，是"连蜷"，大概富有曲线律动之美吧！从铜器和漆器上的画像——如从上海博物馆藏品刻纹燕乐画像椭杯（图 4-93）上的舞人形象来看，楚国的舞人有两个特点，其一是袖长，其二是体弯，确实可以说是"偃蹇"和"连蜷"的。对女性，楚人的审美标准是"丰肉微骨"而"小腰秀颈"。[①] 如此体态，如此舞姿，况复"娭光眇视，目曾波些"[②]，无怪乎"观者憺兮忘归"[③]

① 《楚辞・大招》。

② 《楚辞・招魂》。

③ 《楚辞・九歌・东君》。

图4-93　刻纹燕乐画像椭杯
（上海博物馆藏）

图4-94　九连墩虎座立凤
（郝勤建提供）

了。湖北省歌舞团创作和演出的《编钟乐舞》，演员作“三道弯”身姿，模拟楚舞，可谓庶几近之。

这个时期楚国实有的乐器种类，与《九歌》所记的大致相同。从信阳、江陵、长沙、随州等地战国早期至中期的楚墓和曾墓中，出土的乐器种类有：编钟、编磬、鼓、瑟、琴、竽、篪、排箫。下面先介绍后六种，再介绍前两种。

鼓为木腔皮面，皮面用竹钉固定在木腔两口的周缘上。可分为四类：第一类是悬鼓，大多为虎座立凤悬鼓（图4-94），个别为龙座立凤悬鼓，前者是典型的楚式鼓。悬鼓身型扁平，如天星观1号墓所出的一件，鼓径逾70厘米，鼓厚仅10余厘米，鼓腹有三个铜铺首衔环：对向的两个显然是分别用带子联结两个凤首所用，介乎其间的一个则是用带子联结双凤的连尾所用。鼓身侧立，两面都可以敲击。擂鼓墩1号墓所出的一件，也有三个铜环，但未发现虎座、龙座或立凤，应是普通的悬鼓。从鄂州市一座战国楚墓中，出土了一件特殊的虎座凤架鼓，座和架是陶质的，这在其他地方还不曾见过。第二类是手鼓，大多有柄，个别无柄，鼓径只有悬鼓的三分之一至二分之一左右，身型扁平的见于楚墓，身型粗壮的见于曾墓。第三类是建鼓，独见于擂鼓墩1号墓，仅出一件，面径约80厘米，腔厚约1米，侧立，有细长木柱穿透鼓腹，木柱下端插入鼓座，鼓座高约50厘

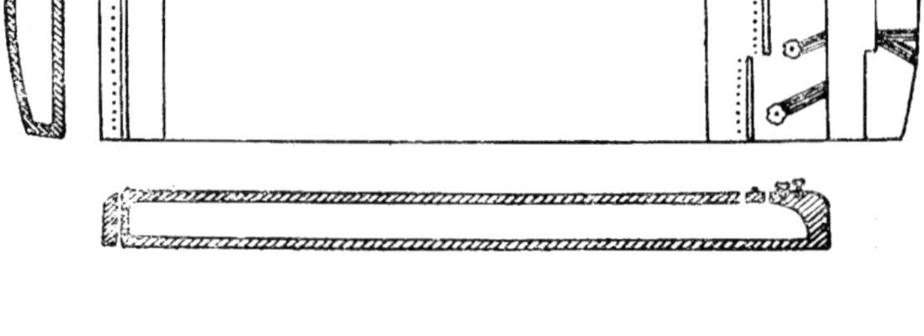

图4-95　瑟示意图
（黄凤春据《湖北江陵藤店一号墓发掘简报》插图摹绘）

米，径约 80 厘米，由数十条铜龙蟠绕而成。第四类是鹿鼓，插在木鹿的腰侧，特小，估计只是玩物，并非正规乐器。

瑟在这个时期的中型以上楚墓中发现较多，有二十三弦、二十四弦或二十五弦。（图 4-95）天星观 1 号墓出土五件，计二十三弦一件，二十四弦和二十五弦各二件。擂鼓墩 1 号墓出土十二件，都是二十五弦的，长、宽、高一般为 1.69 米、0.42 米、0.19 米左右。瑟分大小两类，大瑟多见而小瑟少见。浏城桥 1 号墓和长台关 1 号墓各出小瑟

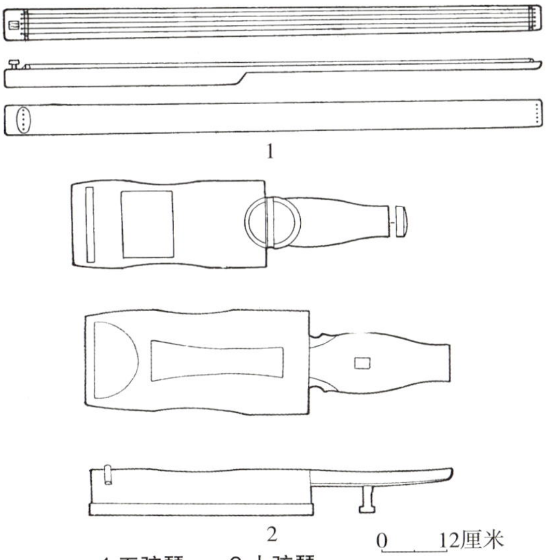

1.五弦琴　　2.十弦琴

图4-96　琴示意图
随州擂鼓墩1号墓出土
（绘图　黄凤春）

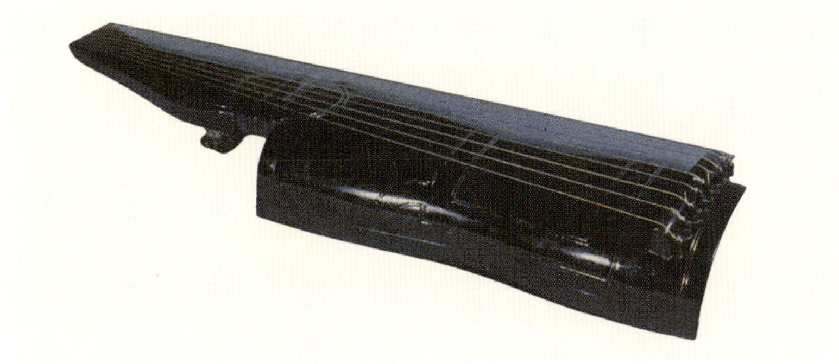

图4-97　十弦琴
随州擂鼓墩1号墓出土
（湖北省博物馆提供
摄影　潘炳元）

图4-98 五弦琴
随州擂鼓墩1号墓出土
（湖北省博物馆提供
摄影 潘炳元）

一件，长度相近，都是 1 米或略多，前者二十四弦，后者弦数不明。

琴已见三件，计十弦两件，五弦一件。（图 4-96）擂鼓墩 1 号墓所出十弦琴一件（图 4-97），身长 67 厘米，弦距较窄，岳山很低，有活动底板与琴面一起构成音箱，而琴面中段略凹，难以施展快速而复杂的演奏指法[①]，可能与未见实物的先秦中原琴有别。长沙五・邮 3 号墓也出土了十弦琴一件，身长 79 厘米，形制与上述十弦琴类同。五弦的一件出自擂鼓墩 1 号墓，长达 115.0 厘米，而甚窄，头宽仅 7.0 厘米，尾宽仅 5.5 厘米，未见施轸按柱的痕迹，姑且称之为琴，实则可能是筑或文献失载的其他乐器。[②]（图 4-98）

竽，也从楚墓中出土了一些实物。浏城桥 1 号墓两件，各有十管，可能是明器。天星观 1 号墓六件，各有十四管。擂鼓墩 1 号墓五件，管数或十二、或十四、或十八不等。斗用瓠制作，有的另加木嘴。疑为明器的两件用木雕成瓠形作斗，是特例。发掘报告称竽为笙，但与《楚辞》所记乐器对照，

① 王迪，顾国宝．漫谈五弦琴和十弦琴［J］．音乐研究，1981（1）．
② 黄翔鹏．先秦音乐文化的光辉创造——曾侯乙墓的古乐器［J］．文物，1979（7）．

实宜称之为竽。其簧管成两排，也是竽的形制。

篪已见两件，出自擂鼓墩1号墓。竹管所制，有七孔，但位于两端的吹孔和出音孔上出，而五个指孔侧出，与笛似同而实异。

排箫也从擂鼓墩1号墓中出土了两件，各有十三管。在未脱水时，其中一件有七八个管尚能发音，“可以听出它们不是按律编管而至少已是六声音阶的结构”①。

属于这个时期的编钟，完整的有三套：擂鼓墩1号墓出土一套计六十五件，时代为战国早期；擂鼓墩2号墓出土一套计三十六件，长台关1号墓出土一套计十三件，时代为战国中期。其中，最好的是擂鼓墩1号墓所出的一套——曾侯乙编钟。关于曾侯乙编钟的工艺特点，在本章第一节中已有简要的说明。这里所要介绍的，是曾侯乙编钟的音乐性能。

曾侯乙编钟六十五件（图4-100），除去楚王酓章镈（图4-99）一件不计，可以用于演奏的钟有六十四件。楚王酓章镈大概是下葬时才挂进去

图4-99　楚王酓章镈
随州擂鼓墩1号墓出土
（湖北省博物馆提供　摄影　潘炳元）

① 黄翔鹏.先秦音乐文化的光辉创造——曾侯乙墓的古乐器[J].文物，1979(7).

图4-100　曾侯乙编钟
随州擂鼓墩1号墓出土
（郝勤建提供）

的，挤掉了那个地方原来应有的一件甬钟“大孠”。[①] 上层钮钟的二、三两组，原来可能挂在中层，后来不知何故搬到上层，缺少了一件隧音为宫、鼓旁音为徵的钟。[②] 由此可知，曾侯乙生前实际用于演奏的钟或许曾超过六十四件。

钟的横截面为合瓦形，一如中原旧制，这样铣边有棱，可使钟声较快地衰减。经“曾侯乙编钟复制研究组”用多种科学方法检测，钟体含锡量在13.0%—16.0%之间，与《周礼·冬官·考工记》所记的“六分其金而锡居一，谓之钟鼎之齐”相合。实验证明：含锡量若低于13.0%，则音色尖锐而单调；若高于16.0%，则钟体易击碎；若在13.0%—16.0%之间，则音色浑厚丰满，而钟体尚不易击碎。还有含铅量，若过少，则钟声衰减较慢；若过多，则音色易恶化。实测含铅量在1.0%—3.0%之间，钟声衰减较快，而音色尚不致恶化。经分析和试验，淬火和退火可作为调试编钟音频的手段。每件钟都有两个主要的振动方式：其一是正对称振动，在激光全息图像上，节线通过侧鼓音所在部位；其二是反对称振动，在激光全息图像上，节线通过正鼓音（隧部）所在部位。由此可知，每件钟都是双音打击乐器。欧洲和印度的铜钟，横截面都呈正圆形，钟声衰减较慢，而且每件钟只能发一个音，无论钟多钟少，都只能作节奏乐器用。中国的编钟，自西周中期出现以来，以合瓦形为定制，可作旋律乐器用。[③]

曾侯乙编钟，就其甬钟四十五件来说，总音域跨五个八度音程，比现代钢琴的音域两端平均各只少一个八度音程。在中心音域部分约占三个八度音程的范围内，十二个半音齐备，从而证明了这套编钟是已知世

---

① 湖北省博物馆.随县曾侯乙墓钟磬铭文释文［J］.音乐研究，1981（1）.

② 谭维四，冯光生.关于曾侯乙墓编钟钮钟音乐性能的浅见——兼与王湘同志商榷［J］.音乐研究，1981（1）.

③ 湖北省博物馆.经多学科研究，曾侯乙编钟复制已基本成功［J］；华觉明.曾侯乙编钟及簨虡构件的冶铸技术［J］；贾陇生，常滨久等九人.用激光全息技术研究曾侯乙编钟的振动模式［J］.江汉考古，1981（1）.

界上最早的具有十二个半音音阶关系的定调乐器。它的全部音域的基本骨干，是五声、六声以至七声的音阶结构。它以“姑洗”为基调，相当于今称C调，其^{b}B音偏高而B音偏低，虽不能在十二宫中全取七声音阶，但试奏结果证明它的旋宫能力为六宫以上，可演奏采用和声、复调、转调手法的乐曲。[①]

编磬常与编钟同出，在这个时期的楚墓和曾墓中也已发现若干实物，以擂鼓墩1号墓所出的一套为最好。遗憾的是，这套编磬虽有三十二件，但被盗洞中塌落的土石击中，或已破碎，或因长久泡在水中已化为粉末，至今完好的只剩九件了。同时发现的，有青铜磬架和漆木磬匣。三十二件磬，当初是分上下两层悬在磬架上的。磬匣有四十一条刻槽，且有一至四十一的编号，可存放四十一件磬，比发现的磬多出九件，但匣中已无磬，可能多出的九件是备用的，未放入墓内。

曾侯乙的编钟和编磬都有铭文。钟铭两千八百余字，磬铭残存六百余字，加上钟架笋梁、编悬配件和磬匣上的文字，共得四千余字。钟铭与磬铭内容相通，它们是先秦乐律学的珍贵资料。

“从乐学的角度看来，曾侯乙钟磬铭文好比是曾国宫廷中为乐工们演奏各诸侯国之乐而准备的有关‘乐理’知识的一份‘备忘录’。其中涉及的音阶、调式、律名、阶名、变化音名、旋宫法、固定名标音体系、音域术语等方面，相当全面地反映了先秦乐学的高度发展水平。”[②] 铭文中列举了曾国与楚、周、晋、齐诸国和申地之间律名、阶名、变化音名的对应关系。律名有二十八个[③]，旧传的十二律名在其中只见八个，而且位置不尽相合。这二十八个律名，曾、楚各十一个，周、晋各两个，齐、申各一个。楚的律名最奇，就其与旧传律名的对应关系来说，竟无一相同。曾的律名，则有五个与旧传律名相同。所谓旧传律名，见《国语·周

① 黄翔鹏．先秦音乐文化的光辉创造——曾侯乙墓的古乐器［J］．文物，1979（7）；王湘．曾侯乙墓编钟音律的探讨［J］．音乐研究，1981（1）．

② 黄翔鹏．曾侯乙钟磬铭文乐学体系初探［J］．音乐研究，1981（1）．

③ 李纯一则以为有二十九个。李纯一．曾侯乙编钟铭文考索［J］．音乐研究，1981（1）．

语下》记伶州鸠答周景王问。由此可知，曾律应源于周律。至于楚律，即使最初也源于周律，仍是处处标新立异的。曾是楚的附庸，在楚包围之中。即使曾侯乙其人的乐学水平高于任何一个楚人，楚国的乐学水平也应与曾国相仿。关于五音的顺序，周制是旧传的宫、商、角、徵、羽，《周礼》和《吕氏春秋》所记相同；曾侯乙钟铭却是峉（徵）、琞（羽）、宫、商、角，与《管子·地员》和《淮南子·天文训》所记相同。这里又有一个南北文化同异问题。齐虽在北方，但其地偏东，而其民多夷，某些方面实与南方相近。《管子》在《汉书·艺文志》中被列为“道家者流”，《淮南子》则是西汉道家的代表作。楚的五音顺序，也应是徵、羽、宫、商、角。

上述楚墓和曾墓所出的乐器，比《九歌》所记的乐器只多出琴一种，或许也可以说只多出琴和筑两种。只要注意到这琴和筑共三件有两件出自擂鼓墩1号墓，其墓主是姬姓的曾侯乙，就可以知道琴和筑在楚人中都是不流行的。本书第三章第六节曾指出，以善操琴闻名的伯牙可能是楚籍的晋人。因为楚人平时听不到琴曲，伯牙很难找到知音，所以在乐尹世家出身的钟子期死后，他才会觉得“无足复为鼓琴者”的。《九歌》所记的楚国乐器，证之于出土实物，是相当完备的。

在擂鼓墩1号墓中，除主棺外，还有陪棺二十一具，其中都是殉葬的少女，估计就是曾侯乙的女乐；又有狗棺一具，其中出狗骨一架。曾侯乙这个国君，生前无疑沉湎于声色犬马之中。如此众多的乐器，如此庞大的乐队，当然是为国君所独享的，庶人安得共之！

楚王的宫廷乐舞，应该比曾侯乙的更有气派。楚辞《招魂》和《大招》，描写了楚王的宫廷乐舞。《招魂》写道：“肴羞未通，女乐罗些。陈钟按鼓，造新歌些。《涉江》《采菱》，发《扬荷》些。……二八齐容，起郑舞些。衽若交竿，抚案下些。竽瑟狂会，搷鸣鼓些。宫廷震惊，发《激楚》些。吴歈蔡讴，奏大吕些。……铿钟摇簴，揳梓瑟些。”《大招》写道：“代、秦、郑、卫，鸣竽张只。伏戏《驾辩》，楚《劳商》只。讴和《扬阿》，赵箫倡只。魂乎归来！定空桑只。二八接武，投诗赋只。叩钟调磬，娱人乱只。四上竞气，极声变只。魂乎归来！听歌谍只。”《涉江》《采菱》《扬荷》(《扬阿》)，大概饶有水乡的韵味，无疑是楚曲。《驾辩》《劳商》，可能也是楚曲。一说，《驾辩》是瑟曲，《劳商》即《离骚》，尚乏确证。《激楚》在楚王宫廷乐舞中的地位，看来与后世唐玄宗天宝年间的《霓裳羽衣》相仿。“宫廷震惊”的原因，是乐声大作呢，还是像《文选》所收宋玉《对楚王问》说的，“其曲弥高”，“引商刻羽，杂以流徵”呢？那就不得而知了。《招魂》还写道：“《激楚》之结，独秀先些。”“结”即“髻”。可见，演出《激楚》的女乐，发式特别时髦。

先前，礼与乐是“相须为用”的，“礼非乐不行，乐非礼不举”。[①] 到了楚文化的鼎盛期，“礼崩乐坏”之势已无可挽回。乐舞的服务对象，不再以神为主，在贵族中是以人为主，在平民中则是神与人共之。《招魂》和《大招》所描写的，是以人为主；《九歌》所描写的，是神与人共之。一过战国早期，比较轻松活泼的鼓乐和弦乐、管乐就日盛一日，使号为“金声玉振”的钟磬为之黯然失色了。楚国的鼓和弦乐器、管乐器，大抵装饰华美，甚至连磬也有漆绘的，形象地反映了上述转变。

南方与北方的乐舞，不像未曾合流的泾水和渭水那样全无关联，它们在发展自己风格的同时，彼此交流，相互吸收。长江中游与长江下游的乐舞，也是这样。《招魂》和《大招》说到的“郑舞”“吴歈”“蔡讴”“赵箫”和“代、秦、郑、卫”等，都是楚人引进的异国和异族的乐舞。在这之前，曾有鲁国的乐师跑到楚国去。鲁国有八位与孔子大约同时的宫廷乐师，两位跑到了楚国：一位名干，曾以乐佐鲁君亚饭，号称“亚饭干”；还有一位名武，善摇小鼓，号称“播鼗武”。[②] 他们对楚国宫廷乐舞的改进，可能曾起到某些积极的作用。至于楚国的有柄小鼓是不是播鼗武传去的，则不得而知。

楚国也有大武之乐。《左传·庄公二十八年》记令尹子元“振万”，万是大武之乐的别称。1960 年湖北荆门县一座战国楚墓出土有铭文“大

① 《通志·乐略》。
② 《论语·微子》。

武鬪兵”四字的铜戚一件[1]，应是演出大武之乐所用的道具。此戚略如巴式戈。其正反两面铸有同样的图案，都是一位头顶有长羽作冠饰的神人，两耳珥蛇，左手操一龙，右手操一双头怪兽，左足踏月，右足踏日，胯下复有一龙，此类图案不见于楚器。加以同墓出有巴式剑，可知墓主为巴人。旁近四座同期的楚墓，据出土遗物推断，墓主应为楚人。楚国固有巴人与楚人共处，这五座墓也是证据。大武之乐，是周武王克商后所作。伐纣之役，有蜀人从征，事见《尚书·牧誓》。蜀人之中，应有巴人。《华阳国志·巴志》说："周武王伐纣，实得巴蜀之师……巴师勇锐，歌舞以凌，殷人倒戈……"大武之乐，应是仿巴人之舞而作的。《后汉书·南蛮西南夷列传》记巴人别部板楯蛮"俗喜歌舞，高祖观之，曰：'此武王伐纣之歌也。'"《礼记·明堂位》篇说："……朱干玉戚，冕而舞大武。"可见，演出大武之乐是要用干和戚的。干，就是板楯蛮的板楯；戚，就是玉戚或铜戚。由巴人演出大武之乐，是用其所长。楚国的大武之乐，看来就是由巴人演出的。"大武鬪兵"铜戚，俞伟超断为巴物[2]，马承源断为楚物[3]，其实都不错，说得准确些，它是楚籍巴人之物。楚人乐于吸收其他民族的积极的文化因素，这大武之乐也是一个实例。

第十节　世俗与神灵

生存在楚文化鼎盛期的楚人，与他们生存在楚文化茁长期的先人相比，基本的心理素质是一贯的，而生活水平和社会风气不免有今昔之异。

一、楚人的日常生活

翻开《楚辞》，可以看到：一方面，有《招魂》和《大招》所描写的"逞志究欲"，"穷身永乐"；另一方面，有《离骚》和《九章》所揭露的"民

① 王毓彤．荆门出土的一件铜戈［J］．文物，1963（1）．
② 俞伟超．"大武鬪兵"铜戚与巴人的"大武"舞［J］．考古，1963（3）．
③ 马承源．关于"大武戚"的铭文及图像［J］．考古，1963（10）．

生之多艰”。有富而且贵的，有贫而且贱的，楚人就生存在这么一个对比鲜明的社会里。曾经是楚国优秀传统的民本思想，这时变得淡薄了。

秦国的大良造白起，“率数万之众入楚，拔鄢、郢，焚其庙，东至竟陵，楚人震恐，东徙而不敢西向”。秦昭王称赞他“以寡击众，取胜如神”。白起倒是明白的，他说：“是时楚王恃其国大，不恤其政，而群臣相妒以功，谄谀用事，良臣斥疏，百姓心离，城池不修。既无良臣，又无守备，故起所以得引兵深入，多倍城邑，发梁焚舟以专民，以掠于郊野，以足军食。当此之时，秦中士卒以军中为家，将帅为父母，不约而亲，不谋而信，一心同功，死不旋踵。楚人自战其地，咸顾其家，各有散心，莫有斗志。是以能有功也。”①

面对着这样的一个社会，屈原自然要愤怒地谴责“时俗”的“溷浊”和“工巧”了。

不过，楚国社会还有另外的一面，那就是屈原所不胜依恋的“州土之平乐”和“江介之遗风”。

就拿白起提到的“斗志”来说，由于楚王“不恤其政”，“良臣斥疏，百姓心离”，楚师的士气确实大不如前了。可是，在鄢、郢沦陷前后惨烈的战争中，楚人有死难的，有逃难的，却未闻有媚敌求荣的。公元前278年以后，江陵一带就几乎没有楚墓了，表明当地的楚人拒绝与秦人合作，相率逃散了。白起拔郢、楚都迁陈之后，江南的楚人奋起反抗秦人的统治，这在秦国扫平六国的进程中是少见的反复。楚王尽管昏庸，也仍把社稷的存亡看得比自身的安危更重。怀王就是这样，他入秦见欺，身陷虎狼之口，宁客死他乡，也不肯捐弃国土。就为这一点，他赢得了几代楚人的宽恕和怀念，以至秦末起义的楚人拥立的楚君仍称怀王。在家国危亡之际，楚人是疾风中的劲草。他们忠烈的爱国之心，是遗赠给后世中华民族的无比珍贵的精神财富。

下面要介绍的，是这些壮怀激烈的楚人平凡或浮华的日常生活。

繁荣的经济改善了楚人的服饰。现在，为研究楚人的服饰，可利用

---

①《战国策·中山策》。

图4-101　彩绘人物车马出行图圆奁
（郝勤建提供）

的资料已有四种：第一种，是文献记载；第二种，是铜器上的刻纹人像、漆器上的彩绘人像和帛画中的墨画人像（图 4-101）；第三种，是木俑（图 4-102）；第四种，是服饰实物。其中尤为重要的，自然是服饰实物。

楚人的服装，按形制区分，已知有以下四类：

1. 衣。衣即短衣，又可分为两种：第一种衣，交领，右衽，直裾，是楚国平民、农奴和生产奴隶的常服，贵族也可作便服穿。《史记·刘敬叔孙通列传》记叔孙通见刘邦时，改穿“楚制”的“短衣”，刘邦看着高兴。这种短衣应是早就流行于楚地，并非到秦代才有的。熊传新指出，在长台关 1 号墓出土的漆瑟上，画着穿短衣的人[1]，所见甚是，但其领和衽的式样不明。马山 1 号墓出土的夹衣一件，式样清楚，就是这种短衣。第二种衣，有领、对襟、直裾。已见实物一件，也出自马山 1 号墓，置于竹笥内，外系签牌，自名“緅衣”。（图 4-103）这件緅衣是专为助丧而做的，未经细致加工，但求存其形制，衣长 45.5 厘米，袖展 52.0 厘米，袖宽 10.7 厘米，腰宽 26.0 厘米，可能是适于夏令穿着的便服。

2. 袍。袍为长衣，流行的程度超过短衣，也可分为两种：第一种袍，交领，右衽，曲裾，是平民乃至奴隶的常服，贵族是否穿用尚

图4-102　着衣木俑
荆州马山1号墓出土
（金陵提供）

① 熊传新 . 长沙出土楚服饰浅析［C］// 湖南考古辑刊：第二集 . 湖南：岳麓书社，1984 .

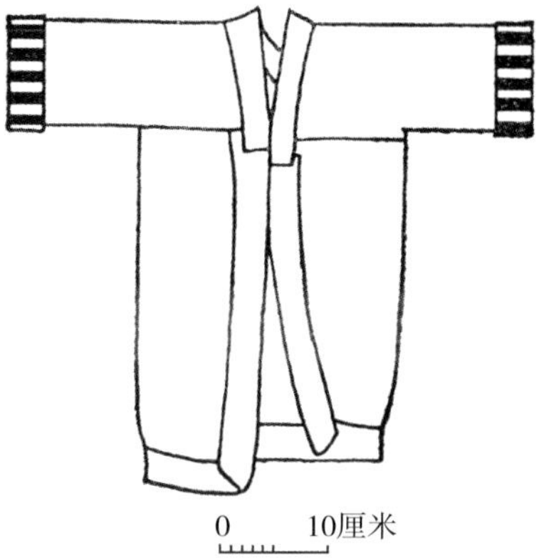

图4-103 綵衣示意图
（黄凤春据《江陵马山一号楚墓》插图摹绘）

图4-104 着衣木俑图
（黄凤春据《江陵马山一号楚墓》插图摹绘）

不可知。孙机以为这种长衣就是《礼记》所谓深衣[①]，其论至确。木俑身上所画或所穿的，就是深衣。（图 4-104）深衣的主要特色是“续衽钩边”[②]，即利用曲裾交掩，有遮体完密而无碍于行动的优点。第二种袍，交领，右衽，直裾，是贵族的常服。马山 1 号墓出土袍十一件，无一曲裾。（图 4-105）长沙楚墓出土的帛画上画有贵族男女各一人，所穿的袍也是直裾的。但作画者为追求线条的婉转流畅，使画中人所穿之袍颇多旋曲翻卷，以致有人误断为曲裾了。

3. 裳。与衣不相接的裳，今称围裙，在先秦是不分贵贱、男女、老少都可穿用的。马山 1 号墓出土两件，发掘报告称之为“单裙”，展开后呈扁矮的梯形，腰身稍窄，下摆稍宽，有系。（图 4-106）

4. 袴。先秦的袴，是所谓胫衣，今称套裤，必须与裳或袍一起穿用。马山 1 号墓出土绵袴一件，腰宽 95 厘米，全长 116 厘米。（图 4-106）

上述四类服装，在楚简里有一些特殊的名称，我们所用的则是先秦较为通用的名称。衣料应有丝织品、麻织品、丝绵和毛皮。已见的实物都出自一座小型的贵族女子墓，只有丝织品和丝绵，没有麻织品和毛皮。衣、袍、裳、袴可能都有单、夹、绵之分，但现已发现的品种还不齐全。

楚人不分男女都佩腰带，从人物画像、人物

① 孙机 . 深衣与楚服［J］. 考古与文物，1982（1）.
② 《礼记 · 深衣》。

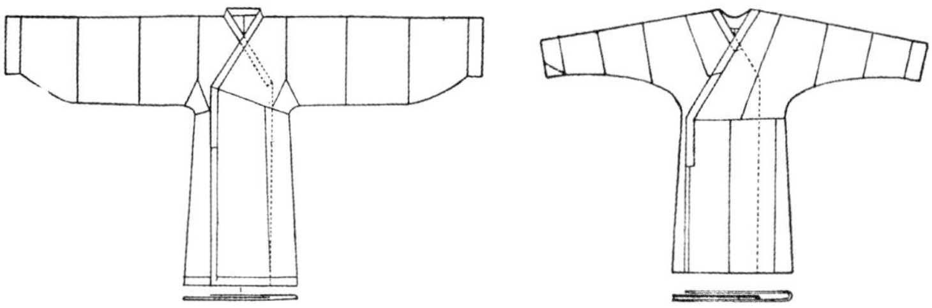

绵袍

图4-105　直裾袍示意图
（黄凤春据《江陵马山一号楚墓》插图摹绘）

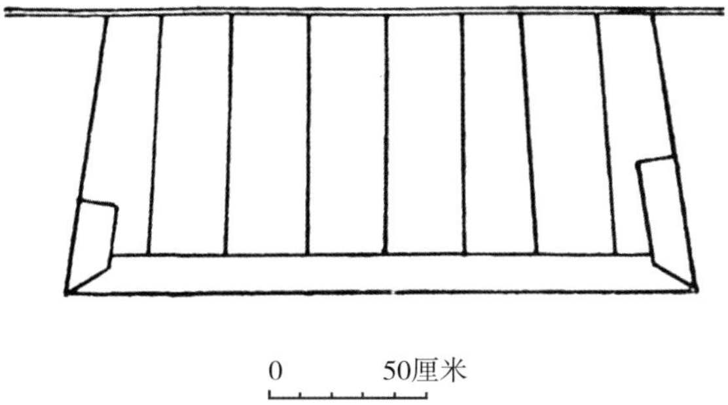

裳（单裙）

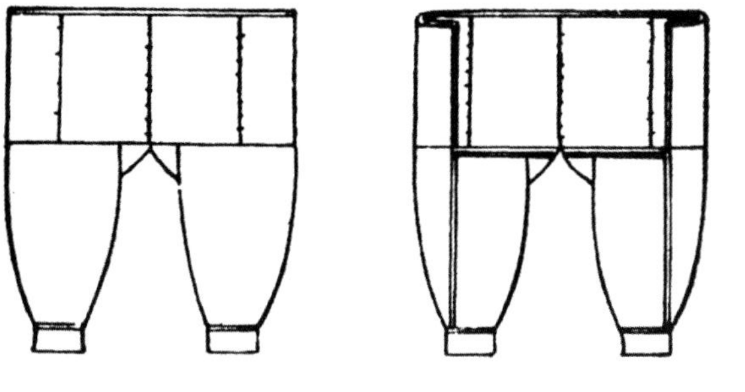

袴

图4-106　裳和袴示意图
（黄凤春据《江陵马山一号楚墓》插图摹绘）

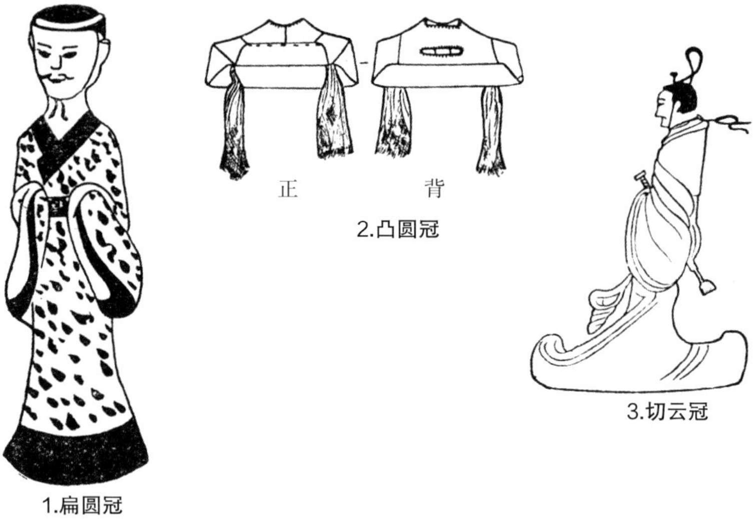

图4-107　楚冠三种示意图
（1.3.黄凤春据熊传新《长沙出土楚服饰浅析》插图摹绘
2.黄凤春据《江陵马山一号楚墓》插图摹绘）

纹样和木俑来看，都可以说是细腰的。细腰是楚人的特点，北方就不同了。河北平山县中山王墓出土的人形铜灯座上的人像，虽着深衣而不佩腰带，腰是粗的。山西侯马市出土的赵国陶器残片上的人像，虽也着深衣，但腰也不细。山东临淄齐墓出土的漆盘上的人像，女子腰细而男子腰粗。

成年的楚国男子都要着冠，这冠就是所谓“楚冠”或“南冠”。已知的楚冠有以下三类（图 4-107）：

1. 扁圆冠。此类冠见于木男俑，形制简单，似为男性的平民以至奴隶所着。

2. 凸圆冠。此类冠有马山 1 号墓出土实物一件。面和里用绢，缘用锦。顶部凸起，正中露一大孔。后部有一横缝，正中两侧各露一小孔。后部里侧有二束组带，应为冠系。按，楚国女子通常不着冠，此类冠可能是中年以上女子防御风寒所用。马山 1 号墓的墓主用假发，可见她注意修饰，讲究美容。

3. 切云冠。此类冠见于子弹库 1 号墓所出的人物御龙帛画，应为贵族男子所着。下部罩在发髻上，中部收束，上部卷曲，下部前端有一“T”字形饰物，下部两侧有缨。“切云”之名，见于屈原《涉江》所云“冠切云之崔嵬”。战国后期楚人的长冠，可能是由切云冠蜕变而成的。

楚人所穿的履，已知的只有麻鞋（图 4-108）一种。马山 1 号墓出土三双，形制与后世的布鞋大体相同，鞋底为麻线编结，鞋帮、鞋头里层为细草编织，表层为麻布。鞋头髹黑漆。鞋帮和鞋口加锦面或绨面。

这时的楚国也有手套。已发现的一双出自江陵藤店 1 号墓，是皮手套（图 4-109），长 28.5 厘米，五指分开。

楚人有挽髻的习惯，方式因男女和尊卑而异。贵族为椎髻，较高。男子椎髻竖在头顶，见于人物御龙帛画，女

图4-108　麻鞋
马山1号墓出土
（金陵提供）

子椎髻翘在脑后，见于人物龙凤帛画。男子用何物束髻不明，女子束髻之物为巾。马山 1 号墓所出的冠，前高后低，可知顶部一大孔为露髻之处，后部二小孔为加笄或加簪之处。木男俑的扁圆帽紧贴头顶，后无垂发，可知其髻扁平，似为平民以下男子的发式。女木俑脑后垂发过颈，以带束之，似为平民以下女子的发式。

清早濯发，大概是楚人的一种习惯。《离骚》中的“朝濯发乎洧盘”，《远游》中的“朝濯发于汤谷”，应是照着楚人的习惯而写的。直到现在，南方某些少数民族女子仍有清早在溪水中濯发的习惯。楚国的贵族清早濯发，当然可以在家里由妻妾代劳，不必跑到溪边去。

从有关的资料来看，楚人喜穿彩衣。就连一些男女木俑的身上，也画着或穿着彩衣。同时，楚人喜佩饰物。在个别木女俑的身上，也画着多样玉饰。可见，讲求靡丽的风气已渗透在几乎所有贵族之家中了。至于平时只有麻布衣裳的下层平民、农奴和生产奴隶，当然是例外了。

饮食方面，楚人有下列嗜好。其一，是调味以辛辣酸甜为佳。《招魂》中写到的“大苦咸酸，辛甘行些”，就是

图4-109　皮手套
江陵藤店1号墓出土
（金陵提供）

一个证据。其二，是饮料以芳香精洁为佳。《九歌·东皇太一》中写的“奠桂酒兮椒浆”，就是一个证据。其三，植物性食物以“菰粱”“苴蒪”“蒿蒌”为上，见《大招》。其四，动物性食物以野禽如“鹄”“凫”“鸿”“鸧”“鹑”“雀”等，以及“龟”（“蠵”）、“鳖”等为上，见《招魂》和《大招》。其五，是贵族在夏日喜饮冰酒。《招魂》中写到的“挫糟冻饮，酎清凉些”，以及《大招》中写到的“清馨冻饮”，是文献证据；擂鼓墩1号墓出土的冰酒鉴，是实物证据。

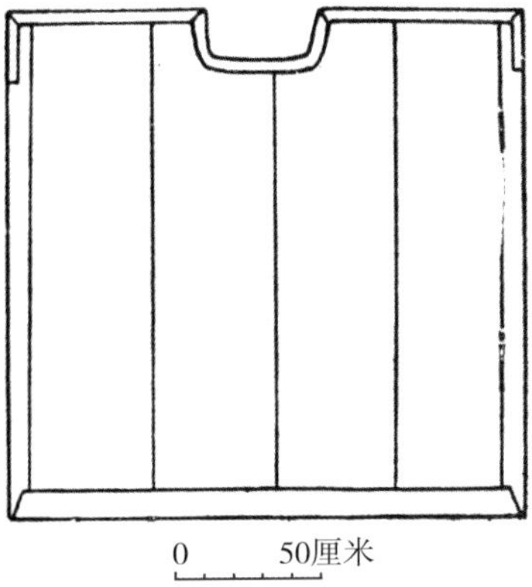

图4-110　衾
（黄凤春据《江陵马山一号楚墓》插图摹绘）

这时的楚人，在其他生活条件方面，一般也改善了，贵族更是如此。

试以床榻为例：长台关1号墓出土六腿榻式床一件，木制，精工雕绘，长2.182米，宽1.390米，通高0.613米，腿高0.190米。四周有细巧的栏杆，左右两侧各有供上下用的敞口一处。《战国策·齐策》记孟尝君过楚国，楚王赠以“象床”。所谓“象床”，即有象牙装饰的床，比长台关出土的床应更为华美。

再以衾褥为例：马山1号墓出土衾三件，一件近正方形，两件为长方形，面为纹锦或绣绢，里为素绢，内有丝绵。与现代被子不同的，主要是上缘中部有宽约40厘米的凹口，应为利于双肩遮风而设。（图4-110）

生则厚养，死则厚葬。上等贵族的墓都有高大的封土。纪南城周围至今仍可见到此类大冢八百余座，其中直径逾四十米、高逾六米的约有四十座。在其他地方，也发现了一些有高大封土的楚墓。楚国贵族的厚葬之俗，战国时代显著地超过了春秋时代。试将下寺 2 号春秋墓与天星观 1 号、长台关 1 号、擂鼓墩 1 号三座战国墓加以比较，便可知其大概。下寺 2 号墓是令尹墓，椁室面积近三十五平方米，未经盗掘，出土铜器连同箭镞之类细小物品在内为一百五十余件；天星观 1 号墓是封君墓，椁室面积近六十平方米，曾经盗掘，随葬器物大半散失，出土铜器仍有一百七十余件，若连马衔、马镳之类在内又有八百余件，而箭镞之类尚未计入；长台关 1 号墓估计是地位等于封君的墓，椁室面积比天星观 1 号墓略大，虽未经盗掘，但出土铜器较少；擂鼓墩 1 号墓为曾侯墓，椁室面积为一百九十余平方米，未经盗掘，出土铜器之多创单墓最高纪录。铜器以外的随葬器物，如漆器之类，在春秋楚墓中很少，在战国楚墓中较多，假使也算进去，那么，只要等级相同，每座战国墓的出土器物数量，与每座春秋墓的出土器物数量相比，将以数倍计。擂鼓墩 1 号墓虽是曾墓，但其厚葬的规模应与等级相同的楚墓近似。

总之，在楚文化的鼎盛期中，贵族的侈靡之风，无论生前死后，都有日甚一日之势。先王筚路蓝缕的时代，昔贤俭朴自奉、清廉自守的时代，一去不复返了。

在《招魂》和《大招》中，作者铺叙宫廷生活，达到穷奢极欲的程度，而无不以赞赏的口吻出之。最后说到善政盛德，也只是曲终奏雅。无论其作者为谁，都显然是自己也未能免俗。

鄢、郢沦陷之前，庄辛对楚顷襄王说：“君王左州侯，右夏侯，辇从鄢陵君与寿陵君，专淫逸侈靡，不顾国政，郢都必危矣！”[①] 不幸，庄辛言中了。

二、楚人的特殊信仰

楚人的信仰受到众多因素的影响，随着时代的演进，虽仍以拜日崇火尊凤的传统为基础，但为适应新的环境，迎合新的潮流。而经常在改

① 《战国策·楚策》。

变成分、更换形式。

由于君主专制的加强和天文知识的增进，出现了一位全天最尊的“上皇”。这位“上皇”就是“太乙”（太一），因其祠在东，又称“东皇太一”。

本章第五节指出，在楚文化的鼎盛期，楚国天文学的进展已载入史册。二十八宿围在北斗星四周，北斗星绕着天极星旋转。当时天极星中最亮的一颗星不是现在的北极星，而是后世的帝星，《论语》谓之“北辰”。在星空中，这颗星正处在临制四方的位置上。楚人以为，上皇常住在这颗星里。这颗星连同它近旁的二十来颗星一起，构成天宫紫微——即汉代所谓“紫宫”。上皇又叫太乙，所以紫微又叫太微。楚辞《远游》说：“命天阍其开关兮，排阊阖而望予。召丰隆使先导兮，问大微之所居。集重阳入帝宫兮，造旬始而观清都。”所描写的是作者在假想中访问紫宫的情景。太乙居于太微，就像楚王居于郢都。

这位太乙是后来居上的新神，楚人一时还弄不清他的形象。恰逢其时，道家学派形成，道家以为太乙是无形的，它生成了阴阳。由此，楚人更无法赋予太乙以形象了。太乙生两仪，自己为太仪。楚辞《远游》接着上引末句写道：“朝发轫于太仪兮……”这是说作者在假想中要辞别天庭了。

《文选》的《高唐赋》，相传为宋玉所作，其中写道：“进纯牺，祷璇室，醮诸神，礼太一。”可知在楚人看来，太乙是诸神之最贵者。

太乙的兴起，使日神炎帝为之避席。《九歌》称太乙为“东皇”，称日神为“东君”，用词恰如其分。

近代有些学者，以为把太乙奉为全天最尊之神，以及说太乙常居紫宫，都是西汉才如此的。其实，西汉去战国甚近，其君臣又大半是楚人，对太乙的信仰应是从战国时代的楚人那里继承下来的。他们对太乙虽不乏增饰之词，但说不上有作伪之嫌。战国时代，凡道家思想播及之处，即有太乙。南方与北方不同的是，把太乙尊为至高无上之神了。西汉对太乙的增饰，以《淮南子》为最，其《本经训》说：“太一者，牢笼天地，弹压山川，含吐阴阳，伸曳四时，纪纲八极，经纬六合。覆露照导，普氾无私。蠉飞蠕动，莫不仰德而生。”

由于楚人和华夏认同，颛顼就成了至尊的古帝，祝融则相形见绌了。《远游》说：“高阳邈以远兮，余将焉所程？”但在将卒章时，作者还是找到了颛顼。“舒并节以驰骛兮，逴绝垠乎寒门。轶迅风于清源兮，从颛顼乎增冰。”祝融虽还是大神，但已不再有始祖的身份，以至《远游》的作者可以在想象中向他发号施令了。“祝融戒而跸御兮”，他已经成为作者的扈卫了。

对太乙和颛顼的信仰，主要存在于贵族等级和知识阶层中。一般的楚人对太乙和颛顼似乎还陌生，他们奉祀的对象，首先是与炎帝同位的日神东君，以及与祝融同位的雷神云中君。天星观 1 号墓竹简上所记的“云君”，应即云中君。在《九歌》诸神中，形象最壮美的就是东君和云中君。

地位稍低于日神和云神的，是司命。“司命”之称，在天星观 1 号墓竹简上也有，在《九歌》中则有大司命与少司命之分。司命掌寿夭，楚人奉祀唯谨。《九歌》描写司命与人的关系，若即若离，若亲若疏，异常微妙。

此外，楚人信奉的神还有不少，大致可分为如下三类：

第一类是楚人之神，即风伯、雨师、日御、月御、山神、水神、厉神、司祸、地宇、土伯、东城夫人等。风伯为飞廉，雨师为蓱号，日御为羲和，月御为望舒，山神别称山鬼，厉神别称殇鬼，土伯为冥府之主，他们都见于楚辞。水神似即天星观 1 号墓竹简所记的“大水”。“司祸”“地宇”和“东城夫人”也见于天星观 1 号墓竹简，其神性则不得而闻。子弹库帛书上所画与十二月相配的奇异神像，也应是楚人之神。

第二类是北方诸夏之神，即高辛、轩辕、海若、河伯（冯夷）、雒嫔（宓妃）等，俱见楚辞。

第三类是南方夷越之神，即伏戏、女娲、湘君、湘夫人等，也俱见楚辞。伏戏、女娲为西南蛮濮之神，湘君、湘夫人为湘水流域扬越之神。又，《远游》写到的“湘灵”，应即湘君和湘夫人。

上述形形色色的神，彼此不生龃龉，不起冲突，和谐地存在于楚人的意识中。楚人对待他们，就像孟尝君对待食客，来者不拒，养以备用。楚人在建成多民族的国家的同时，养成了多民族的信仰，可谓河海不择细流，故能成其大。

楚人因信仰的奇诡、驳杂，历来被视为荒唐怪诞之尤。其实，这是对楚人的误解。试与关中的秦人比较，与中原的宋人比较，便可知楚人不算是荒唐怪诞透顶的。秦惠文王刻石为《诅楚文》，至少有三篇，咒骂楚怀王之余，分别祈求巫咸、大沈厥湫、亚驼三位神灵助秦制楚。宋康王企求威服天下鬼神，竟射天笞地，又铸铜为诸侯之像而弹其鼻。这样的厌胜之术，楚人是不用的。再与东南的越人比较，与西南的濮人比较，前者文身以避害，凿齿以示祥，后者猎首以邀福，这样的自残或残人之术，楚人是不取的。楚人对待神灵，只是娱和飨，加上卜和筮。尽管他们以为天界和冥府有许多奇形怪状的神灵，然而，凡是与他们关系密切的，都被设想为人形，甚至都是美男美女。在屈原的笔下，山鬼也成为美人了。在宋玉的笔下，巫山神女竟与楚王成云雨之欢了。正是因为楚人把神看成美男美女，张仪对楚怀王说："彼郑、周之女，粉白墨黑，立于衢闾，非知而见之者，以为神。"[①]相较而言，秦人和宋人崇巫，多妖邪气；越人和濮人崇巫，多鬼魅气；楚人崇巫，却是多人情味。在《九歌》里，神与人之间何等亲密，有时甚至迹近狎昵，不就是充满人情味的吗？

与楚人基本信仰有关的风尚，即尚赤、尚东、尚左以及尊凤、贬龙、贱虎等，仍一如既往。这时，楚国贵族内部的少数民族成份加大了一些，因此，从某些文献资料和某些出土遗物来看，似乎没有体现上述风尚。如《新序·杂事》记："叶公子高好龙。钩以写龙，凿以写龙，屋室雕文以写龙。"由此看来，似乎楚人是尊龙的。其实不然。叶公子高即沈尹戌之子沈诸梁，这个以沈为氏的家族是楚籍的番人，而番人为越人别部，其俗尊龙。沈诸梁好龙，正是出于自己民族的传统信仰，原不足怪。再如天星观1号墓出土座屏五件，所雕的全是龙，似乎又是楚人尊龙的一

① 《战国策·楚策》。

个例证。其实也不然。此墓的墓主邸阳君番勳又是一位楚籍番裔的贵族，甚至可能是功大位高的叶公的后人，出于本俗，自然是尊龙的。郢都附近的大墓，如墓主为楚人，大抵在郢都以西的八岭山一带，原因是楚俗尚东，埋在八岭山一带，朝东的墓门正好对着郢都。天星观 1 号墓与此相异，墓址在郢都以东，墓门朝南，这也可见墓主非芈姓楚人。五件雕龙的座屏，恰好可以作为叶公好龙的实证，但并不能代表楚俗。又如擂鼓墩 1 号墓的漆绘棺，饰龙纹特多，龙的形状又特怪，有双头龙、三头龙以至五头龙，原因也在于墓主不是芈姓楚人，而是姬姓曾人。从墓坑、椁室、葬式和随葬器物来看，曾俗有很多与楚俗不同的特点。可以说战国早期的曾文化从属于楚文化，但曾文化毕竟不等于楚文化。

楚文化是一个博大的体系，其中包含着多元的因素，有时表现出不同的风格。假使不是这样，它也就不成其为楚文化了。

第五章　滞缓期和转化期的楚文化

楚都迁陈（今河南淮阳县）之后，国势江河日下。顷襄王四传至负刍，约历半个世纪，这是楚文化的滞缓期。

考烈王十年（前 253），迁都于钜阳（今安徽阜阳县北）。考烈王二十二年（前 241），迁都于寿春（今安徽寿县）。楚国依托淮水中游，勉难残局。还有长江以南的楚人，坚持了多年的抗秦斗争。因此，这个时期楚国文物的出土地点，主要在今安徽境内，其次在今湖南境内以及今河南东部、今江苏中部。

负刍五年（前 223），秦灭楚。从这时起，到汉武帝前期止，历一个世纪有余，是楚文化向汉文化的转化期。

第一节　滞缓期的楚文化

楚国的新都陈县是陈国的故都，比楚国的旧都郢城小得多。顷襄王和他的臣民长途跋涉，逃到这里，惊魂未定，当务之急是加固城防。

河南省博物馆 1980 年在淮阳县城进行普查和试掘，证实淮阳县城即故楚“陈郢”（或称“郢陈”）。此城初建于陈国未灭之时，而并入楚国之后曾两次增修。第一次增修约在楚惠王时，在原有的城垣上，扩宽 1.5—2.0 米，增高约 1.5 米，夯层较乱、较松，工程质量较差，原因在于它还只是东北边境的一个县城。第二次增修应在楚顷襄王时，扩宽 4.4 米，增高 1.0 米有余。为求坚固，夯土有横木作栓。每根横木长 2—3 米，直径 0.16—0.31 米。横木分四层，上下相邻的两层间距为 0.5—1.0 米，左右相邻的两根间距为 0.4—0.6 米。据此推算，全城共用横木约 4 万—

图5-1 曾姬无恤壶
安徽寿县李家孤堆出土

6 万根，可见其工程之浩大。[①] 有鉴于旧都的沦陷，楚人不得不改进新都城垣的夯筑工艺。这透露了楚人的恐慌心理，也显示了楚国尚有不可低估的实力。

大片国土的沦丧，使楚国的经济受到了惨重的打击。损失最大的是丝织业、刺绣业和髹漆业，从此一蹶不振了。因此，在战国晚期的楚墓中，看不到第一流的丝织品、刺绣品和漆器。损失较小的是冶金业，这有两个原因：一是楚国收复了“江旁十五邑”[②]，铜绿山一带的产铜基地应包括在内；二是吴越地区富产铜锡，吴越的匠师素擅冶铸。

从淮阳平粮台的二十多座楚墓中，出土了一批铜器和铁器。“青铜器器胎很薄，反映了制作铜器工艺出现了冷加工技术。有铁足鼎、铁弩矢，是以铁代铜的反映。出土的青铜剑光泽耀眼，锋利异常，不仅其硬度、韧度适当，而且注意了防锈，表明了这时的青铜兵器的铸造工艺更加成熟；错金、错银的铜矛、铜弩机、镈、带钩数量增多，反映了镶嵌技术的更加发展。”[③]

1933 年至 1938 年，寿县李家孤堆楚幽王墓三次遭盗掘，出土青铜器甚多，有铭者三十余件。（图 5-1）从铭文得知，这些青铜器由冶师、冶师之佐和铸客制作，器主为酓肯（考烈王熊元）和酓忎（幽王熊悍）。虽则没有细巧的

①③ 曹桂岑．楚都陈城考［J］．中原文物，1981 年特刊．
② 《史记·楚世家》。

纹饰和镂空构件，但是操作严格，工艺精熟，而且形制不乏特色，如鼎足粗壮、鼎体雄伟等，犹存大国气派。其中的楚王酓肯鼎，侈口有流，斜壁平底，附耳外卷近平，蹄足较高且壮，颇具新意。

楚器的风格从来是多样的，总有次要的风格与主要的风格相映衬。无论为主、为次，一概追新逐奇，新奇才是楚器的精神。上述鼎足粗壮、鼎体雄伟之类，所代表的是一种虽在滋长而仍属次要的风格；至于主要的风格，还是柔而不弱、艳而不俗的秀丽。最能体现秀丽风格的器类，在楚文化的茁长期是礼器，在楚文化的鼎盛期是乐器和杂器，而这时——在楚文化的滞缓期，却是兵器了。意向的转移，反映着时势的需要。

除了楚幽王墓而外，在其余的楚墓中，青铜器以兵器居多，而礼器、乐器甚少。这应是由于战事频繁、激烈，兵器损耗过大，原料供不应求，顾不上制礼作乐了。但兵器质量仍很高。河南洛阳市 1974 年出土的“繁阳之金”剑一件，长 45.0 厘米，宽 3.9 厘米，脊厚 1.0 厘米，腊广 8.2 厘米。出土时，剑茎前排列着从大到小的珍珠十二颗，应是剑首的垂饰；剑身在鞘中，鞘为象牙所制，上叶近口处有双钩浮雕变形兽面纹。剑铭为红铜嵌错的“繁阳之金”四字，作“蚊脚书”。经洛阳博物馆鉴定，此剑为战国晚期楚器。[①]在已见的楚剑中，就精美而论，以此剑为翘楚。

这时，楚国的铁剑也很好。约在楚都迁陈后二十年，秦昭王对范雎说：“吾闻楚之铁剑利而倡优拙。夫铁剑利则士勇，倡优拙则思虑远。夫以远思虑而御勇士，吾恐楚之图秦也。”[②] 在军备竞赛中，楚人没有落后。要说楚国的君臣都醉生梦死，看来也不尽然。

楚国的金币，有版形、饼形两种。金版的钤印以“郢爰”为多，也有“陈爰”“鄗爰”“卢金”“鄟”“訇”“郚”。金饼则无印文。这些金币，主要是在战国晚期铸造的，因此安徽出土最多。金饼象龟，铜蚁鼻钱象贝，合起来就是上古的货币“龟贝”。金饼有切割为“马蹄金”的，已

---

① 洛阳博物馆．河南洛阳出土“繁阳之金”剑［J］．考古，1980（6）．

② 《史记·范雎蔡泽列传》。

见实物不多。小而扁的金饼，可加钤印为金版。大而鼓的金饼，可改铸为金版。每方钤印的爰币重量为10克左右至25克左右，整块金版约重250克。金币的骤然增多，表明楚国的黄金产量迅速上升了。黄金的来源，一说为“荆南之地，丽水之中生金”，见《韩非子·内储说上》，既在“荆南”，则“丽水”似即澧水；另说为“楚有汝汉之黄金”，见《管子·轻重甲篇》，时至战国晚期，汝汉之域已非楚有；又说为“豫章出黄金”，见《史记·货殖列传》，豫章在战国晚期适为楚地。楚国突然大量开采黄金，应与纾解财政危机有关。《韩非子·内储说上》说到楚国严刑以立威，禁止私人淘金，可见黄金的生产是由官方垄断的。

楚国也有银币，数量虽很少，但也像金币那样是别国所没有的。已见的实物仅十八件，1974年出土于河南扶沟县古城。这些银币都是布币，空首布和实首布都有，分短、中、长三型，每件重130余克至200余克不等。币形仿中原铜布，可知较金币晚出。

铜币仍是民间流行的通货，除贝形的蚁鼻钱外，又出现了背文为“十货”或“当釿”的布币，以及背文或面文为“四朱”的圜钱和方钱。这些非贝形的铜币都少见，是地方铸币机关仿中原和关中的币形而造的。

楚都迁陈之后，货币显著增多，可见楚国虽在风雨飘摇之秋，商业却越发繁盛了。当时另外六个大国的商业，也是繁盛的。经济的发达推动着政治斗争和军事斗争。以自发的力量开辟着走向统一的道路。

度量衡的完善，与商业的繁盛相适应。楚幽王墓出土的楚铜尺一件，长22.5厘米，与湖南长沙市发现的楚铜尺长23.0厘米接近。安徽凤台县和淮南市采集的楚铜量两件，各容水1110立方厘米，与楚幽王墓出土的大铜量容水1080立方厘米接近。楚幽王墓还出土了小铜量一件，容水200立方厘米。凤台县采集的铜砝码范一件，每次可浇铸砝码十枚，分为从大到小的五组，每组有小大轻重相等的砝码两枚。据安徽省博物馆考古工作者观察，铸成的砝码可能是球形的，与战国中期以前的环形砝码形制相异。传为寿县出土的楚铜衡两件，是不等臂的秤。楚国一斤的实重，仍为约250克。

众多的楚国贵族随着王室蜂拥来到淮水中游，大兴土木，促使当地的砖瓦生产工艺逐渐改进。大约在寿春成为最后一个郢都的时候，板瓦、筒瓦、半瓦当、圆瓦当、空心砖、大方砖已一应俱全。圆瓦当多饰云纹或凤纹，比先前素面的圆瓦当进步了。半瓦当大多由圆瓦当切割而成。空心砖长 60—70 厘米，宽 30 厘米左右，厚 15—20 厘米，饰四叶纹、云纹和其他几何形纹。大方砖是用以铺地的。之前，安徽省考古研究所在寿县柏家台子发掘了一处战国晚期的建筑遗址，面积数千平方米，出土的砖瓦形制大而花纹美，估计这个遗址可能是楚宫的废墟。

河南、安徽境内发现的楚国玉器较多，除了传统的璧、璜、管之类，还有十余种动物的玉雕。其中，寿县出土的一件近乎马形的龙形玉佩，造型和雕工都堪称上乘。看到这件玉佩，我们不禁想起春秋末期的王孙圉曾对晋人说，白珩之类乃哗嚣之美，楚人是不以为宝的。可是殊世异风，降至战国晚期，楚国的贵族已陶醉在哗嚣之美中了。

当时，在列国之间，甚至在一国之内，贵族竞侈成风。如赵国的平原君派使者到楚国的春申君那里去，春申君将使者安置在“上舍”。“赵使欲夸楚，为玳瑁簪，刀剑室以珠玉饰之，请命春申君客。春申君客三千余人，其上客皆蹑珠履以见赵使，赵使大惭。”[①] 珠和玉二者，楚国所多的是珠，所少的是玉。中原诸国的玉器，无论数量、质量，都超过了楚国的玉器。不大的中山国，其王墓所出玉器精品也比楚国的玉器精品多。但是，楚国得江河湖海之赐，珠又多又好。“繁阳之金”剑所饰的珠，经洛阳博物馆鉴定，是贝类动物珍珠囊中生成的无核珍珠，大者直径 1.1 厘米，小者直径 0.4 厘米，光滑莹润。春申君的上客以珠为履饰，成百上千，接踵而来，赵国的使者见了，自然要自愧弗如的。

春申君即黄歇，自考烈王元年（前 262）起为楚相长达二十五年。前十五年，有淮北十二县为封地。后十年，自请改封于江东。春申君蓄聚财货，罗致门客，“虽名相国，实楚王也”。[②] 由于春申君的经营，江

①② 《史记·春申君列传》。

图5-2　铜车軎
沙洋楚墓出土
（郝勤建提供）

东逐渐成为人文荟萃之区。后来在秦末起义的楚人，有不少是江东子弟。

春申君的幸运，在于他居相位时，南有长江之险、黾隘之塞，西有韩、魏之缓冲，北有赵为屏障，东北灭鲁而与齐抗衡，东南抚有吴越以为后援。因此，在二十余年间，楚国的局势尚称稳定。可是，随着秦的不断东进，韩、魏的不断削弱，楚受秦的威胁就逐渐增大了。

当时，齐都临淄的稷下是一个活跃的学术中心，有若干国籍不同的知名学者在那里讲学。齐王为这些学者在大马路近旁造了大公馆，优礼有加。赵人荀卿也在稷下游学，“最为老师”，“三为祭酒”。[①] 后因被谗，去齐适楚，应春申君之请，为兰陵令，而讲学著书不辍。楚上蔡人李斯原为小吏，从荀卿治学，后入秦为相。

战国晚期，学者讲求统一天下之道，很少以乡国为念，

---

① 《史记·孟子荀卿列传》。

因此，学派的南北之分就不像以前那么分明了。北方没有抵制道家学说，南方没有排斥儒家学说。至于法家学说，虽盛于北方，但南方的楚国在战国中期就曾由吴起主持实行变法。学术思想的南北合流，反映了统一天下的需求，而又促进了统一天下的历程。荀卿之学对中国的统一起过重要的作用，荀卿其人则生长并学成于北方，著书并终老于南方。

“荀卿嫉浊世之政，亡国乱君相属，不遂大道而营于巫祝，信禨祥，鄙儒小拘，如庄周等又猾稽乱俗。”[①] 荀卿所嫉的浊世之政，当然不限于楚国之政，但必然把楚国之政也包括在内。春申君死，荀卿罢兰陵令，而仍家于兰陵。荀卿所为文章，后人集为《荀子》，当然不能看成是代表南方学术的著作。

但就哲学而论，南北之间仍有微妙的区别。再就文学而论，南北的区别是彰明较著的。

下面先说哲学。

战国晚期，有黄老之学起。就基本要素而言，北方黄老之学是道家与法家的统一，南方黄老之学是道家与儒家的统一。

北方黄老之学起于齐国，与稷下学派有关。其传授关系见于《史记·乐毅传赞》：“乐臣公学黄帝、老子，其本师号曰河上丈人，不知其所出。河上丈人教安期生，安期生教毛翕公，毛翕公教乐瑕公，乐瑕公教乐臣公，乐臣公教盖公，盖公教于齐高密、胶西，为曹相国师。”

北方黄老之学的文献，亡佚已久。可庆幸的是，从1973年出土于长沙马王堆3号汉墓的帛书《经法》《十六经》《称》《道原》中，尚可概见其学说，兹不具论。

南方黄老之学见于《庄子》的《天道》等篇，略述于下。

《庄子》三十三篇中，“老聃”四十七见，“老子”二十二见，“老莱子”三见，共计七十二见；“黄帝”凡三十四见，于“内篇”七篇中仅二见。由此可察见庄学后期向黄老之学转变的迹象。当然，问题不在于字面，

① 《史记·孟子荀卿列传》。

而在于内容。

《天道》说："是故古之明大道者，先明天而道德次之，道德已明而仁义次之，仁义已明而分守次之，分守已明而形名次之，形名已明而因任次之，因任已明而原省次之，原省已明而是非次之，是非已明而赏罚次之。"这九个步骤，实际是按三个层次的顺序来安排道家、儒家、法家，道在儒前，儒在法前。

《天下》说："不离于宗，谓之天人；不离于精，谓之神人；不离于真，谓之至人。以天为宗，以德为本，以道为门，兆于变化，谓之圣人。以仁为恩，以义为理，以礼为行，以乐为和，薰然慈仁，谓之君子。以法为分，以名为表，以参为验，以稽为决，其数一二三四是也，百官以此相齿。"所安排的顺序，也是道—儒—法。

《刻意》论述五种人"之所好"，又是儒在法前，其文从略。

以道统摄儒法，则儒在法前。如果专讲"大道之序"，则一归于儒。如《天道》说："君先而臣从，父先而子从，兄先而弟从，长先而少从，男先而女从，夫先而妇从。夫尊卑先后，天地之行也，故圣人取象焉。天尊、地卑，神明之位也。春夏先，秋冬后，四时之序也。万物化作，萌区有状，盛衰之杀，变化之流也。夫天地至神，而有尊卑先后之序，而况人道乎？宗庙尚亲，朝廷尚尊，乡党尚齿，行事尚贤，大道之序也。语道而非其序者，非其道也；语道而非其道者，安取道！"

又如《天运》说"假道于仁，托宿于义"，《天地篇》说"爱人利物之谓仁"：凡所论议，莫非儒旨。

这种内容，正好具有司马谈所说的"采儒墨之善，撮名法之要"[①]的道家即黄老之学的要素。它们是南方的黄老之学。

这时的哲学，大致有如上述。在剧变的时势之下，人主之所好，学者之所尚，不在形上学，而在形下学，不在道和德，而在功和利。以黄老为本的学者，多喜刑名法术。南方的黄老之学，实难与北方的黄老之学争胜。

---

① 《史记·太史公自序》。

这时的文学已由盛转衰，北方几乎没有专门的文学创作了，南方则尚有楚辞不绝如缕。

《史记・屈原贾生列传》说："屈原既死之后，楚有宋玉、唐勒、景差之徒者，皆好辞而以赋见称。"唐勒其人，除姓名外，其余一概不详。景差可能与宋玉同时，但未见有可靠的传世之作。一说《大招》是景差所作，但从王逸为之加注时起就有争议。王逸《楚辞章句・大招》说："《大招》者，屈原之所作也，或曰景差，疑不能明也。"宋玉的传世之作，大致可说是公认的有《九辩》，真伪尚难判定的有《楚辞章句》所收一篇和《文选》所收五篇，确系伪作的有《古文苑》所收六篇。即使仅就《九辩》而论，宋玉也不失为先秦文苑中的棼尾春。

宋玉的创作活动，跨楚文化鼎盛期的末叶和楚文化滞缓期的初叶。从《九辩》来看，宋玉景仰屈原，哀其志而慕其文，甚至袭用了屈原的若干诗句。他也愤世嫉俗，有"处穷而守高"之志，但虽怒而不争，格调比特立独行的屈原卑弱。《九辩》的主要艺术成就，是创立了借景抒情的典范，比传统的取譬引类、托事于物进了一大步。试看被朱熹标为首章的一段："悲哉！秋之为气也，萧瑟兮草木摇落而变衰。憭栗兮若在远行，登山临水兮送将归。泬寥兮天高而气清，寂廖兮收潦而水清。憯凄增欷兮薄寒之中人，怆怳懭悢兮去故而就新，坎廪兮贫士失职而志不平，廓落兮羁旅而无友生，惆怅兮而私自怜。燕翩翩其辞归兮，蝉寂漠而无声。雁廱廱而南游兮，鹍鸡啁哳而悲鸣。独申旦而不寐兮，哀蟋蟀之宵征。时亹亹而过中兮，蹇淹留而无成。"屈原已开伤春悲秋之先河，《离骚》云："日月忽其不淹兮，春与秋其代序，惟草木之零落兮，恐美人之迟暮。"宋玉的独创，在于描摹细致，情景交融，气氛浓烈，意境清新，极易扣动读者的心弦。

随着楚国朝东北方向扩张，楚辞也有朝东北方向传播之势。《史记・刺客列传》记燕太子送荆轲至易水，荆轲作歌曰："风萧萧兮易水寒，壮士一去兮不复还。"荆轲是卫人，卫国近楚国，荆轲大概习闻南音，因而能作楚歌。

韩非和李斯都是荀卿的门生，《史记·老子韩非列传》说韩非“善著书”，李斯自以为不如韩非。我们读《韩非子》，惊于其析理之精透，行文之犀利，可知太史公所记不误。但若就文学论文章，却是韩非不如李斯。李斯的《谏逐客书》，议论雄放而辞采华美，是战国晚期最好的一篇散文。韩非，韩人；李斯，楚人。楚人的文学素养，确实高于北方诸国之人。

春秋时代，有楚材而晋用者。战国时代，又出现了楚材而秦用者。李斯佐秦始皇实现了统一中国的雄图，功不可没。但楚人如李斯者极少。楚国的南公说："楚虽三户，亡秦必楚。"[①] 这，才是楚人的心声，才是楚人的本色。

楚国将亡之时，它的文化早已越出它的国界而传向远方了。江西新建县昌邑出有鼎、敦、壶和剑、戈、矛的战国墓，广东四会县乌旦山出有楚式剑和楚式矛的战国墓，广东肇庆市北岭松山出有楚式提梁壶和楚式剑的战国墓，以及广西平乐县银山岭出有楚式的剑、戈、矛的战国墓，表明楚文化从湘江流域到赣江流域，从岭北到岭南，已深入百越地区。四川成都市羊子山出有楚式剑的战国墓，以及四川新都县马家出有“邵之飤鼎”的战国墓，表明楚文化溯江而上，已逾巴至蜀。庄跻的后裔为滇王，表明滇楚之间也有人文相通之处。《史记·西南夷列传》记“秦灭诸侯，唯楚苗裔尚有滇王”，以致太史公说：“楚之先岂有天禄哉？”

第二节　转化期的楚文化

秦朝求统一心切，对楚文化采取排斥态度。尤其是在江陵一带[②]，秦朝对楚文化实行了摧残政策。郭德维指出：从 1961 年到 1981 年，在江陵已发掘的古墓中，楚墓有八百余座，秦墓和秦末汉初墓只有二十余座。

---

① 《史记·项羽本纪》。

② 云梦睡虎地秦简证明秦代已有江陵，隶南郡。

秦墓的墓制、葬式以及随葬器物的类别和组合等，都与楚墓不同。①

说秦朝排斥楚文化，并不意味着它拒绝接受楚文化的任何成果。《史记·秦始皇本纪》说："秦每破诸侯，写放其宫室，作之咸阳北阪上，南临渭，自雍门以东至泾、渭，殿屋复道周阁相属，所得诸侯美人钟鼓以充入之。"其中自然有楚式的宫殿，以及从楚国掳掠去的美人和乐器。对秦始皇来说，他要从关东诸国的文化中接受的，主要是李斯《谏逐客书》指明的"所以饰后宫、充下陈、娱心意、悦耳目者"。

"楚人把半壁河山丢给了秦人，然而，曾几何时，他们却从秦人手里夺来了一统天下，建立了汉朝。"②

秦末人民起义的主力是楚人，他们愤于秦朝对楚文化的排斥和摧残，一时掀起了复楚文化之古的狂热。

起义的楚人所用的官名，如令尹、司马、莫敖、上柱国、廷理、铜人、连尹等，都是楚国旧有的。

刘邦出于政治需要，利用楚俗尚赤的传统，自托为赤帝子，虚构了赤帝子斩白帝子这个耸人听闻的奇谈。

《史记·封禅书》记刘邦立为汉王之后，"以十月为年首，而色上赤"。以十月为年首，是楚国的历法；色上赤，是楚人的风俗。

刘邦的部队，一如项羽的部队，都用"赤帜"。

鸿门之宴，据《史记·项羽本纪》，"项王、项伯东向坐，亚父南向坐，沛公北向坐，张良西向侍"。一共五位，四位是楚人，只有张良是韩人。席次是按楚俗排定的：项羽、项伯东向坐，最尊；亚父南向坐，次尊；沛公北向坐，屈居下位；张良西向侍，叨陪末座。太史公记事，往往见精妙于平淡之中。这里把席次按楚俗一一点明，无需着一字之褒贬，就写出了项羽的骄横之态和沛公的委屈之情。

---

① 郭德维．江陵楚墓论述［J］．考古学报，1982（2）；郭德维．从江陵古墓葬看楚制、秦制、汉制的关系［C］//楚史论丛：初集．武汉：湖北人民出版社，1984．

② 张正明．先秦的民族结构、民族关系和民族思想——兼论楚人在其中的地位和作用［J］．民族研究，1983（5）．

刘邦爱楚服，所以叔孙通要脱下长袍，换上短衣，方能讨得他的欢心。刘邦又爱楚冠。当时有一种楚冠是一块竹里漆纚的窄长的板子，刘邦做亭长时，家境不丰，只好用竹皮制作的楚冠。

项羽爱楚歌。据《史记·项羽本纪》，“有美人名虞，常幸从；骏马名骓，常骑之”。被围于垓下时，项羽“悲歌慷慨，自为诗曰：‘力拔山兮气盖世，时不利兮骓不逝。骓不逝兮可奈何？虞兮，虞兮，奈若何？’歌数阕，美人和之”。刘邦也爱楚歌。据《史记·高祖本纪》，他在击败黥布叛军后经过家乡沛县，“悉召故人父老子弟纵酒”，“自为歌诗曰：‘大风起兮云飞扬，威加海内兮归故乡，安得猛士兮守四方？’”项羽出身贵族，刘邦出身平民，而都能自作楚辞，可见楚人不分尊卑，普遍爱楚歌。汉朝的《房中乐》，曲名是周代的，曲调却属于南音。《汉书·礼乐志》说：“高祖乐楚声，故《房中乐》楚声也。”

萧何主持建造的未央宫，殿虽南向，但有东阙、北阙而无西阙、南阙，应是按楚俗设计的。

尽管如此，楚人毕竟不是秦人，他们对异国甚至异族的文化从来是兼收并蓄的。汉朝的行政区域和文武百官，近承秦制的多，远袭楚制的少。秦末起义的楚人所用的楚式官名，大半废弃了。民间的情况，从葬俗上看，据郭德维研究，西汉前期墓与楚墓相似的成分少，与秦墓相似的成分多。如棺的形状和棺内的装殓、铺垫，与楚俗相距较远，与秦俗相距较近。随葬品如陶器的基本组合，楚墓常见的是鼎、敦、壶或鼎、簠、壶，外加镳壶、盘、匜、豆、罐；秦墓常见的是釜、盂、甑、瓮、罐、壶；西汉前期墓常见的是仓、灶、釜、盂、甑、瓮、罐、壶，与楚墓明显不同，与秦墓则大体相同。又如漆木器，西汉前期墓中所见的，品种比秦墓中所见的多，形制、纹样则与秦墓中所见的大略近似，而没有楚墓中常见的镇墓兽和虎座飞鸟之类。又如兵器，楚墓所出甚多，秦墓所出极少，西汉前期墓中也几乎没有。[①]

---

① 郭德维．从江陵古墓葬看楚制、秦制、汉制的关系［C］// 楚史论丛：初集．武汉：湖北人民出版社，1984．

长沙马王堆1、2、3号墓也是西汉前期墓，但葬俗与一般的西汉前期墓有别，楚风强而秦风弱。这是因为墓主的先人隶于番君，番君抚有长江中游接近下游地区的越人，在秦时附于秦，及秦末而叛秦，其部属随汉王入关中有功，其后人则诱杀黥布也有功，对汉室异常忠顺，其地位长期稳固，因而尚能遵古守旧。

西汉前期，经济尚未复苏，自然以息兵养民为上计，由此，道家的黄老思想弥漫于庙堂。马王堆3号墓出土帛书二十八件，其中《黄帝书》四篇和《老子》甲本、乙本占有突出的地位（图5-3），可见当时长沙地区不仅保存了

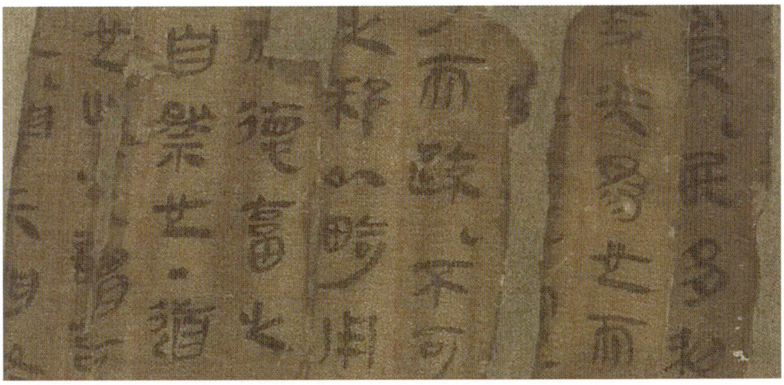

甲本局部

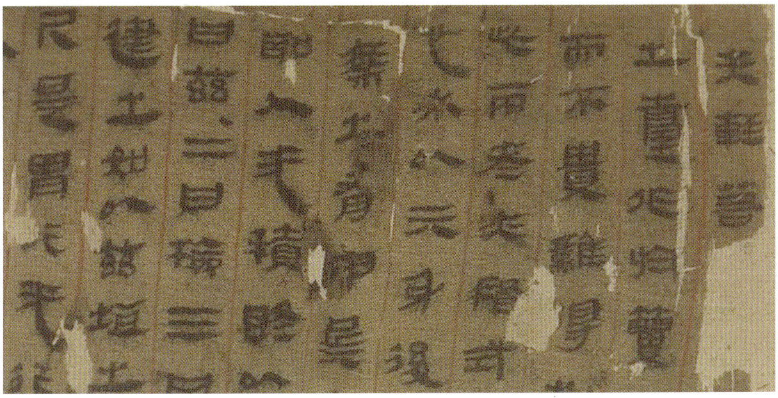

乙本局部

图5-3　《老子》帛书局部图
（湖南省博物馆提供）

较多的楚俗，而且继承了较多的楚学。墓主对黄老之学的偏好，与朝廷的思想倾向是相合的。不过，这时的汉朝有鉴于秦朝实行学术专制的覆辙，采取了相当自由的文化政策，在崇尚黄老的同时，也允许其他学派流传。李学勤做过这样一个比较：马王堆 3 号墓的墓主葬于汉文帝十二年，安徽阜阳县双古堆 1 号墓的墓主卒于汉文帝十五年，相距只有三年，而前者墓中所出的帛书以道家之学为主，后者墓中所出的竹简却以儒家之学为主。[①] 这个比较很有启发性和说服力，只要再注意到马王堆帛书的内容也不限于黄老一家之言，就可以知道西汉前期的学术思想是很开放、很活跃的。皇室内部也这样，汉武帝倾向儒术，窦太后却倾向道术。

自从汉武帝采纳董仲舒的建议，独尊儒术，文化政策才变得僵硬了。不过，汉武帝推崇的儒术并不等同于先秦的儒家之学，其中也包含着不少先秦法家之学的成分，只是主张清净无为的道家之学确实不受朝廷欢迎了。

在历法和服色等方面，汉武帝也没有墨守楚人的成规。太初元年（前 104）改历法，以正月为岁首;定服色，以黄为上。以正月为岁首，改变了汉高祖根据战国楚历而实行的以十月为岁首的旧法。服色以黄为上，改变了楚人色尚赤的旧俗。

就从汉武帝独尊儒术和改历法、定服色之时起，自成体系的楚文化不再存在了。

这当然并不意味着楚文化的个性从此消失了，实际情况是楚文化和其他区域文化一起，转化成为全国的共性凌驾于区域的个性之上的汉文化了。楚文化的某些个性，已成为汉文化的一些共性了。

就连汉武帝本人在内，从精神到习惯，从蓄乎心者到发为言者和见于行者，也还有不少合乎楚文化的传统。

如汉朝尊奉太一，以汉武帝时为最甚，而太一正是楚人的最尊之神。

如汉朝崇巫好祠，也以汉武帝时为最烈，而崇巫好祠正是楚人的旧俗。

---

① 李学勤.马王堆帛书与《鹖冠子》[J].江汉考古，1983（2）.

如建章宫是汉武帝时造的，中殿的顶上立着一只高大的铜凤，东阙即凤阙的顶上也立着一只铜凤。飞廉观也是汉武帝时造的。飞廉即凤神，是凤的别种，“身似鹿，头如雀，有角，而蛇尾，文如豹，武帝命以铜铸置观上，因以为名”[①]。汉武帝尊凤，也是出于楚人的旧俗。

如汉武帝幸河东，祠后土，乘兴作《秋风辞》。这《秋风辞》是地道的楚辞，其中有些句子甚至是变相地袭用了传世楚辞作品的佳句，如：第一句“秋风起兮白云飞”，取法于汉高祖的《大风歌》；第二句“草木黄落兮雁南归”，取法于宋玉的《九辩》；第三、四句“兰有秀兮菊有芳，怀佳人兮不能忘”，则是脱胎于《九歌·湘夫人》中的“沅有芷兮澧有兰，思公子兮未敢言”。汉武帝好读赋，而汉赋正是从楚辞演化出来的。

汉武帝规定以正月为岁首，其实没有完全违背楚国的民俗，因为楚国官方虽以十月为岁首，楚国民间的春夏秋冬却从来是按夏历来分的。

汉武帝规定服色以黄为上，也没有彻底废弃楚人的传统，汉朝民间仍以赤色为汉家的象征。《汉书·五行志》记：“成帝时歌谣又曰：‘……桂树华不实，黄雀巢其颠。……’桂，赤色，汉家象。”王莽废汉帝而自立，以为黄色是他的新朝的象征，黄雀巢桂树之巅是王氏取代刘氏的先兆。他曾下“宝黄厮赤”之书，自己衣黄，而令郎从官皆衣绛。中兴的光武帝有鉴于此，明令恢复了色尚赤的传统。汉代，灵物有朱雀，祥瑞有朱草，通侯乘朱轮，使节用赤旄，九锡承周制有彤弓、彤矢、朱钺、朱户之类，宫中有朱庭、赤墀等等，也都表明汉朝的色尚其实未改楚国之旧。

楚俗尚左。《史记·吕太后本纪》说到太尉周勃将诛吕氏，“行令军中曰：‘为吕氏右袒，为刘氏左袒。’”此事表明汉初民间仍尚左。但汉朝的官制却尊右而卑左，称降职为左迁就是从西汉开始的。

楚俗以东向坐为尊，汉俗也如此，试举西汉末叶之事为例：《汉书·王尊传》记，汉成帝时，王尊劾奏丞相匡衡、御史大夫张谭为爵秩较卑者“布东乡席”，指责他们“使下坐上”，“乱朝廷爵秩之位”。《汉

① 《三辅黄图》卷五“飞廉观”条晋灼注。

书·楼护传》记，王莽时，成都侯商之子邑父事楼护，“时请召宾客……护独东乡正坐”。可见，当时仍以东向坐为尊。

假使不厌其烦，那么，从汉文化中还能找出一些楚文化的成分来。如王延寿《鲁灵光殿赋》记此殿有壁画，“图画天地，品类群生，杂物奇怪，山神海灵，写载其状，托之丹青。……上纪开辟，遂古之初。五龙比翼，人皇九头，伏羲鳞身，女娲蛇躯。……下及三后，瑶妃乱主。忠臣孝子，烈士贞女。贤愚成败，靡不载叙”。鲁灵光殿的壁画，显然与楚国先王之庙和公卿祠堂的壁画如出一辙，仍有楚文化的诡谲风采。

然而，成分毕竟不是体系。就体系而言，汉制可谓兼秦楚制而有之，汉家可谓杂霸王道而用之，汉文化可谓熔北南文化于一炉而冶之。

黄河与长江各自东流，不相交汇。兴起于黄河流域的北方文化与兴起于长江流域的南方文化却不是这样，它们总在交流，彼此借鉴，相互促进。在中央集权的统一国家中，以楚文化为表率的南方文化，终于同北方文化融合，成为水平比它们更高、范围比它们更广的汉文化了。对楚文化来说，这是一个合乎理想的归宿。从此，中国真正进入了黄炎同尊、龙凤呈祥的时代。

编后记

呈现在读者面前的这部凝聚着恩师张正明先生心血的《楚文化史》，堪称海内外第一部全面、系统、深入研究楚文化的精品力作，不仅在楚学界具有开榛辟莽之功，而且在我国区域文化乃至中华传统文化研究领域享有盛誉，其穿越时空的影响力至今未减！

回想起 1987 年先生大作问世之时，旋即在楚学界掀起一股先睹为快的热潮，书中锦句如“从楚文化形成之时起，华夏文化就分成了北南两支：北支为中原文化，雄浑如触砥柱而下的黄河；南支即楚文化，清奇如穿三峡而出的长江。……”等，一时为楚文化研究者、爱好者广泛征引传颂，几近“有井水处皆歌柳词”之情状。正是由于《楚文化史》一书思接千载，视通万里，新意纷披，文采斐然，故虽屡屡再版，仍一书难求。此次入选《荆楚文库》，既是实至名归，又遂众人之愿，实乃学界盛举幸事。

时值《楚文化史》出版 30 周年和先生仙逝 11 个春秋之际，承蒙湖北教育出版社美意，将先生传世之作的增订版全彩印制，体现了贵社对先生的敬重和对学术的尊崇，以及对楚文化研究一如既往的关心与支持，此识此情，令人动容，若先生九泉有知，想必也会感慨系之！

作为忝列先生门墙的弟子，我有幸承担了这部鸿著增订彩版的审校工作。受命之日，我即抛开案头即将杀青的书稿，全身心恭奉其事，未敢有丝毫懈怠。虽说《楚文化史》是我的案头必备，但当我的目光在字里行间缓缓移动时，其精辟的议论依然不时让我叹为观止，仿佛置身于先生极富睿智与才情的学术讲座之中。从某种意义上说，我也是把这次增订审校当做是先生给我布置的一次特殊作业，只不过评判这次作业的不是先生，而是广大热心的读者。需要说明的是，由于时间紧迫，加之彩版图片搜求不易，故书中如有未能尽当尽善之处，尚祈读者诸君鉴谅并指正。

刘玉堂

2017 年 12 月 31 日恭记于武汉东湖之滨

补　记

恩师张正明先生《楚文化史》的重大学术价值和社会影响，我在为尊著入选《荆楚文库》所写的《编后记》中已有简述，此不复赘。此次之所以列入《楚学文库》增修版，其因大致有三：一是《楚文化史》是海内外第一部全面系统研究楚文化的学术专著，这对于被学界誉为集楚学研究之大成的《楚学文库》增修版来说，应当是不可或缺。二是《楚学文库》初版中的《楚史》是研究楚国历史的学术专著，虽涉及文化，但毕竟是以“史”带“文”，且以传世典籍为主要史料依据；而《楚文化史》则是以“文”带“史”，且以考古发现为基本史料来源，二者各有所长，相辅相成，收入一套丛书之中，有如双剑合璧。三是《楚文化史》问世已逾三十六载，虽数次印刷，仍供不应求，不少读者获悉《楚学文库》拟出增修版信息后，纷纷表示期望增列《楚文化史》于其中，故此举亦可谓遂读者之愿！

刘玉堂

2023 年 12 月 1 日恭记于武汉东湖